Utilize este código QR para se cadastrar de forma mais rápida:

Ou, se preferir, entre em:
www.moderna.com.br/ac/livro
e siga as instruções para ter acesso aos conteúdos exclusivos do Livro Digital

CÓDIGO DE ACESSO:

A 00250 MATENCL5E 5 17925

Faça apenas um cadastro. Ele será válido para:

Da semente ao livro,
sustentabilidade por todo o caminho

Plantar florestas
A madeira que serve de matéria-prima para nosso papel vem de plantio renovável, ou seja, não é fruto de desmatamento. Essa prática gera milhares de empregos para agricultores e ajuda a recuperar áreas ambientais degradadas.

Fabricar papel e imprimir livros
Toda a cadeia produtiva do papel, desde a produção de celulose até a encadernação do livro, é certificada, cumprindo padrões internacionais de processamento sustentável e boas práticas ambientais.

Criar conteúdos
Os profissionais envolvidos na elaboração de nossas soluções educacionais buscam uma educação para a vida pautada por curadoria editorial, diversidade de olhares e responsabilidade socioambiental.

Construir projetos de vida
Oferecer uma solução educacional Moderna é um ato de comprometimento com o futuro das novas gerações, possibilitando uma relação de parceria entre escolas e famílias na missão de educar!

Apoio:
www.twosides.org.br

Fotografe o Código QR e conheça melhor esse caminho.
Saiba mais em *moderna.com.br/sustentavel*

Ênio Silveira

Engenheiro mecânico pela Universidade Federal do Ceará – UFC. Engenheiro eletricista pela Universidade de Fortaleza – Unifor. Diretor pedagógico do Sistema ATS de Ensino. Professor de Matemática e Física em escolas particulares do estado do Ceará.

Cláudio Marques

Supervisor pedagógico do Sistema ATS de Ensino. Professor e assessor de Matemática em escolas particulares de Ensino Fundamental do estado do Ceará.

MATEMÁTICA 5

5ª edição

© Ênio Silveira, Cláudio Marques, 2019

Coordenação editorial: Mara Regina Garcia Gay
Edição de texto: Carolina Maria Toledo, Daniel Vitor Casartelli Santos, Mateus Coqueiro Daniel de Souza
Assistência editorial: Cecília Tiemi Ikedo, Daniela Santo Ambrosio, Edson Ferreira de Souza, Kátia Tiemy Sido, Paulo Cesar Rodrigues dos Santos, Zuleide Maria Talarico, Rodrigo Uchida Ichikawa
Gerência de *design* e produção gráfica: Everson de Paula
Coordenação de produção: Patricia Costa
Suporte administrativo editorial: Maria de Lourdes Rodrigues
Coordenação de *design* e projetos visuais: Marta Cerqueira Leite
Projeto gráfico: Bruno Tonel
Capa: Bruno Tonel, Daniel Messias
   Ilustração: Ivy Nunes
Coordenação de arte: Wilson Gazzoni Agostinho
Edição de arte: Regine Crema
Editoração eletrônica: Teclas Editorial
Coordenação de revisão: Elaine C. del Nero
Revisão: Edna Luna, ReCriar Editorial, Viviane T. Mendes
Coordenação de pesquisa iconográfica: Luciano Baneza Gabarron
Pesquisa iconográfica: Mariana Alencar
Coordenação de *bureau*: Rubens M. Rodrigues
Tratamento de imagens: Fernando Bertolo, Joel Aparecido, Luiz Carlos Costa, Marina M. Buzzinaro
Pré-impressão: Alexandre Petreca, Everton L. de Oliveira, Marcio H. Kamoto, Vitória Sousa
Coordenação de produção industrial: Wendell Monteiro
Impressão e acabamento: EGB Editora Gráfica Bernardi Ltda
Lote: 752432
Cod: 24119843

Dados Internacionais de Catalogação na Publicação (CIP)
(Câmara Brasileira do Livro, SP, Brasil)

Silveira, Ênio
  Matemática / Ênio Silveira, Cláudio Marques. –
5. ed. – São Paulo : Moderna, 2019.

  Obra em 5 v. para alunos do 1º ao 5º ano.

  1. Matemática (Ensino fundamental) I. Marques, Cláudio. II. Título.

19-25565   CDD-372.7

Índices para catálogo sistemático:
1. Matemática : Ensino fundamental   372.7
Maria Alice Ferreira – Bibliotecária – CRB-8/7964

ISBN 978-85-16-11984-3 (LA)
ISBN 978-85-16-12011-5 (LP)

Reprodução proibida. Art. 184 do Código Penal e Lei 9.610 de 19 de fevereiro de 1998.
Todos os direitos reservados
EDITORA MODERNA LTDA.
Rua Padre Adelino, 758 – Belenzinho
São Paulo – SP – Brasil – CEP 03303-904
Vendas e Atendimento: Tel. (0__11) 2602-5510
Fax (0__11) 2790-1501
www.moderna.com.br
2022
Impresso no Brasil

1 3 5 7 9 10 8 6 4 2

Apresentação

Estimado(a) aluno(a),

Neste livro, vamos apresentar a você, de maneira interessante e criativa, os conhecimentos matemáticos.

Aprender Matemática vai ajudá-lo(a) a compreender melhor o mundo que o(a) cerca. Você vai perceber que a Matemática está presente em casa, na escola, no parque, em todo lugar. Ela é importante no nosso dia a dia, pois nos ajuda a interpretar informações, buscar soluções para problemas cotidianos e tomar decisões.

Embarque conosco nesta viagem surpreendente pelo mundo da Matemática! Você vai fazer descobertas incríveis!

Participe de todas as atividades propostas e cuide bem do seu livro. Ele será seu companheiro durante todo este ano.

Os autores

*Aos meus filhos,
Priscila, Ingrid e Ênio Filho, que são
minha inspiração, minha vida.*

Ênio Silveira

*À minha esposa, Letícia,
pela inspiração e compreensão,
com minha admiração e estima.*

Cláudio Marques

Como é o seu livro

Durante os estudos, você encontrará neste livro páginas organizadas com o objetivo de facilitar seu aprendizado e torná-lo mais interessante.

Abertura da unidade

Nestas páginas, você terá um primeiro contato com o conteúdo que será estudado em cada unidade, respondendo a algumas questões no **Trocando ideias**.

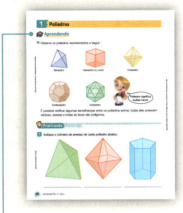

Apresentação do conteúdo

Para cada conteúdo trabalhado na seção **Aprendendo**, há uma sequência de atividades na seção **Praticando**.

Curiosidade

Este boxe traz informações interessantes que envolvem Matemática.

Agindo e construindo

Neste boxe, você vai construir coisas legais que ajudarão a entender alguns conceitos.

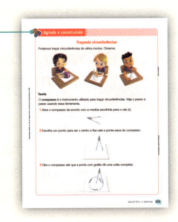

Resolvendo problemas

Neste boxe, você vai encontrar problemas mais elaborados que os apresentados na unidade.

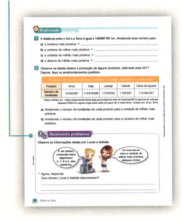

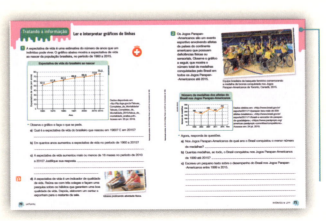

Educação financeira

São dadas informações sobre o tema estudado de forma clara e organizada.

Tratando a informação

Nesta seção, você vai aprender a trabalhar com informações apresentadas em gráficos, quadros e tabelas.

Jogando e aprendendo

Nesta seção, você se reunirá aos colegas para jogar e aprender Matemática.

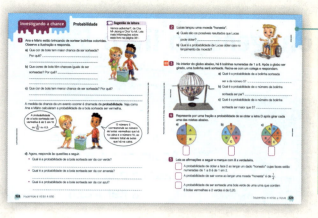

Investigando a chance

Nesta seção, você vai aprender que nem todas as coisas que acontecem têm chances iguais de ocorrer.

Lendo e descobrindo

Nesta seção, você vai encontrar textos sobre diversos assuntos, como saúde, cidadania, meio ambiente, entre outros.

Praticando mais

Estas páginas trazem uma nova sequência de atividades. É importante que você faça todas para perceber o quanto aprendeu.

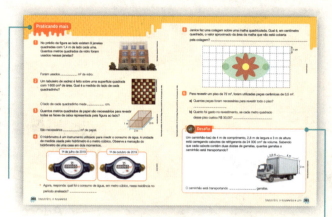

Desafio

Ao final de cada unidade, você resolverá pelo menos uma atividade desafiadora para testar seus conhecimentos.

Ícones utilizados na obra

Estes ícones indicam como realizar algumas atividades:

Elaboração de problemas | Atividade oral | Grupo | Dupla

Desenho ou pintura | Cálculo mental | Calculadora | Atividade no caderno

Ícone com indicação de conteúdo digital

Conteúdo digital
Ícone com indicação de conteúdo digital, como animações, jogos e atividades interativas.

Indicam situações em que são abordados temas integradores

Indicação de conteúdo extraclasse

Sugestão de site

Indicação de jogos, animações, vídeos e atividades interativas *on-line*.

Os *links* indicados nesta coleção podem estar indisponíveis após a data de publicação deste material.

Sugestão de leitura

Indicação de leitura de livros.

No final do livro digital, você encontra as Atividades para verificação de aprendizagem.

Sumário

UNIDADE 1 — Os números 12

1. Números naturais e algarismos 14
2. Os números naturais 15
3. Números pares e números ímpares 17
4. Sistemas de numeração 18
5. Números na forma ordinal 20
6. Ordens e classes 22
7. Comparando números 28
8. Arredondamento 31
- **Lendo e descobrindo** 33
- **Tratando a informação** 34
- **Praticando mais** 36

UNIDADE 2 — Adição e subtração 38

1. Adição 39
2. Propriedades da adição 42
3. Subtração 45
4. Propriedade fundamental da subtração 47
5. Expressões numéricas 49
- **Tratando a informação** 52
- **Praticando mais** 54

UNIDADE 3 — Geometria 56

1. Poliedros 58
- **Agindo e construindo** 60
2. Prismas 61
3. Pirâmides 63
4. Cilindro, cone e esfera 65
5. Planificação da superfície de figuras geométricas 67
- **Tratando a informação** 70
- **Praticando mais** 72

UNIDADE 4 — Multiplicação e divisão 74

1. Alguns significados da multiplicação 76
2. Propriedades da multiplicação 80
3. Dobro, triplo, quádruplo, quíntuplo e sêxtuplo 84
4. Multiplicação com fatores de mais de um algarismo 85
5. Problemas 91
6. Expressões numéricas com adição, subtração e multiplicação 93
- **Investigando a chance** 94

PAULO BORGES

7. Alguns significados da divisão 96
8. Divisão com divisor de um algarismo 100
9. Divisão com divisor de dois algarismos 103
10. Divisão não exata 104
11. Expressões numéricas envolvendo as quatro operações 110
12. O termo desconhecido 111
13. Problemas 113
- **Educação financeira** 119
- **Tratando a informação** 120
- **Praticando mais** 122

UNIDADE 5 — Múltiplos e divisores de um número natural — 124

1. Múltiplos de um número natural 126
2. Divisores de um número natural 128
3. Critérios de divisibilidade 129
- **Jogando e aprendendo** 135
4. Número 1, números primos e números compostos 136
- **Lendo e descobrindo** 140
5. Decomposição de um número natural em fatores primos 141
6. Determinação dos divisores de um número 144
7. Máximo divisor comum (mdc) 145
8. Mínimo múltiplo comum (mmc) 148
9. Problemas envolvendo mdc e mmc 151
- **Praticando mais** 156

UNIDADE 6 — Medidas de comprimento, de tempo e de temperatura — 158

1. O sistema métrico decimal 160
2. Leitura das medidas de comprimento 163
3. Transformação de unidades de medida de comprimento 165
4. Perímetro 169
- **Lendo e descobrindo** 172
5. Medidas de tempo 174
6. Medida de temperatura 180
- **Praticando mais** 181

UNIDADE 7 — Mais geometria — 184

1. A reta 186
2. Retas concorrentes e retas paralelas 188
3. Semirreta 191
4. Segmento de reta 192
5. Giros 197
6. Ângulos 198
- **Agindo e construindo** 202

7. Polígonos 203
8. Triângulos 206
9. Quadriláteros 209
• **Agindo e construindo** 211
10. Circunferência e círculo 213
• **Agindo e construindo** 215
11. Localização e deslocamento 217
• **Agindo e construindo** 221
12. Ampliação e redução de figuras geométricas em malhas quadriculadas 222
• **Agindo e construindo** 224
• **Lendo e descobrindo** 225
• **Investigando a chance** 226
• **Tratando a informação** 227
• **Praticando mais** 228

UNIDADE 8 — Números na forma de fração — 230

1. Ideia de fração 232
2. Leitura de frações 235
3. Fração de um grupo de elementos 236
4. Comparando frações com o inteiro 238
5. Número misto 242
6. Frações equivalentes 243
7. Simplificação de frações 248
8. Redução de frações a um mesmo denominador 250
9. Comparação de frações 252
10. Frações e porcentagem 254
11. Frações e probabilidade 257
• **Jogando e aprendendo** 259
12. Adição de frações 260
13. Transformação de frações em números mistos e vice-versa 264
14. Subtração de frações 266
15. Multiplicação com frações 269
16. Divisão com frações 274
17. Expressões numéricas envolvendo frações 277
18. Problemas envolvendo frações 278
19. Problemas com fração envolvendo o inteiro 281
• **Tratando a informação** 284
• **Lendo e descobrindo** 286
• **Praticando mais** 288

UNIDADE 9 — Números na forma decimal — 290

1. Frações decimais e os números na forma decimal 291
2. Décimos, centésimos e milésimos 293
3. Transformações 298
4. Comparação de números escritos na forma decimal 302
5. Adição de números na forma decimal 305
6. Subtração de números na forma decimal 309
7. Multiplicação com números na forma decimal 312
8. Divisão envolvendo números na forma decimal 316
9. Números na forma decimal e porcentagem 323
- **Jogando e aprendendo** 325
- **Tratando a informação** 326
- **Lendo e descobrindo** 327
- **Investigando a chance** 328
- **Praticando mais** 330

UNIDADE 10 — Medidas de superfície e de volume — 332

1. O metro quadrado 334
2. Leitura das medidas de superfície 336
3. Transformação de unidades de medida de superfície 338
4. Área do quadrado 340
5. Área do retângulo 342
6. Área do paralelogramo 345
7. Área do triângulo 346
8. Área do trapézio 348
9. O metro cúbico 350
10. Leitura das medidas de volume 352
11. Transformação de unidades de medida de volume 354
12. Volume do cubo e do paralelepípedo 356
- **Tratando a informação** 359
- **Praticando mais** 360

UNIDADE 11 — Medidas de massa e de capacidade — 362

1. O quilograma e o grama 364
2. Leitura das medidas de massa 367
3. Transformação de unidades de medida de massa 369
4. O litro 371
5. Leitura das medidas de capacidade 374
6. Transformação de unidades de medida de capacidade 375
- **Educação financeira** 377
- **Praticando mais** 378

Sugestões de leitura 380

Material complementar 385

Trocando ideias

1. A distância entre a Terra e a Lua é maior ou menor que 100 000 000 metros?

2. Você já observou algo com um telescópio? Se sim, o que você observou? Converse com os colegas sobre isso.

1 Números naturais e algarismos

Aprendendo

Você já sabe que nosso sistema de numeração também é chamado de sistema de numeração indo-arábico. Essa denominação deve-se ao fato de seus símbolos e suas regras terem sido desenvolvidos pelo antigo povo indiano (que vivia no vale do rio Indo, onde hoje é o Paquistão), mas foram aperfeiçoados e difundidos pelos árabes.

Os dez símbolos criados para representar os números nesse sistema são chamados de **algarismos**.

Acredita-se que a palavra algarismo seja uma homenagem ao matemático árabe Al-Khowarizmi.

Os dez algarismos são:
0, 1, 2, 3, 4, 5, 6, 7, 8 e 9

Os números expressam quatro importantes ideias.

(C) contar   (M) medir   (O) ordenar   (Cd) codificar

Exemplo:

O automóvel modelo **A-75**, com **4** metros de comprimento,

foi classificado como o **1º** em vendas no mês de maio: foram vendidas

cerca de **582 500** unidades em todo o país.

Curiosidade

Os dígitos

Os algarismos 0, 1, 2, 3, 4, 5, 6, 7, 8 e 9 também são denominados **dígitos**. A palavra **dígito** vem do latim *digitus* e originou-se da técnica de contar com os dedos.

14 catorze

Praticando

1 Escreva seis números diferentes, usando os algarismos 3, 4 e 7 sem repeti-los.

_____

2 Dê o que se pede em cada caso.

a) O menor número natural de dois algarismos. ▶ _____

b) O maior número natural de três algarismos diferentes. ▶ _____

c) O menor número natural de quatro algarismos diferentes. ▶ _____

3 O número 45 821 tem quantos algarismos? ▶ _____

2 Os números naturais

 Aprendendo

1 Iaci está escrevendo uma sequência de números. Veja.

0 1 2 3 4 5 6 7 8 9 10 11 12 13 14 15 16

Os números dessa sequência são chamados de **números naturais**.

Partindo do zero e adicionando sempre 1 ao número anterior, obtemos a sequência dos números naturais.

Como podemos continuar acrescentando 1, obtendo sempre novos números, dizemos que a sequência dos números naturais é **infinita**. Indicamos isso com **reticências**.

1 Agora, leia o diálogo entre Bruno e Isabela.

Na sequência dos números naturais, o antecessor de um número é o número que vem imediatamente antes dele.

E o sucessor de um número é o número que vem imediatamente depois dele.

Exemplos.

O **antecessor** de 13 é 12, pois 13 − 1 = 12.

O **sucessor** de 13 é 14, pois 13 + 1 = 14.

quinze **15**

Praticando

1 Responda às perguntas a seguir.

a) Qual é o primeiro número natural após o 5? Por quê? _____

_____

b) Na sequência de números naturais, que número vem imediatamente antes do 5?

_____

_____

c) Qual é o menor número natural? _____

d) Por quantos números é formada a sequência dos números naturais? Por quê?

_____

_____

2 Complete os quadrinhos com os números que vêm imediatamente antes e imediatamente depois de cada número dado.

a) ☐ 45 ☐   d) ☐ 159 ☐

b) ☐ 86 ☐   e) ☐ 202 ☐

c) ☐ 190 ☐   f) ☐ 1 000 ☐

3 Observe o exemplo e escreva o antecessor e o sucessor de cada número.

Exemplo:
348 ▶ __347__ e __349__

a) 599 ▶ _____ e _____   f) 89 399 ▶ _____ e _____

b) 1 089 ▶ _____ e _____   g) 105 267 ▶ _____ e _____

c) 17 699 ▶ _____ e _____   h) 599 999 ▶ _____ e _____

d) 18 509 ▶ _____ e _____   i) 785 425 ▶ _____ e _____

e) 30 001 ▶ _____ e _____   j) 890 000 ▶ _____ e _____

4 Qual número natural não tem antecessor? _____

3 Números pares e números ímpares

Aprendendo

Mário e Lucas criaram duas sequências especiais, formadas por números naturais. Para isso, eles usaram duas regras diferentes. Veja.

Começo com o 0 e vou adicionando sempre 2.

Começo com o 1 e também vou adicionando sempre 2.

Mário obteve a sequência dos **números pares**: 0, 2, 4, 6, 8, 10, 12, ...

Lucas obteve a sequência dos **números ímpares**: 1, 3, 5, 7, 9, 11, 13, ...

Os números terminados em 0, 2, 4, 6 e 8 são **pares**.

Os números terminados em 1, 3, 5, 7 e 9 são **ímpares**.

Praticando

1 Observe as sequências escritas por Mário e Lucas na imagem acima. Depois, escreva o que se pede.

a) Os próximos 10 números da sequência que Mário fez.

_____

b) Os próximos 10 números da sequência que Lucas fez.

_____

2 Com uma calculadora, faça testes com alguns exemplos. Depois, complete os espaços a seguir.

a) A soma de dois números pares é sempre um número _____.

b) A soma de dois números ímpares é sempre um número _____.

c) A soma de um número par com um número ímpar é sempre um número _____.

dezessete 17

4 Sistemas de numeração

🎓 Aprendendo

Sistema de numeração egípcio

A civilização egípcia teve início por volta de 3200 a.C., no nordeste da África, às margens do rio Nilo. Essa civilização produziu conhecimentos em áreas como arquitetura, medicina e astronomia, além de desenvolver uma escrita e um sistema de numeração próprios.

Os símbolos usados pelos egípcios no sistema de numeração e na escrita eram inspirados nas plantas, nos animais que existiam na região do rio Nilo, em instrumentos, utensílios e outros objetos usados pelas pessoas que habitavam essa região e em partes do corpo humano. Veja alguns desses símbolos.

1	10	100	1 000	10 000	100 000	1 000 000

Para representar os números, eles repetiam cada símbolo até nove vezes. Além disso, os valores dos símbolos eram sempre adicionados, não importando a ordem em que estavam escritos. Veja como eram representados mais alguns números.

Sistema de numeração romano

O sistema de numeração romano foi, durante muitos séculos, o mais utilizado na Europa. Com as grandes navegações e a expansão do comércio, esse sistema foi substituído pelo sistema indo-arábico.

A representação dos números no sistema romano era feita com as letras do alfabeto. Observe-as no quadro a seguir, com o número correspondente em nosso sistema de numeração.

I	V	X	L	C	D	M
1	5	10	50	100	500	1 000

Para representar os números no sistema romano, algumas regras devem ser obedecidas.

- Somente os símbolos I, X, C e M podem ser repetidos até três vezes seguidas.
- Se o símbolo escrito à direita tiver valor igual ou menor que o símbolo da esquerda, os valores correspondentes a eles devem ser adicionados.
- Apenas os símbolos I, X e C podem ser escritos à esquerda de outro de maior valor. Nesse caso, o valor do símbolo menor deve ser subtraído do valor do símbolo maior, sempre considerando que I só pode ser usado antes de V ou X, que X só pode ser usado antes de L ou C, e que C só pode ser usado antes de D ou M.

Acompanhe a conversa entre Ana e Mário.

$\overline{V} = 5\,000$ $\overline{C} = 100\,000$ $\overline{\overline{I}} = 1\,000\,000$

Praticando

1 Escreva os números representados pelos símbolos egípcios.

2 Escreva com símbolos romanos os números a seguir.

a) 64 ▶ _____
b) 73 ▶ _____
c) 149 ▶ _____
d) 368 ▶ _____
e) 455 ▶ _____

f) 575 ▶ _____
g) 618 ▶ _____
h) 789 ▶ _____
j) 940 ▶ _____
j) 1 103 ▶ _____

k) 3 619 ▶ _____
l) 70 804 ▶ _____
m) 150 900 ▶ _____
n) 900 100 ▶ _____
o) 2 000 000 ▶ _____

3 Represente os símbolos romanos abaixo com números indo-arábicos.

a) XII ▶ _____
b) LXIV ▶ _____
c) CXXV ▶ _____
d) DXLI ▶ _____
e) DCVI ▶ _____
f) DCCCXX ▶ _____
g) CMLVII ▶ _____
h) MMX ▶ _____
i) V̄CX ▶ _____
j) L̄X̄D̄CXIX ▶ _____
k) X̄C̄C̄MLXX ▶ _____
l) ĪX̄D̄XII ▶ _____

 4 Se você precisasse escrever com símbolos o número novecentos e noventa e nove mil, novecentos e noventa e nove, você usaria os símbolos egípcios ou os algarismos do nosso sistema de numeração? Por quê?

5 Números na forma ordinal

🎓 Aprendendo

Números na forma ordinal até 100

1 No campeonato de natação, Isabela foi a 1ª colocada, Iaci foi a 2ª e Ana foi a 3ª.

Os números na forma ordinal indicam **ordem**, **posição** ou **lugar**.

Observe alguns números na forma ordinal.

4º — quarto	10º — décimo	60º — sexagésimo
5º — quinto	14º — décimo quarto	70º — septuagésimo
6º — sexto	20º — vigésimo	80º — octogésimo
7º — sétimo	30º — trigésimo	90º — nonagésimo
8º — oitavo	40º — quadragésimo	96º — nonagésimo sexto
9º — nono	50º — quinquagésimo	100º — centésimo

Números na forma ordinal acima de 100

1 Em janeiro de 2019, a cidade de São Paulo comemorou o 465º aniversário de sua fundação. Não é muito fácil dizer, na forma ordinal, o número que aparece na frase. Muitas vezes, as pessoas encontram outra maneira de dizê-lo, e a frase acaba ficando: "Em janeiro de 2019, a cidade de São Paulo comemorou seu aniversário de número 465".

Mas, para você que é curioso, esse número pode ser lido assim: **quadringentésimo sexagésimo quinto**. Veja como lemos outros números.

101º — centésimo primeiro	600º — sexcentésimo
172º — centésimo septuagésimo segundo	700º — septingentésimo
235º — ducentésimo trigésimo quinto	821º — octingentésimo vigésimo primeiro
340º — trecentésimo quadragésimo	900º — nongentésimo ou noningentésimo
500º — quingentésimo	1 000º — milésimo

Praticando

1 Escreva por extenso os seguintes números na forma ordinal.

a) 26º ▶ _____

b) 58º ▶ _____

c) 394º ▶ _____

d) 582º ▶ _____

e) 884º ▶ _____

f) 950º ▶ _____

g) 1750º ▶ _____

2 Represente os números na forma ordinal utilizando algarismos.

a) Trigésimo sexto ▶ _____

b) Sexagésimo terceiro ▶ _____

c) Quinquagésimo quinto ▶ _____

d) Nonagésimo segundo ▶ _____

e) Centésimo quarto ▶ _____

f) Trecentésimo quarto ▶ _____

g) Quingentésimo vigésimo ▶ _____

h) Septingentésimo ▶ _____

6 Ordens e classes

🎓 Aprendendo

1. De acordo com o Ministério da Saúde, o estado de Alagoas (AL) recebeu 876 935 doses de vacinas contra a gripe em 2019.

Idosos estão entre o público-alvo de campanhas de vacinação contra gripe.

Veja como podemos representar o número de doses de vacina, recebido pelo estado de Alagoas, em um quadro com a indicação das **ordens**.

6ª ordem	5ª ordem	4ª ordem	3ª ordem	2ª ordem	1ª ordem
Centena de milhar (CM)	Dezena de milhar (DM)	Unidade de milhar (UM)	Centena (C)	Dezena (D)	Unidade (U)
8	7	6	9	3	5

Note que cada algarismo do número corresponde a uma **ordem**, que é numerada da direita para a esquerda.

A **ordem de grandeza** do número 876 935 é a centena de milhar, pois essa é a ordem do primeiro algarismo da esquerda.

Para facilitar a leitura de um número, nós o separamos em classes, agrupando os algarismos de três em três, da direita para a esquerda. Veja a seguir o número de vacinas contra a gripe separado em classes.

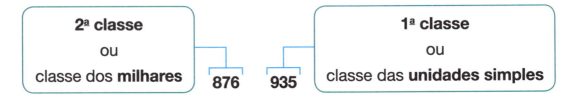

Lemos: oitocentos e setenta e seis mil novecentos e trinta e cinco.

O milhão

- Observe a cena ao lado.

A quantidade de parafusos produzidos é maior que 10 000 parafusos? Muito maior. Quase 100 vezes 10 000 parafusos!

Se a fábrica em que esses operários trabalham tivesse produzido um parafuso a mais, a produção teria sido de **1 000 000 (um milhão)** de parafusos.

A classe dos milhões

- Segundo estimativa do Instituto Brasileiro de Geografia e Estatística (IBGE), a população do Brasil, em 2016, era de 206 081 432 habitantes. Veja como podemos representar esse número em um quadro com a indicação das ordens e classes.

Classe dos milhões			Classe dos milhares			Classe das unidades simples		
9ª ordem	8ª ordem	7ª ordem	6ª ordem	5ª ordem	4ª ordem	3ª ordem	2ª ordem	1ª ordem
Centena de milhão	Dezena de milhão	Unidade de milhão	Centena de milhar	Dezena de milhar	Unidade de milhar	Centena simples	Dezena simples	Unidade simples
2	0	6	0	8	1	4	3	2

Observe que esse número contém uma nova classe: a **classe dos milhões**.

Lemos: duzentos e seis milhões, oitenta e um mil, quatrocentos e trinta e dois.

A ordem de grandeza desse número é a centena de milhão.

O bilhão

- Leia, a seguir, a manchete de uma notícia a respeito da população idosa no mundo.

> **Nos próximos dez anos, o número de pessoas com mais de 60 anos vai superar a marca de 1 000 000 000 (um bilhão) de pessoas**

Informação divulgada pelo relatório do Fundo de População das Nações Unidas, em 2012. Disponível em: <http://www.unfpa.org/sites/default/files/pub-pdf/Ageing%20report.pdf> Acesso em: 23 jul. 2019.

1 bilhão de pessoas é o mesmo que 10 vezes 100 milhões de pessoas.

Adicionando 1 unidade ao número 999 999 999 obtemos 1 000 000 000.

A classe dos bilhões

Segundo estimativa da Organização das Nações Unidas (ONU), em 2050, a população mundial será de 9 600 000 000 habitantes. Veja como podemos representar esse número em um quadro com a indicação das ordens e classes.

Classe dos bilhões			Classe dos milhões			Classe dos milhares			Classe das unidades simples		
12ª ordem	11ª ordem	10ª ordem	9ª ordem	8ª ordem	7ª ordem	6ª ordem	5ª ordem	4ª ordem	3ª ordem	2ª ordem	1ª ordem
Centena de bilhão	Dezena de bilhão	Unidade de bilhão	Centena de milhão	Dezena de milhão	Unidade de milhão	Centena de milhar	Dezena de milhar	Unidade de milhar	Centena simples	Dezena simples	Unidade simples
0	0	9	6	0	0	0	0	0	0	0	0

Observe que esse número contém uma nova classe: a **classe dos bilhões**.

Lemos: nove bilhões e seiscentos milhões.

A ordem de grandeza desse número é a unidade de bilhão.

Praticando

1 Observe o número **74 856 123** no quadro.

3ª classe			2ª classe			1ª classe		
Milhões			Milhares			Unidades simples		
9ª ordem	8ª ordem	7ª ordem	6ª ordem	5ª ordem	4ª ordem	3ª ordem	2ª ordem	1ª ordem
Centena de milhão	Dezena de milhão	Unidade de milhão	Centena de milhar	Dezena de milhar	Unidade de milhar	Centena simples	Dezena simples	Unidade simples
	7	4	8	5	6	1	2	3

- Agora, responda às perguntas.

   a) Quantas classes tem esse número? _____

   b) Quantas ordens tem esse número? _____

   c) Quantos algarismos diferentes são utilizados nesse número? _____

   d) Que algarismo ocupa a 6ª ordem? _____

   e) Qual é o nome da 2ª classe? _____

2 Considere o número 148 763 e responda às questões.

a) Qual é o algarismo que está na 5ª ordem? _____

b) Qual é o algarismo que ocupa a ordem das unidades de milhar? _____

c) Qual é a ordem do algarismo 7? _____

d) Quais algarismos formam a 1ª classe? E a 2ª classe? _____
_____

3 Observe o diálogo entre Ana e Bruno.

a) Escreva como se lê o número 149 600 000. _____
_____

b) Quais algarismos formam a classe dos milhões desse número? _____

4 Escreva o valor posicional do algarismo destacado em azul de cada número.

a) **5** 076 949

b) 74 **8**56 123

c) 3**2** 189 067 896

5 Escreva como se lê cada um dos números.

a) 5 100 428 ▶ _____

b) 468 008 290 ▶ _____
_____

c) 17 005 085 300 ▶ _____

6 Digite o número **1 000 573** em uma calculadora. Depois, desenhe nos espaços a seguir as teclas que você deve apertar para que, com uma operação:

a) apenas o algarismo 7 da 2ª ordem seja trocado pelo algarismo 8.

b) o algarismo da 4ª ordem passe a ser 8.

c) o algarismo da 6ª ordem passe a ser 7.

d) o número inicial seja trocado por outro da ordem das centenas.

7 Veja, na tabela, dados da frota de ônibus e tratores em 2018 no Brasil.

Frota de ônibus e tratores em 2018 no Brasil	
Tipo de veículo	Frota
Ônibus	627 058
Trator	31 948

Dados obtidos em: <https://cidades.ibge.gov.br/brasil/pesquisa/22/28120?ano=2018>. Acesso em: 23 jul. 2019.

a) Qual é a ordem de grandeza do número que expressa a frota de ônibus em 2018 no Brasil? E do número que expressa a frota de tratores?

_____

b) Como se lê cada um dos números da tabela?

_____

_____

26 vinte e seis

8 Escreva os números naturais formados por:

a) 6 centenas de milhar, 4 dezenas de milhar, 9 centenas, 5 dezenas e 3 unidades simples ▶ _____

b) 1 unidade de milhão, 7 centenas de milhar, 2 unidades de milhar e 8 centenas ▶ _____

9 Decomponha os números a seguir conforme o exemplo.

> 543 609 ▶ 5 centenas de milhar, 4 dezenas de milhar, 3 unidades de milhar, 6 centenas e 9 unidades simples

a) 16 739 ▶ _____

b) 843 052 ▶ _____

c) 856 382 ▶ _____

d) 5 600 842 ▶ _____

10 Veja como Iaci fez a decomposição do número 2 543 609.

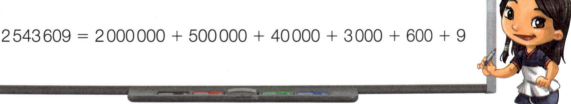

2 543 609 = 2 000 000 + 500 000 + 40 000 + 3 000 + 600 + 9

a) Qual é a ordem de grandeza do número que Iaci decompôs?

_____

b) Iaci poderia ter decomposto esse número de outra maneira? Se sim, dê um exemplo.

_____

c) Decomponha cada um dos números a seguir.

| 907 281 | 71 250 238 | 54 600 122 189 |

7 Comparando números

Aprendendo

1 Observe os anúncios de uma imobiliária.

- Qual das casas é a mais cara?

Veja como Lucas fez para descobrir qual dessas casas é a mais cara.

"Comparei as centenas de milhar e verifiquei que os números têm a mesma quantidade de centenas de milhar."

"Depois, comparei as dezenas de milhar e vi que os números têm a mesma quantidade de dezenas de milhar."

"Finalmente comparei as unidades de milhar e verifiquei que havia mais em 314 710 do que em 312 544. Portanto, a casa mais cara é a do anúncio 2."

Usando o sinal > (maior que) ou o sinal < (menor que), podemos escrever:

314 710 > 312 544 ou 312 544 < 314 710

1 Observe a conversa de Lucas, Ana e Iaci.

a) Quem teve o vídeo mais visualizado: Ana ou Iaci? _____

b) Qual dos três teve o vídeo mais visualizado? _____

2 Leia, a seguir, duas manchetes de notícias publicadas sobre a educação no Brasil.

> **O Exame Nacional do Ensino Médio (Enem) teve 5 513 662 inscritos confirmados para a sua edição de 2018**

Informação disponível em: <http://agenciabrasil.ebc.com.br/educacao/noticia/2018-05/enem-2018-tem-55-milhoes-de-inscritos-confirmados>. Acesso em: 23 jul. 2019.

> **Em 2019, o Exame Nacional do Ensino Médio (Enem) registrou 5 095 308 inscritos**

Informação disponível em: <http://agenciabrasil.ebc.com.br/educacao/noticia/2019-05/enem-tem-51-milhoes-de-inscritos-confirmados>. Acesso em: 23 jul. 2019.

a) Em qual ano o Enem teve o maior número de inscritos: 2018 ou 2019?

_____

b) A diferença no número de inscritos de 2018 e de 2019 é maior ou menor que 1 milhão? _____

3 Escreva os números em ordem crescente utilizando o sinal < (menor que).

1 000 522   3 111 068   3 101 074   1 010 932

_____

4 Observe a tabela com a população estimada em 2019 dos estados da Região Sudeste do Brasil e responda às questões.

População estimada dos estados da Região Sudeste do Brasil em 2019	
Estado	População
Espírito Santo	4 018 650
Rio de Janeiro	17 264 943
Minas Gerais	21 168 791
São Paulo	45 919 049

Disponível em: <https://agenciadenoticias.ibge.gov.br/agencia-detalhe-de-midia.html?view=mediaibge&catid=2103&id=2186>. Acesso em: 23 jul. 2019.

a) Qual desses estados tem a maior população? E qual tem a menor população?

_____

b) Reúna-se com um colega para criar uma questão que possa ser respondida com os dados dessa tabela. Depois, peçam a outra dupla que a responda.

5 Assinale **V** para as afirmações verdadeiras e **F** para as falsas.

☐ O número 521 010 é menor que o número 521 100.

☐ O número 1 500 000 000 é menor que o número 1 500 000.

☐ O menor número de 8 ordens é 10 000 000.

☐ O maior número de 12 algarismos é o 999 999 999 999.

☐ Um número da ordem da dezena de bilhão é menor que um número da ordem da centena de milhão.

8 Arredondamento

Aprendendo

1. Em uma campanha foram arrecadados 561 860 quilogramas de alimentos não perecíveis. Veja como Isabela arredondou esse número.

Isabela concluiu que foram arrecadados aproximadamente 560 000 quilogramas de alimentos.

Agora, veja como Bruno arredondou o mesmo número.

Bruno disse que foram arrecadados aproximadamente 562 000 quilogramas de alimentos.

Observe que Bruno obteve a melhor aproximação, porque arredondou o número para uma ordem menor do que a escolhida por Isabela.

trinta e um 31

1 A distância entre o Sol e a Terra é igual a **149 597 781** km. Arredonde esse número para:

a) a centena mais próxima ▶ _____

b) a centena de milhar mais próxima ▶ _____

c) a unidade de milhão mais próxima ▶ _____

d) a dezena de milhão mais próxima ▶ _____

2 Observe na tabela abaixo a produção de alguns produtos, estimada para 2017. Depois, faça os arredondamentos pedidos.

Produção de alguns produtos brasileiros, estimada para 2017, em tonelada					
Produto	Arroz	Soja	Laranja	Cebola	Cana-de-açúcar
Número de toneladas	12 332 261	114 918 026	17 018 254	1 702 237	715 494 327

Dados obtidos em: <https://agenciadenoticias.ibge.gov.br/agencia-sala-de-imprensa/2013-agencia-de-noticias/releases/16530-em-agosto-ibge-preve-safra-de-graos-30-4-maior.html>. Acesso em: 23 jul. 2019.

a) Arredonde o número de toneladas de cada produto para a unidade de milhão mais próxima.

b) Arredonde o número de toneladas de cada produto para a centena de milhar mais próxima.

Resolvendo problemas

Observe as informações dadas por Lucas e Isabela.

É um número composto pelos algarismos 0, 7, 8 e 9, sem repeti-los.

Arredondando para a unidade de milhar mais próxima, obtemos 8 000.

- Agora, responda.
Que número Lucas e Isabela descreveram?

_____

_____

Lendo e descobrindo

Trabalhando com números grandes

Nosso Sistema Solar é formado por oito planetas que se movimentam em torno do Sol. Esses planetas se diferenciam uns dos outros em diversos aspectos: tamanho, distância do Sol e temperatura, que varia de acordo com a distância entre o planeta e o Sol. Assim, planetas mais próximos do Sol têm temperaturas mais altas, e os mais distantes têm temperaturas mais baixas.

Nessa imagem representativa, os planetas estão representados em proporção de tamanho.

A Terra, nosso planeta, fica a aproximadamente **149 600 000** km de distância do Sol. O planeta mais próximo do Sol é Mercúrio, que está a aproximadamente **57 910 000** km e tem temperatura elevadíssima. Até 25 de agosto de 2006, o Sistema Solar era formado por nove planetas, mas, nessa data, Plutão, que era o mais distante, a **5 913 520 000** km do Sol, deixou de ser considerado planeta.

Todas essas distâncias, embora grandes, não representam muito se comparadas ao tamanho do Universo. Para medir distâncias dessa grandeza, a unidade usada é o ano-luz. Um ano-luz é a distância que a luz percorre em um ano e corresponde a **9 460 000 000 000** km.

Responda.

1. Qual é a ordem de grandeza dos números que indicam as distâncias citadas no texto acima?

   _____
   _____
   _____
   _____

2. Em toda a sua vida, você já viu números com ordem de grandeza igual a algum dos números citados na atividade anterior? Se já, em qual situação?

Tratando a informação — **Completar tabelas e construir gráficos de barras**

1 Leia a notícia a seguir, publicada em 7 de março de 2019.

Casos de dengue no Brasil aumentam em 2019. Zika e chikungunya diminuíram.

O número de casos prováveis de dengue registrados no Brasil em janeiro de 2019 mais que dobrou em comparação ao mesmo período de 2018, passando de 21 992 para 54 777 casos prováveis.

A região Sudeste concentra 32 821 do total de casos registrados no país em 2019. Em seguida estão as regiões Centro-Oeste, com 10 827 casos de dengue; Norte, com 5 224 casos; Nordeste, com 4 105 casos e Sul, com 1 800 casos.

O mosquito *Aedes aegypti* transmite dengue, zika e chikungunya.

Dados obtidos em: <https://www.bio.fiocruz.br/index.php/noticias/1825-casos-de-dengue-no-brasil-aumentam-149-em-2019-zika-e-chikungunya-tiveram-reducao>. Acesso em: 23 jul. 2019.

a) Complete a tabela abaixo com base nas informações do texto acima.

Casos prováveis de dengue registrados no Brasil, em janeiro de 2019	
Região	Número de casos prováveis de dengue
Norte	
Nordeste	
	10 827
Sudeste	
	1 800

Dados obtidos em: <https://www.bio.fiocruz.br/index.php/noticias/1825-casos-de-dengue-no-brasil-aumentam-149-em-2019-zika-e-chikungunya-tiveram-reducao>. Acesso em: 23 jul. 2019.

b) Usando uma planilha eletrônica, transponha os dados da tabela para um gráfico de barras verticais.

c) Reúna-se com três colegas e façam uma pesquisa sobre o vírus da dengue. Depois, compartilhem com a turma as informações obtidas.

2 Leia a notícia publicada em 5 de outubro de 2015.

Centro-Oeste produz 42% da safra de grãos e é o principal polo agrícola do país

O Centro-Oeste respondeu por cerca de 42% da produção brasileira de grãos na safra 2014/2015, atingindo 209 milhões de toneladas. [...] Entre os produtos mais cultivados no Centro-Oeste estão a soja, o milho e o algodão, importantes itens da pauta de exportação do Brasil. Os dados são da Companhia Nacional de Abastecimento (Conab).

Os números da safra 2014/2015 mantêm o Centro-Oeste como a principal região agrícola do país, seguido do Sul (77,4 milhões de toneladas), Sudeste (19,1 milhões de toneladas), Nordeste (16,8 milhões de toneladas) e Norte (8 milhões de toneladas). [...]

Texto disponível em: <http://www.brasil.gov.br/economia-e-emprego/2015/10/centro-oeste-produz-42-da-safra-de-graos-e-e-o-principal-polo-agricola-do-pais>. Acesso em: 24 jul. 2019.

a) Complete a tabela abaixo com base nas informações do texto acima.

Produção brasileira de grãos na safra 2014/2015					
Região		Sul	Sudeste		
Produção (em milhões de toneladas)	209			16,8	

Dados obtidos em: <http://www.brasil.gov.br/economia-e-emprego/2015/10/centro-oeste-produz-42-da-safra-de-graos-e-e-o-principal-polo-agricola-do-pais>. Acesso em: 24 jul. 2019.

b) Usando uma planilha eletrônica, transponha os dados da tabela para um gráfico de barras verticais.

c) Reúna-se com três colegas e pesquisem dados sobre a produção brasileira de grãos na última safra. Depois, comparem os dados pesquisados com os da tabela acima. O que vocês podem concluir?

Praticando mais

1 Escreva o que se pede em cada caso.

a) O antecessor de 34 ▶ _____

b) O sucessor de 81 ▶ _____

c) O sucessor ímpar de 37 ▶ _____

d) O antecessor par de 100 ▶ _____

2 Separe o número abaixo em grupos de três algarismos, da direita para a esquerda, e depois responda às perguntas.

32189067896

a) Quantas ordens tem esse número? _____

b) Quantas classes tem esse número? _____

c) Quantos algarismos diferentes são utilizados nesse número? _____

d) Que algarismo ocupa a 6ª ordem? _____

e) Que número representa a 3ª classe? _____

f) A 7ª ordem é ocupada por qual algarismo? _____

g) Qual é a ordem de grandeza desse número? _____

3 Escreva por extenso os seguintes números:

a) 5 100 428 ▶ _____

b) 468 008 290 ▶ _____

c) 90 300 533 001 ▶ _____

d) 8 655 322 000 ▶ _____

4 O número **1234** tem:

a) quantos milhares? _____

b) quantas centenas? _____

c) quantas dezenas? _____

d) quantas unidades? _____

5 Usando o sinal >, escreva em ordem decrescente os seguintes números.

12 910; 12 392; 13 000; 12 002; 12 544 ▶ _____

6 Escreva os números naturais formados por:

a) 1 unidade de milhão, 7 centenas de milhar, 2 unidades de milhar e 8 centenas.

_____

b) 8 dezenas de bilhão, 9 centenas de milhão, 2 dezenas de milhar, 5 dezenas e 7 unidades.

_____

7 Observe a reta numérica abaixo.

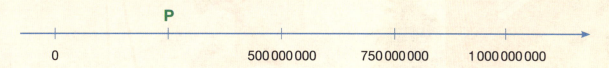

- Agora, assinale **V** para as afirmações verdadeiras e **F** para as falsas.

  ☐ O número correspondente ao ponto **P** é 400 000 000.

  ☐ A ordem de grandeza do número correspondente ao ponto **P** é a centena de milhão.

  ☐ O número correspondente ao ponto **P** pode ser decomposto como 200 000 000 + 50 000 000.

  ☐ Existem exatamente 200 000 000 de números naturais menores do que o número correspondente ao ponto **P**.

 **Desafio**

Valter e seu neto João estão jogando o seguinte jogo de adivinhação: Valter pensa em um número de 1 a 7; a cada lance, João arrisca um número, e Valter responde "certo", "alto" ou "baixo". Descreva uma estratégia para que João adivinhe o número, arriscando no máximo dois palpites.

UNIDADE 2
Adição e subtração

CAMPANHA DO AGASALHO

Doações	Quantidade
Peças de roupas de frio	562
Cobertores	150
Pares de calçado	278

Trocando ideias

1. Qual é o total de itens arrecadados até o momento nessa campanha?
2. De acordo com a posição das crianças na parede de escalada, quantos centímetros a menina escalou a mais que o menino, aproximadamente?

1 Adição

🎓 Aprendendo

1 Os organizadores das partidas de futebol costumam fazer um levantamento do total de público pagante. Veja o registro dos ingressos vendidos em uma partida.

Controle de venda de ingressos	
Setor	Número de ingressos vendidos
Amarelo	28 176
Azul	16 058
Branco	8 599

Fonte: Organização de um campeonato de futebol, em maio de 2019.

Para descobrir se foram vendidos mais ou menos de 50 mil ingressos, Mário arredondou os números para a unidade de milhar mais próxima e, depois, calculou o total aproximado de ingressos vendidos.

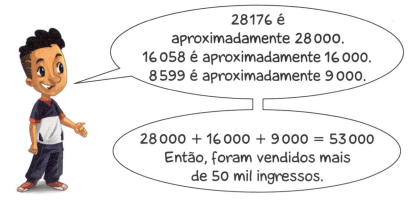

28 176 é aproximadamente 28 000.
16 058 é aproximadamente 16 000.
8 599 é aproximadamente 9 000.

28 000 + 16 000 + 9 000 = 53 000
Então, foram vendidos mais de 50 mil ingressos.

Para obter o total exato do público pagante dessa partida, precisamos adicionar a quantidade de ingressos vendidos de cada setor.

Veja como podemos calcular esse total utilizando o algoritmo usual da adição.

```
  DM UM  C  D  U
   2     2  2
   2  8  1  7  6  ← parcela
   1  6  0  5  8  ← parcela
+     8  5  9  9  ← parcela
  ─────────────
   5  2  8  3  3  ← soma ou total
```

Ao todo foram vendidos 52 833 ingressos.

No total aproximado por Mário, ele obteve 167 ingressos a mais do que no resultado exato da adição.

Todos os anos, alpinistas de vários países tentam chegar ao ponto mais alto do Monte Everest, na Ásia. Considere um grupo de alpinistas que escalou a montanha até atingir a altura de 6 474 metros, onde havia um acampamento de apoio. Depois, o grupo escalou mais 2 374 metros e finalmente atingiu o topo.

Para saber a altura do Monte Everest, basta acrescentar os 2 374 metros aos 6 474 metros escalados até atingir o acampamento de apoio, ou seja, podemos efetuar a adição 6 474 + 2 374.

Utilizando o algoritmo usual da adição, podemos determinar a altura do Monte Everest.

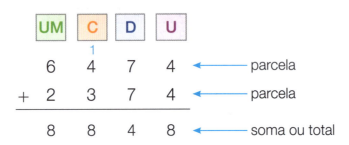

Ábaco
Neste jogo, você deverá descobrir a representação correta para concluir as fases do jogo.

Portanto, o Monte Everest tem 8 848 metros de altura.

Praticando

1 Efetue as adições.

a)
```
   6 9
 + 2 4
 -----
```

b)
```
   2 4 7
 + 3 5 8
 -------
```

c)
```
   1 0 8 7
 + 2 1 4 5
 ---------
```

d)
```
   5 6 4 8
 + 4 7 0 2
 ---------
```

e)
```
   2 5 1 0 5
 +     7 4 9 8
 -------------
```

f)
```
   5 4 8 7 2
 + 3 9 5 2 5
 -----------
```

2 Lauro tem 208 selos. Luciano tem 76 a mais que Lauro. Quantos selos tem Luciano? E quantos selos têm os dois juntos?

Luciano tem _____ selos e, juntos, Luciano e Lauro têm _____ selos.

3 Calcule mentalmente o resultado aproximado de cada adição. Depois, calcule os resultados exatos.

a) 1 087 + 21 445

b) 2 353 + 3 697

c) 25 105 + 7 498

4 Analise a tabela e responda às questões.

Participantes da feira científica	
Escola	Alunos
Amigo	874
Brincadeira	1 078
Criança	964

Dados obtidos pelos organizadores da feira científica, em maio de 2019.

a) Ao todo, quantos alunos participaram dessa feira científica? _____

b) Se a escola Criança tivesse inscrito o dobro de alunos, quantos alunos teriam participado dessa feira científica ao todo? _____

5 Determine a área total, em quilômetro quadrado (km^2), correspondente aos estados do Rio Grande do Norte, da Paraíba e de Pernambuco. _____

Estado	Área (aproximada)
RN	52 810 km^2
PB	56 467 km^2
PE	98 068 km^2

Disponível em: <https://cidades.ibge.gov.br/>.
Acesso em: 24 jul. 2019.

2 Propriedades da adição

Aprendendo

Enzo e Lívia trabalham na bilheteria de um teatro. Ao final do dia, eles anotam em uma tabela a quantidade de ingressos que cada um vendeu.

Ingressos vendidos em um fim de semana		
Período	Ingressos vendidos por Enzo	Ingressos vendidos por Lívia
Sábado	798	815
Domingo	815	798

Dados obtidos na administração do teatro, em agosto de 2019.

- Quem vendeu mais ingressos nesse fim de semana? Justifique.

Para encontrar o resultado, podemos adicionar a quantidade de ingressos que cada um vendeu no sábado com os ingressos vendidos no domingo. Veja.

Enzo
798 + 815 = 1 613

Lívia
815 + 798 = 1 613

Observe que as somas são iguais. Portanto, Enzo e Lívia venderam a mesma quantidade de ingressos.

> Em uma adição, a ordem das parcelas não altera a soma. Essa propriedade é denominada **comutativa da adição**.

Iaci e Mário estão participando de um concurso de perguntas. Cada resposta certa vale cinco pontos. Observe como está o placar depois de duas rodadas de perguntas.

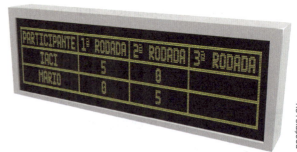

- Quantos pontos cada um deles tem até a segunda rodada?

Podemos representar o total de pontos de Iaci e o total de pontos de Mário até a segunda rodada com uma adição. Veja.

Iaci
5 + 0 = 5

Mário
0 + 5 = 5

> Quando adicionamos zero a um número, a soma não se altera. Por isso, chamamos o número zero de **elemento neutro da adição**.

1. Observe o gráfico abaixo. Ele representa a venda de camisetas de uma fábrica durante os meses de outubro, novembro e dezembro de 2019. Quantas camisetas foram vendidas, ao todo, nesses três meses?

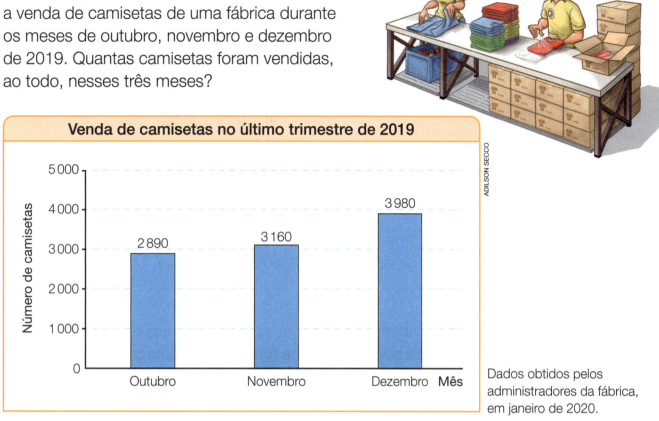

Venda de camisetas no último trimestre de 2019

- Outubro: 2 890
- Novembro: 3 160
- Dezembro: 3 980

Dados obtidos pelos administradores da fábrica, em janeiro de 2020.

Para descobrir o total de camisetas vendidas, podemos efetuar uma adição:

2 890 + 3 160 + 3 980

- Como você faria para resolver essa adição?
  Observe dois modos de realizar esse cálculo.

1º modo	2º modo
2 890 + 3 160 + 3 980	2 890 + 3 160 + 3 980
6 050 + 3 980	2 890 + 7 140
10 030	10 030

Note que o resultado é o mesmo nos dois modos.

Logo, foram vendidas 10 030 camisetas no último trimestre de 2019.

> Em uma adição com mais de duas parcelas, a soma não se altera ao se associarem as parcelas, duas a duas, de modos diferentes. Essa propriedade é denominada **associativa da adição**.

quarenta e três 43

1 Escreva, em cada quadrinho, um número que torne as sentenças verdadeiras.

a) 6760 + 1290 = ☐ + 6760

b) 8400 + 0 = 0 + ☐

c) 9320 + ☐ = 3500 + 9320

d) 3984 + 4721 = ☐ + ☐

2 Calcule mentalmente cada adição e registre os resultados.

a) 320 + 170 + 80 + 30 = _____

b) 200 + 32 + 18 + 150 = _____

c) 400 + 0 + 37 + 103 = _____

- Agora, explique a um colega como você pensou para calcular. Ouça, também, a explicação de seu colega.

3 Reúna-se com um colega e inventem algumas adições de mais de duas parcelas. Você calcula o resultado das adições de uma forma, e seu colega, de outra. Depois, façam o que se pede.

a) O que acontece com o resultado da adição quando agrupamos as parcelas de formas diferentes?

b) Observe como seu colega calculou cada adição e elejam, entre elas, a resolução mais fácil.

Curiosidade

Origem dos símbolos das operações matemáticas

A primeira vez que os sinais + e − apareceram impressos nas operações de adição e subtração foi, provavelmente, em um livro de Johann Widman, da Universidade de Leipzig, na Alemanha, em 1498. Muitos historiadores levantaram a hipótese de que os símbolos + e − tenham sua origem na prática de comércio, para indicar excesso e falta, respectivamente. O sinal +, como uma abreviatura da palavra latina "et" (e), ainda que aparecendo com o traço descendente não bem na vertical, foi encontrado em um manuscrito de 1417. O símbolo × para a multiplicação foi atribuído a William Oughtred, em 1631, no seu livro *Clavis Mathematicae*. Já o símbolo ÷ para indicar a divisão foi usado pela primeira vez pelo suíço Johann Heinrich Rahn, em um livro de álgebra publicado em 1659.

Informações obtidas em: DAVIS, Harold T. *Computação*. São Paulo: Atual, 1995. (Tópicos de história da Matemática).

3. Subtração

Aprendendo

1. Em um armazém havia 7 500 quilogramas de arroz e foram vendidos 3 850 quilogramas. Quantos quilogramas de arroz restaram no armazém?

Para descobrir quantos quilogramas de arroz restaram no armazém, podemos subtrair 3 850 de 7 500 usando o algoritmo usual da subtração.

```
   UM  C   D   U
           14
       6   A   10
       7   5   0   0    ← minuendo
   -   3   8   5   0    ← subtraendo
       ─────────────
       3   6   5   0    ← diferença ou resto
```

Portanto, restaram 3 650 quilogramas de arroz.

- Utilize o algoritmo usual da subtração para calcular o resultado de 7 500 − 3 650.

2. No início do ano, Emílio e Rodrigo compraram uma motocicleta nova cada um. Poucos meses depois, eles se encontraram e verificaram quantos quilômetros cada um havia rodado com sua motocicleta. Observe os dois mostradores de quilômetros rodados e responda: quantos quilômetros uma motocicleta rodou a mais que a outra?

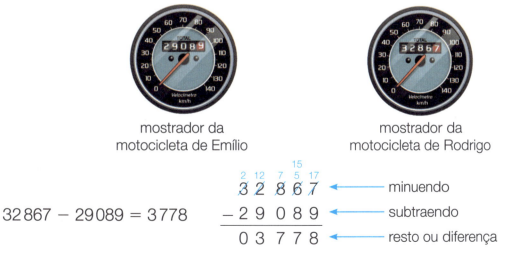

mostrador da motocicleta de Emílio

mostrador da motocicleta de Rodrigo

32 867 − 29 089 = 3 778

```
         15
   2  12  7  5  17
   3  2   8  6  7    ← minuendo
-  2  9   0  8  9    ← subtraendo
   ─────────────
   0  3   7  7  8    ← resto ou diferença
```

Uma motocicleta rodou 3 778 km a mais que a outra.

- Utilize o algoritmo usual da subtração para calcular o resultado de 32 867 − 3 778.

Praticando

1 Arlete pediu ao frentista que colocasse R$ 100,00 de combustível no tanque do seu carro. Ao abrir a carteira, verificou que só tinha R$ 89,00. Quantos reais faltam para Arlete pagar ao frentista? _____

2 Efetue as subtrações.

a)
```
   4 5 6
-  3 8 4
```

b)
```
   9 8 7
-  1 9 8
```

c)
```
   5 3 4 2
-  4 9 8 7
```

d)
```
   9 7 8 4
-  3 8 1 9
```

e)
```
   1 0 0 5 3
-      8 1 6 4
```

f)
```
   1 5 6 7 4
-  1 4 9 8 7
```

3 Ana fez um gráfico para representar o orçamento de sua família em abril de 2019.

- Com base no gráfico, responda às questões.

  a) Com qual item a família de Ana gasta mais?

  b) Quantos reais foram gastos a mais com alimentação em relação aos gastos com transporte?

  c) Qual é o total do orçamento dessa família?

  d) Podemos afirmar que os itens moradia e transporte, juntos, correspondem a mais da metade desse orçamento? Justifique.

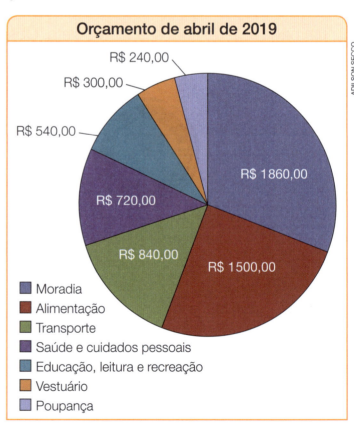

Orçamento de abril de 2019

R$ 240,00
R$ 300,00
R$ 540,00
R$ 720,00
R$ 840,00
R$ 1500,00
R$ 1860,00

- Moradia
- Alimentação
- Transporte
- Saúde e cuidados pessoais
- Educação, leitura e recreação
- Vestuário
- Poupança

Dados obtidos por Ana, em maio de 2019.

4 Em uma residência, a caixa-d'água com capacidade para 960 litros estava completa. Foram gastos 140 litros no uso doméstico e 400 litros para completar a água da piscina. Quantos litros de água restam na caixa-d'água?

Restam _____ litros de água na caixa-d'água.

4 Propriedade fundamental da subtração

Aprendendo

Já vimos que o minuendo, o subtraendo e o resto ou diferença são os termos de uma subtração.

Observe a subtração abaixo.

```
  5 0   → minuendo            3 8
– 1 2   → subtraendo        + 1 2
  3 8   → resto ou diferença  5 0
```

> A **diferença** é o número que, adicionado ao subtraendo, dá como resultado o minuendo.

Essa é a **propriedade fundamental da subtração.**

Ou seja: (diferença + subtraendo = minuendo)

Veja como Isabela fez para verificar se uma subtração estava correta.

Dessa forma, Isabela concluiu que sua subtração estava correta.

Praticando

1 Complete.

a) ☐ − 64 = 18

b) 165 − ☐ = 97

c) 874 − 352 = ☐

d) ☐ − 352 = 59

e) 678 − ☐ = 75

f) 987 − 784 = ☐

2 Em uma subtração, o resto é 16, e o subtraendo é 22. Qual é o minuendo?

O minuendo é _____.

3 Em uma subtração, o minuendo é 40, e o resto é 32. Qual é o subtraendo?

O subtraendo é _____.

 4 Descubra o número que falta em cada subtração e registre a resposta.

a) Ao subtrairmos 3 250 de um número, o resultado obtido foi 2 500.

Que número é esse? _____

b) Qual número devemos subtrair de 4 000 para o resultado ser 1 500? _____

  5 A calculadora de Carla está com a tecla 8 quebrada, e ela quer subtrair 7 826 de 9 504.

Converse com um colega sobre como Carla pode calcular o resultado da subtração utilizando essa calculadora. Depois, registre as teclas que ela pode usar e indique a resposta que ela deve encontrar.

PAULO BORGES

5 Expressões numéricas

Aprendendo

1. Bruno tinha 50 figurinhas. Ganhou 13 de sua mãe e 17 de seu pai. Depois, ele viu que tinha algumas repetidas e deu 20 figurinhas para seu irmão.

- Com quantas figurinhas Bruno ficou?

    Uma estratégia para descobrir a resposta é usar uma expressão numérica. A situação acima pode ser representada pela expressão numérica 50 + 13 + 17 − 20.

    Veja como Bruno encontrou o valor dessa expressão.

Para calcular o valor de expressões numéricas com adição e subtração, fazemos as operações de acordo com a ordem em que aparecem na expressão, da esquerda para a direita.

Por isso, eu primeiro calculei 50 + 13, que é igual a 63. Depois, calculei 63 + 17, que é igual a 80. Por fim, calculei 80 − 20, obtendo o resultado dessa expressão numérica.

$$50 + 13 + 17 - 20 =$$
$$= 63 + 17 - 20 =$$
$$= 80 - 20$$
$$= 60$$

Portanto, Bruno ficou com 60 figurinhas.

> **Observação**
>
> É importante observar se uma expressão numérica tem parênteses, colchetes ou chaves. Se tiver, devemos efetuar primeiro as operações entre parênteses, depois as que estão entre colchetes e, por último, as que estão entre chaves.

Veja como Lucas fez para calcular o valor da expressão numérica
16 + {17 − 8 + [9 + (8 − 4) − 2]}.

Primeiro efetuei a operação entre parênteses: calculei 8 − 4.

Como não havia mais parênteses, efetuei as operações entre colchetes. Calculei 9 + 4, que é igual a 13, e, na sequência, calculei 13 − 2.

Depois, efetuei as operações entre chaves. Calculei 17 − 8, que é igual a 9, e, na sequência, calculei 9 + 11.

Finalmente, calculei 16 + 20, que é igual a 36.

16 + {17 − 8 + [9 + (8 − 4) − 2]} =
= 16 + {17 − 8 + [9 + 4 − 2]} =
= 16 + {17 − 8 + [13 − 2]} =
= 16 + {17 − 8 + 11} =
= 16 + {9 + 11} =
= 16 + 20 = 36

O valor da expressão numérica 16 + {17 − 8 + [9 + (8 − 4) − 2]} é 36.

Praticando

1 Calcule o valor de cada expressão numérica.

a) 15 − 6 + 3 − 5

b) 28 + 6 − 14 + 11

c) 64 + [39 − (18 − 11 + 5)]

d) 60 − {10 + [(45 − 15 + 30) − 20]}

2 Lúcio fez uma reforma em sua residência no valor de R$ 12 574,00. Ele pagou esse valor a uma empresa de reformas em 3 parcelas. Na 1ª parcela, pagou R$ 3 853,00 e, na 2ª parcela, R$ 2 419,00. Escreva uma expressão numérica para representar a quantia que Lúcio deverá pagar na 3ª parcela e, depois, determine esse valor.

3 Digite em uma calculadora o número 45 650, realize sucessivamente as operações abaixo e responda.

- ✓ Retire 1 050 unidades.
- ✓ Acrescente 12 milhares.
- ✓ Diminua 30 000 unidades.
- Qual é o número obtido no final? _____

4 Realize a sequência de operações apresentadas na atividade anterior, mas, agora, o primeiro número a ser digitado é:

a) 62 440

Número obtido no final ▶ _____

b) 33 076

Número obtido no final ▶ _____

c) 152 221

Número obtido no final ▶ _____

d) 201 201

Número obtido no final ▶ _____

Resolvendo problemas

Reúna-se a um colega e inventem o enunciado de um problema cuja solução possa ser encontrada utilizando a expressão abaixo.

$$20 + (30 - 15) + 8$$

Depois, troquem o problema com outra dupla e o resolvam.

Tratando a informação

Construir gráfico de linhas

1 A tabela ao lado mostra a temperatura de uma cidade em alguns horários de um dia.

Esses dados podem ser apresentados em um **gráfico de linhas**. Nesse gráfico, representamos a temperatura de dois horários por um ponto. Depois, para visualizar melhor a variação de temperatura de um horário para outro, ligamos os pontos consecutivos traçando segmento de reta.

Temperatura na cidade	
Horário	Temperatura (em °C)
10 h	20
11 h	22
12 h	25
13 h	22
14 h	24
15 h	23
16 h	23

Dados obtidos pela estação meteorológica da cidade, em 10 de setembro de 2019.

- Complete o gráfico de linhas de acordo com os dados da tabela. Depois, responda.

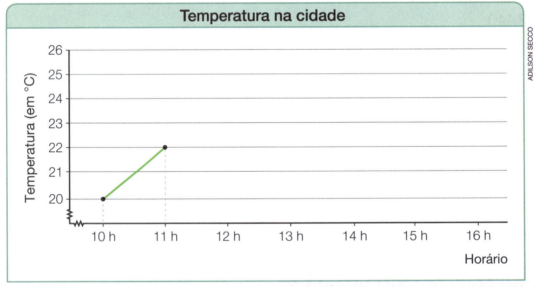

Dados obtidos pela estação meteorológica da cidade, em 10 de setembro de 2019.

a) Qual era a temperatura às 11 h? _____

b) Qual foi a maior temperatura registrada nesse período?

E a menor? _____

c) Você considera mais fácil visualizar a variação entre os dados observando a tabela ou o gráfico de linhas?

2 O gráfico abaixo apresenta o valor do salário mínimo de janeiro dos anos de 2014 a 2019.

Dados obtidos em: <http://www.dieese.org.br/analisecestabasica/salarioMinimo.html#2017>. Acesso em: 24 jul. 2019.

- Complete o gráfico de linhas a seguir de acordo com os dados do gráfico de barras verticais acima. Depois, faça o que se pede.

Dados obtidos em: <http://www.dieese.org.br/analisecestabasica/salarioMinimo.html#2017>. Acesso em: 24 jul. 2019.

a) Qual era o valor do salário mínimo em 2014? _____

b) Considerando a variação do salário de um ano para outro, é possível identificar, por meio do gráfico de linhas, sem fazer cálculos, quando o salário mínimo teve maior aumento? Explique.

cinquenta e três **53**

Praticando mais

1 Efetue as adições.

a) 3 619 + 2 387 = _____

c) 56 784 + 15 920 = _____

b) 108 493 + 52 708 = _____

d) 408 + 5 956 + 1 453 = _____

2 Resolva mentalmente os problemas e registre os resultados.

a) Luís comprou uma bicicleta por R$ 318,00 e a vendeu com lucro de R$ 35,00.

Por quanto Luís vendeu a bicicleta? _____

b) César nasceu em 1989 e terminou a faculdade aos 23 anos.

Em que ano César terminou a faculdade? _____

3 Calcule mentalmente cada adição e registre o resultado.

a) 1 300 + 240 + 700 + 60 = _____

b) 2 500 + 350 + 150 + 500 = _____

c) 7 000 + 400 + 600 + 3 000 = _____

• Explique a um colega como você pensou para calcular.

4 Determine quais algarismos devem ser colocados em cada quadrinho, seguindo as dicas.

• Cada quadrinho deve ter apenas um algarismo.

• Os algarismos podem se repetir em quadrinhos diferentes.

a)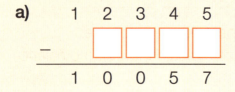

b)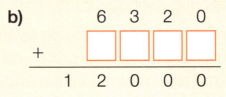

5 Faça arredondamentos e registre o resultado aproximado de cada operação.

a) 8 578 + 1 035 = _____

b) 3 689 + 5 415 = _____

c) 12 611 − 6 350 = _____

d) 5 874 − 2 222 = _____

- Usando uma calculadora, verifique o resultado exato dessas operações e registre-os. Depois, compare esses resultados com os resultados aproximados.

a) ☐   b) ☐   c) ☐   d) ☐

6 Determine o valor das expressões numéricas a seguir.

a) 600 + 1 300 − (520 + 480)

b) 258 + {937 − [(1 000 − 105) − 550] + 50}

7 Uma piscina tem capacidade de 135 000 litros de água. Para enchê-la, foram colocados, inicialmente, 45 700 litros de água. Em seguida, mais 50 600 litros. Quantos litros de água ainda faltam para encher completamente essa piscina?

Faltam _____ litros de água para encher completamente essa piscina.

 Desafio

Em cada um dos círculos da figura ao lado, escreva um dos seguintes números: 1, 2, 3, 4, 6, 7, 8 ou 9, sem repeti-los, de modo que a soma dos números escritos em cada fileira de círculos ligados pelos traços dê 15.

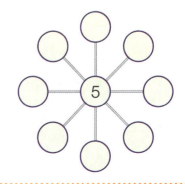

cinquenta e cinco **55**

UNIDADE 3
Geometria

Trocando ideias

1. A esfera e o cubo são figuras geométricas. Dos objetos ilustrados no centro de treinamento, quais lembram essas figuras geométricas?

2. Você consegue observar na imagem mais algum elemento que lembre uma figura geométrica?

1 Poliedros

Aprendendo

Observe os poliedros representados a seguir.

Tetraedro

Hexaedro ou cubo

Octaedro

Dodecaedro

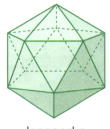
Icosaedro

Poliedro significa muitas faces.

É possível verificar algumas semelhanças entre os poliedros acima: todos eles possuem vértices, arestas e todas as faces são polígonos.

Praticando

1 Indique o número de arestas de cada poliedro abaixo.

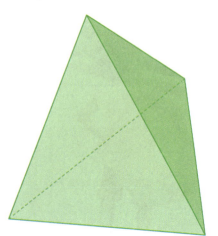
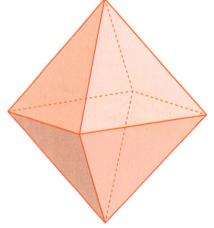

Observe os quadros A e B. Depois, responda às perguntas 2 a 7.

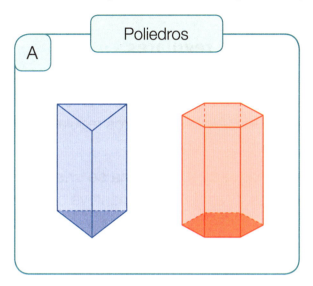
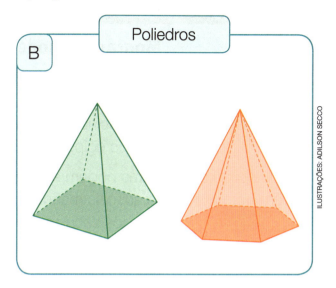

2 Qual é o formato das faces dos poliedros do quadro A?

3 Qual é o formato das faces dos poliedros do quadro B?

4 Quantas faces têm os poliedros do quadro A?

5 Quantas faces têm os poliedros do quadro B?

6 Quantos vértices têm os poliedros do quadro A?

7 Quantos vértices têm os poliedros do quadro B?

Agindo e construindo

Montando modelos de poliedros regulares

Os poliedros regulares fazem parte do estudo da Geometria desde seu início.
São eles: tetraedro, hexaedro (cubo), octaedro, dodecaedro e icosaedro. Eles têm uma beleza simétrica que fascina o ser humano há tempos. Alguns poliedros regulares eram conhecidos dos antigos egípcios, que os usavam em sua arquitetura.

Os poliedros regulares podem ser observados na natureza sob a forma de **cristais** e em **esqueletos** de animais marinhos microscópicos. O ser humano manteve o interesse por eles no decorrer dos séculos por causa de sua beleza e sua simetria.

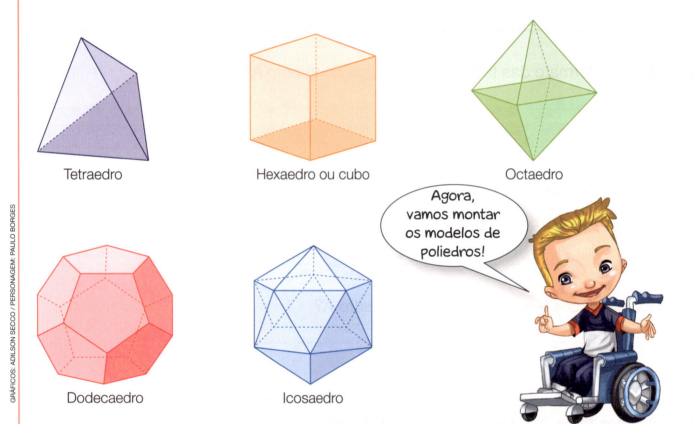

Tetraedro — Hexaedro ou cubo — Octaedro

Dodecaedro — Icosaedro

Agora, vamos montar os modelos de poliedros!

Material

✓ Planificações das páginas **A1**, **A2**, **A3**, **A4** e **A5**

✓ Cola

Tarefa

Monte os modelos de poliedros seguindo as orientações do professor.

- Depois de montados, converse com seus colegas sobre o número de faces, vértices e arestas de cada um desses poliedros.

2 Prismas

Aprendendo

Todos os prismas são exemplos de poliedros.
O calendário ao lado lembra um prisma.

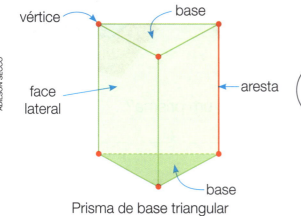

Prisma de base triangular

Descobri que as faces laterais desse prisma são retângulos.

E que as bases são polígonos idênticos.

Observe os prismas de cada quadro abaixo.

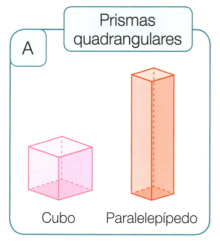

A — Prismas quadrangulares — Cubo, Paralelepípedo

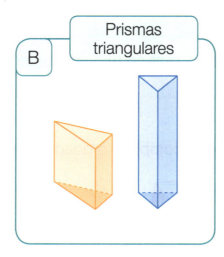

B — Prismas triangulares

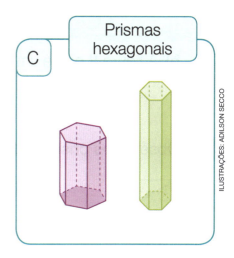

C — Prismas hexagonais

Note que:

- as bases dos prismas do quadro A são quadriláteros;
- as bases dos prismas do quadro B são triângulos;
- as bases dos prismas do quadro C são hexágonos.

Os polígonos que formam as bases são utilizados na identificação de um prisma. No exemplo acima, temos bases quadrangulares, triangulares e hexagonais.

Observação

Chamamos de **cubo** o prisma quadrangular em que todas as faces são quadrados de mesmo tamanho.

Praticando

1 Observe as imagens e responda à pergunta.

- Quais objetos ou embalagens acima lembram a forma de um prisma?

_____

2 Observe as figuras ao lado e, com um colega, decidam se cada afirmação abaixo é verdadeira ou falsa.

Figura I   Figura II

a) A figura I é um prisma.

_____

b) A figura II não é um prisma, pois só tem uma base.

_____

3 Observe os prismas abaixo e complete o quadro a seguir.

Prisma I   Prisma II   Prisma III   Prisma IV

	Número de faces	Número de arestas	Número de vértices	Formato da base
Prisma I				
Prisma II				
Prisma III				
Prisma IV				

3 Pirâmides

Aprendendo

As pirâmides também são exemplos de poliedros. A construção da foto ao lado, feita há mais de 4500 anos, no Egito, lembra uma pirâmide.

Pirâmide de Quéfren, Egito, 2017.

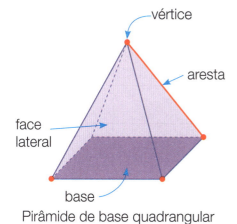

Pirâmide de base quadrangular

A pirâmide só tem uma base e as faces laterais são triângulos que possuem um vértice comum.

Da mesma forma que os prismas, identificamos uma **pirâmide** por meio dos polígonos que formam sua base. Observe.

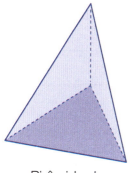

Pirâmide de base triangular

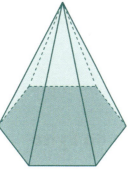

Pirâmide de base hexagonal

Pirâmide de base quadrangular

Observação

A base de uma pirâmide sempre tem a forma de um polígono qualquer, enquanto as demais faces são sempre triângulos.

Praticando

1 Observe as pirâmides abaixo e complete o quadro a seguir.

 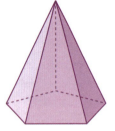 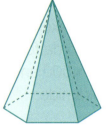 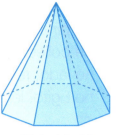

Pirâmide I — Pirâmide II — Pirâmide III — Pirâmide IV

	Pirâmide I	Pirâmide II	Pirâmide III	Pirâmide IV
Formato da base				
Número de faces				
Número de vértices				
Número de arestas				

2 Escreva o nome da figura geométrica descrita em cada item abaixo.

a) A base dessa figura geométrica é um polígono. O número de faces laterais e o número de lados da base são iguais. As faces laterais são triângulos.

_____

b) As bases dessa figura geométrica são polígonos. A quantidade de faces laterais e a quantidade de lados de cada base são iguais. As faces laterais são retângulos.

_____

Curiosidade

A grande pirâmide do Egito

A pirâmide de Quéfren foi construída com mais de 2 milhões de blocos de rocha calcária. Ela tem 147 metros de altura e pesa cerca de 5 214 520 toneladas.

A quantidade de pedras utilizadas na grande pirâmide daria para construir 40 edifícios iguais ao Empire State (Nova York, Estados Unidos), cuja altura é 318 metros.

Pirâmide de Quéfren, Egito.

4 Cilindro, cone e esfera

Aprendendo

Muitos objetos que nos rodeiam têm partes arredondadas e, por isso, lembram figuras geométricas não planas, chamadas de corpos redondos. A lata, o chapéu de festa e a bolinha das fotos abaixo lembram, respectivamente, o cilindro, o cone e a esfera, que são exemplos de corpos redondos.

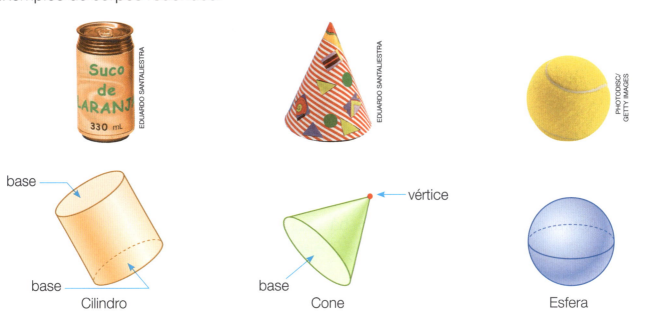

Praticando

1 Observe as imagens abaixo e identifique com qual figura geométrica cada uma delas se parece.

a)

b)

c)

d)

_____   _____   _____   _____

2 Assinale **V** para as afirmações verdadeiras e **F** para as falsas.

☐ Uma esfera não tem base. ☐ O cone tem um vértice.

☐ O cilindro tem apenas uma base. ☐ O cilindro e o cone são poliedros.

sessenta e cinco **65**

3 Cite diferenças entre um corpo redondo e um poliedro.

_____

4 Conte as figuras geométricas desenhadas e complete o quadro.

     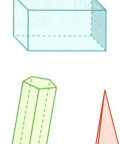

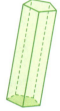

Quantidade de figuras geométricas	
Figura geométrica	Quantidade
Prisma	
Pirâmide	
Esfera	
Cone	
Cilindro	

- Agora, complete a frase: Ao todo, há _____ poliedros e _____ corpos redondos.

Curiosidade

Caleidoscópios

Caleidoscópio é um aparelho óptico formado por um pequeno tubo de cartão ou de metal, com pequenos fragmentos de vidro colorido, que, com o reflexo da luz exterior em pequenos espelhos inclinados, apresentam, a cada movimento, combinações variadas e agradáveis de efeito visual.

No caleidoscópio são formadas imagens múltiplas, pois a imagem obtida em um dos espelhos forma novas imagens nos outros dois, e assim sucessivamente. Conforme as disposições dos fragmentos coloridos, são fornecidas novas e belas figuras repetidas.

O nome caleidoscópio foi dado por *Sir* David Brewster, em 1819, em seu livro *A treatise on the Kaleidoscope*, a partir das palavras gregas *kalos* (belo), *eidos* (formas) e *skopein* (ver).

Informações obtidas em: BARBOSA, Ruy Madsen. *Descobrindo padrões em mosaicos*. São Paulo: Atual, 1993.

Caleidoscópio de forma cilíndrica.

Imagem de dentro de um caleidoscópio.

5 Planificação da superfície de figuras geométricas

Aprendendo

Observe a planificação da superfície de algumas figuras geométricas.

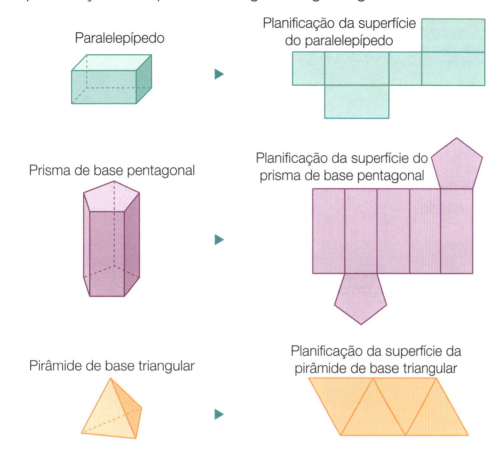

Praticando

1 Reproduza a planificação abaixo em uma cartolina, recorte-a e monte a figura usando fita adesiva. Você obteve o modelo de qual figura geométrica? _____

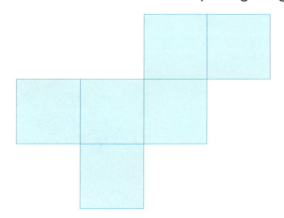

2 Observe as planificações abaixo e responda.

a)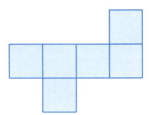

c)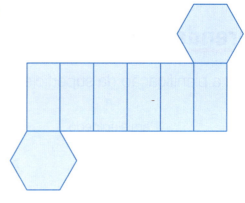

b)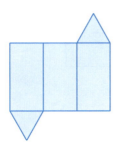

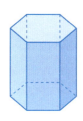

- Qual dessas é a planificação da superfície do prisma de base hexagonal ao lado?

_____

3 Renato desmontou uma caixa de sapatos e obteve um molde.

- Esse molde lembra a planificação da superfície de qual figura geométrica?

_____

4 A qual figura geométrica corresponde cada uma das planificações abaixo?

 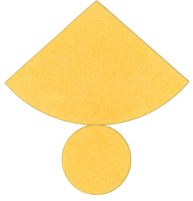

68 sessenta e oito

5 Observe as figuras geométricas abaixo e trace uma linha para ligar cada uma delas à respectiva planificação.

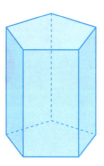

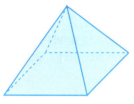

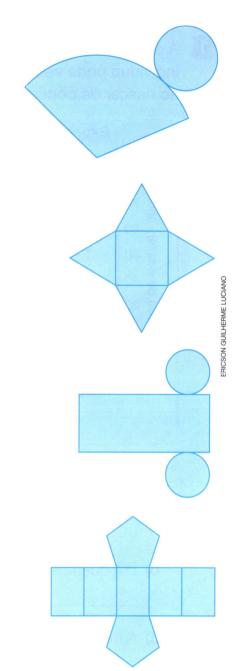

6 Qual é o nome das figuras geométricas da atividade anterior?

_____

_____

 7 Desenhe a planificação de uma figura geométrica e, em seguida, informe a qual figura geométrica ela corresponde.

Tratando a informação
Ler e interpretar gráficos de linhas

1 A expectativa de vida é uma estimativa do número de anos que um indivíduo pode viver. O gráfico abaixo mostra a expectativa de vida ao nascer da população brasileira, no período de 1960 a 2015.

Dados disponíveis em: <ftp://ftp.ibge.gov.br/Tabuas_Completas_de_Mortalidade/Tabuas_Completas_de_Mortalidade_2015/tabua_de_mortalidade_analise.pdf>. Acesso em: 25 jul. 2019.

- Observe o gráfico e faça o que se pede.

   a) Qual é a expectativa de vida do brasileiro que nasceu em 1960? E em 2015?

   _____

   b) Em quantos anos aumentou a expectativa de vida no período de 1960 a 2015?

   _____

   c) A expectativa de vida aumentou mais ou menos de 18 meses no período de 2010 a 2015? Justifique sua resposta. _____

   _____

   d) A expectativa de vida é um indicador de qualidade de vida. Reúna-se com três colegas e façam uma pesquisa sobre os hábitos que garantem uma boa qualidade de vida. Depois, elaborem um cartaz e exponham para o restante da sala.

Idosos praticando atividade física.

2 Os Jogos Parapan-Americanos são um evento esportivo envolvendo atletas de países do continente americano que possuem deficiências físicas ou sensoriais. Observe o gráfico a seguir, que mostra o número total de medalhas conquistadas pelo Brasil em todos os Jogos Parapan-Americanos até 2015.

Equipe brasileira de basquete feminino comemorando a medalha de bronze conquistada nos Jogos Parapan-Americanos de Toronto, Canadá, 2015.

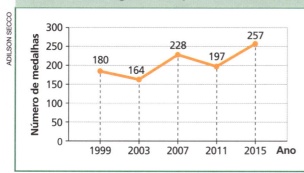

Dados obtidos em: <http://www.brasil.gov.br/esporte/2011/11/parapan-tera-mais-de-200-atletas-brasileiros>; <http://www.brasil.gov.br/esporte/2011/11/brasil-e-vencedor-do-parapan-de-guadalajara>; <https://www.paralympic.org/americas-paralympic-committee/competitions>. Acessos em: 24 jul. 2019.

- Agora, responda às questões.

    a) Nos Jogos Parapan-Americanos de qual ano o Brasil conquistou o menor número de medalhas? _____

    b) Quantas medalhas, ao todo, o Brasil conquistou nos Jogos Parapan-Americanos de 1999 até 2015? _____

    c) Escreva um pequeno texto sobre o desempenho do Brasil nos Jogos Parapan-Americanos entre 1999 e 2015.

Praticando mais

1 Observe as figuras geométricas não planas com atenção.

Poliedros			Alguns corpos redondos
Prismas	Pirâmides	Outros poliedros	Cones, cilindros e esferas

- Agora, responda.

  a) Qualquer figura geométrica é um poliedro? Por quê?

  _____

  _____

  b) Em relação às faces laterais, o que diferencia os prismas das pirâmides?

  _____

2 Veja a embalagem que Mariana desmontou.

- Montando novamente a embalagem, com qual figura geométrica ela vai se parecer?

  _____

3 Responda às questões.

a) Nas planificações da superfície de uma pirâmide, sempre haverá triângulos?
   Por quê? _____

b) Nas planificações da superfície de um prisma, nunca haverá triângulos. Isso é verdadeiro? Por quê?

_____

_____

4 Reúna-se com um colega e resolvam o problema a seguir.

O desenho abaixo foi feito em uma cartolina. Em seguida, foi recortado e dobrado, formando um dado com figuras.

- Ao lançar o dado sobre uma mesa, a face 🐱 ficou voltada para cima.

  Qual é a cor da face que ficou em contato com a mesa? _____

5 Observe as planificações de modelos de figuras geométricas não planas e determine quantos vértices teria cada um desses modelos, se eles estivessem montados.

a) 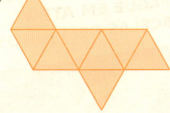 b) 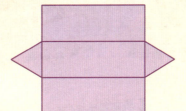 c)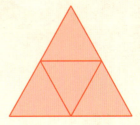

_____   _____   _____

 Desafio

Observe a medida da bola de futebol ao lado. Jonas precisa de uma embalagem com formato de paralelepípedo para transportar duas dessas bolas cheias. Quais são as medidas do comprimento, da largura e da altura da menor caixa que pode ser utilizada?

_____

_____

22 cm

setenta e três **73**

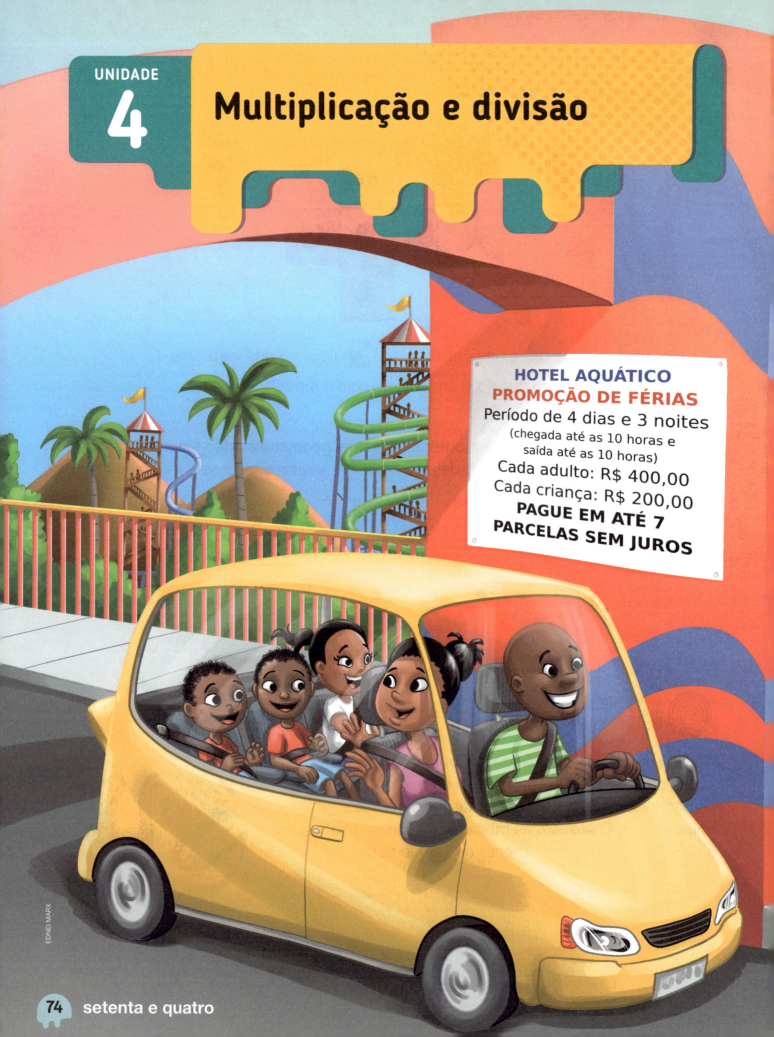

Trocando ideias

1. Qual será o total pago pela permanência desta família, neste hotel, pelo período de 4 dias e 3 noites?

2. Se esta família optar por pagar esse total em 2 parcelas, qual será o valor de cada parcela? E se optar por 7 parcelas?

setenta e cinco

1 Alguns significados da multiplicação

Aprendendo

Adição de parcelas iguais

1. Na festa da família realizada na escola, a professora Roberta parou a festa cinco vezes para fazer sorteios. Em cada parada, foram sorteados 32 brindes. Quantos brindes foram sorteados no total?

Podemos determinar o total de brindes sorteados fazendo uma **adição de parcelas iguais** ou uma **multiplicação**.

Observe.

$$32 + 32 + 32 + 32 + 32 = 160$$

ou

$$5 \times 32 = 160$$

número de vezes que a parcela se repete

Portanto, foram sorteados 160 brindes ao todo.

Assim como as demais operações, os termos de uma multiplicação têm suas denominações específicas. Observe-as.

$$
\begin{array}{r}
32 \quad \leftarrow \text{fator} \\
\times \ 5 \quad \leftarrow \text{fator} \\
\hline
160 \quad \leftarrow \text{produto}
\end{array}
$$

Organização retangular

▶ Veja as caixas de correspondências dos apartamentos do prédio em que Mariana mora. Em cada um dos 7 andares do prédio, há 6 apartamentos. Quantas caixas de correspondências esse prédio tem ao todo?

É possível resolver de dois modos. Observe.

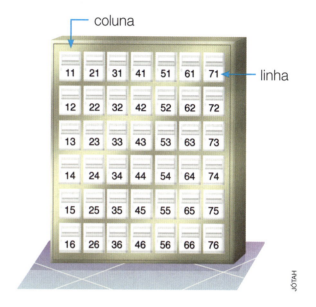

- São 6 linhas, cada uma delas com 7 caixas:

    $7 + 7 + 7 + 7 + 7 + 7 = 42$

    ou $\quad \begin{array}{r} 7 \\ \times\ 6 \\ \hline 4\,2 \end{array}$ ← linhas

- São 7 colunas, cada uma delas com 6 caixas:

    $6 + 6 + 6 + 6 + 6 + 6 + 6 = 42$

    ou $\quad \begin{array}{r} 6 \\ \times\ 7 \\ \hline 4\,2 \end{array}$ ← colunas

Portanto, esse prédio possui 42 caixas de correspondências ao todo.

Combinação de possibilidades

▶ Na festa da família, a barraca de sobremesas oferece espetinhos de frutas que podem ser feitos com 2 tipos de coberturas (de chocolate ao leite e de chocolate branco) e 3 frutas (uva, morango e maçã). Veja as combinações que podemos fazer com um sabor de cobertura e um tipo de fruta.

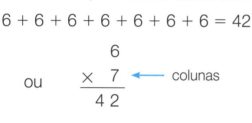

Podemos obter o total de combinações utilizando uma multiplicação. Observe.

$$3 \times 2 = 6$$

Portanto, poderão ser feitas 6 combinações diferentes.

> **Observação**
>
> Quando multiplicamos um número natural por 10, acrescentamos um zero à sua direita; por 100, acrescentamos dois zeros; por 1 000, acrescentamos três zeros; e assim por diante. Veja alguns exemplos.
>
> - 9 × 10 = 90
> - 18 × 100 = 1 800
> - 35 × 1 000 = 35 000

Praticando

1 Transforme as adições em multiplicações e resolva-as.

> **Exemplo:**
> 3 + 3 + 3 + 3 + 3 = 5 × 3 = 15

a) 7 + 7 + 7 + 7 = _____ = _____

b) 19 + 19 + 19 = _____ = _____

c) 23 + 23 + 23 + 23 + 23 = _____ = _____

2 Transforme as multiplicações em adições e resolva-as.

> **Exemplo:**
> 5 × 8 = 8 + 8 + 8 + 8 + 8 = 40

a) 3 × 42 = _____ = _____

b) 6 × 1 = _____ = _____

3 Observe a promoção da loja Eletrol magazine e responda.

a) Vanessa comprou a lavadora de roupas em 14 prestações. Qual foi o preço total que ela pagou? _____

b) Cássio irá comprar o fogão 4 bocas em 15 prestações. Qual será o valor total a ser pago pelo fogão? _____

4 Observe a embalagem de sucos ao lado.

- Agora, responda.

   a) Nessa embalagem, há mais de 2 dúzias de caixinhas? Por quê?

   _____

   _____

   b) Quantas caixinhas poderão ser guardadas em 44 embalagens como essa?

   _____

5 Ana vai partir de sua casa para visitar a amiga Cristiana. No caminho, ela passará na casa de Bruna. Observe os caminhos e responda.

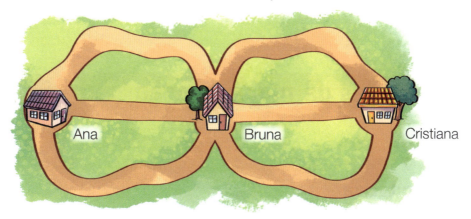

a) Por quantos caminhos diferentes Ana pode seguir para chegar à casa de Bruna?
_____

b) Partindo da casa de Bruna, por quantos caminhos diferentes Ana pode seguir para chegar à casa de Cristiana?
_____

c) Ana terá quantos caminhos diferentes para chegar à casa de Cristiana saindo de sua casa e passando pela casa de Bruna? Represente por meio de uma multiplicação.
_____

6 Geórgia ganhou uma boneca que possui 5 saias e 6 blusas. Combinando as saias com as blusas, responda: De quantas maneiras diferentes Geórgia poderá vestir sua boneca?

Geórgia poderá vestir sua boneca de _____ maneiras diferentes.

7 Lúcio e Renato praticam os 4 estilos de nado.

livre | costas | peito | borboleta

O professor Ricardo tem de escolher Lúcio ou Renato para participar de uma competição, além de indicar um estilo de nado para o competidor.

a) Faça uma lista com todas as possibilidades que o professor Ricardo tem para essa escolha. Depois, compartilhe suas opções com seus colegas.

b) É possível saber o número de possibilidades sem fazer um quadro ou uma lista? Como?

2 Propriedades da multiplicação

Aprendendo

Propriedade comutativa

Veja como Adriana e Augusto calcularam a quantidade de brigadeiros da bandeja.

Basta fazer esta multiplicação!
12 × 10 = 120
Fatores Produto

Ou esta!
10 × 12 = 120
Fatores Produto

Os dois obtiveram o mesmo resultado: 120 brigadeiros.

$$12 \times 10 = 10 \times 12$$

80 oitenta

- Reúna-se a um colega para inventar multiplicações de dois fatores e calculem o resultado de cada uma. Depois, invertam a posição dos fatores e calculem novamente os resultados. Conversem sobre o que puderam observar e escrevam uma conclusão.

Elemento neutro

1. Observe o que Mário escreveu no quadro.

$1 \times 6 = 6 \times 1 = 6$

O número **1** é o **elemento neutro** da multiplicação, pois é o único número que, multiplicado por outro, dá como produto esse outro número.

Propriedade associativa

1. No Clube das Ameixeiras há 2 quadras. Sábado passado, houve um campeonato de queimada. Em cada quadra, jogaram 10 equipes de queimada com 9 jogadores cada uma. Quantas pessoas jogaram nesse campeonato?

Observe como Bruno e Isabela resolveram esse problema.

Resolução de Bruno

$10 \times 9 \times 2 =$
$= 90 \times 2 =$
$= 180$

180 jogadores.

Resolução de Isabela

$10 \times 9 \times 2 =$
$= 10 \times 18 =$
$= 180$

180 jogadores.

- Qual foi a diferença entre os cálculos de Bruno e de Isabela?

Propriedade distributiva

1 Lucas coleciona figurinhas de jogadores de futebol de vários países. Ele separou as que têm jogadores brasileiros das que têm jogadores estrangeiros.

- Quantas figurinhas Lucas tem?

    Observe como podemos calcular a quantidade de figurinhas de Lucas.

Com apenas uma operação	Por partes, fazendo três operações
4 × 25 = 100	Jogadores brasileiros: 4 × 5 = 20 Jogadores estrangeiros: 4 × 20 = 80 Total: 20 + 80 = 100

    Veja que, nos dois casos, determinamos o mesmo total de figurinhas.

    Por isso, podemos escrever as seguintes igualdades:

    4 × 25 = 4 × (5 + 20) = 4 × 5 + 4 × 20 = 20 + 80 = 100

    Portanto, Lucas tem 100 figurinhas.

- Calcule o resultado da multiplicação de 12 por 15, fazendo como no processo acima.

Praticando

1 Calcule o total de quadradinhos da figura de acordo com o que se pede em cada item.

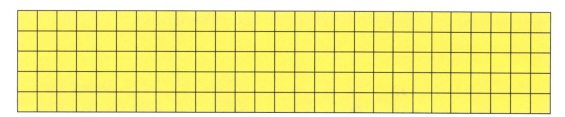

a) Por meio de uma multiplicação de dois números naturais.

_____

b) Por uma adição cujas parcelas são multiplicações de dois números naturais.

_____

2 Complete corretamente os espaços, aplicando as propriedades conhecidas.

a) $50 \times 30 = 30 \times$ _____

b) $178 \times 1 = 1 \times$ _____ = _____

c) $12 \times 4 \times 7 = 4 \times 7 \times$ _____

d) $9 \times (5 + 2) = (9 \times 5) + (9 \times$ _____ $)$

3 Calcule, de duas maneiras diferentes, o valor da expressão **10 × (12 + 13)** e comprove que os resultados obtidos são iguais.

_____

_____

4 Calcule mentalmente o resultado das multiplicações e escreva os resultados.

a) $2 \times 56 \times 50 =$ _____

b) $2 \times 15 \times 30 =$ _____

c) $10 \times 75 \times 2 =$ _____

d) $5 \times 20 \times 32 =$ _____

5 Veja como Mário pensou para calcular o resultado de uma multiplicação.

$18 \times 99 =$
$= 18 \times (100 - 1) =$
$= 18 \times 100 - 18 \times 1 =$
$= 1800 - 18 = 1782$

- Calcule o resultado das multiplicações como achar mais fácil e registre as respostas.

  a) $25 \times 98 =$ _____

  b) $40 \times 105 =$ _____

  c) $81 \times 1001 =$ _____

- Agora, compare seus cálculos com os de um colega. Vocês fizeram as multiplicações da mesma maneira? Os resultados foram os mesmos?

oitenta e três

3 Dobro, triplo, quádruplo, quíntuplo e sêxtuplo

 Aprendendo

1 Observe o número de peixes em cada um dos aquários a seguir.

1 unidade

O dobro
× 2
2 unidades

O triplo
× 3
3 unidades

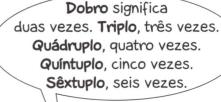
Dobro significa duas vezes. **Triplo**, três vezes. **Quádruplo**, quatro vezes. **Quíntuplo**, cinco vezes. **Sêxtuplo**, seis vezes.

O quádruplo
× 4
4 unidades

O quíntuplo
× 5
5 unidades

O sêxtuplo
× 6
6 unidades

 Praticando

1 Calcule:

a) o dobro de 17 ▶ _____

b) o quádruplo de meia dúzia ▶ _____

c) o quíntuplo de 6 dezenas ▶ _____

d) o triplo da metade de 20 ▶ _____

e) o sêxtuplo de 2 dúzias ▶ _____

2 Luís tem R$ 375,00, e Pedro tem o triplo dessa quantia. Quanto os dois têm juntos?

Os dois têm juntos _____.

4. Multiplicação com fatores de mais de um algarismo

Aprendendo

1 No estoque da loja em que André trabalha, há 12 caixas com 23 cadernos em cada uma delas. Quantos cadernos há no estoque da loja?

Para determinar o total de cadernos que há no estoque, podemos efetuar a multiplicação 12 × 23. Bruno resolveu essa multiplicação fazendo a decomposição dos fatores.

> Primeiro, fiz a decomposição de 12 e 23 separando as dezenas das unidades: 12 = 10 + 2 e 23 = 20 + 3. Depois, multipliquei 2 por 3 e 2 por 20. Em seguida, multipliquei 10 por 3 e 10 por 20. Por último, adicionei todos os resultados parciais, obtendo o produto final: 276.

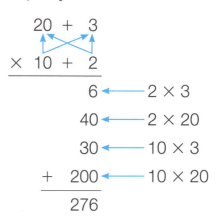

Portanto, no estoque da loja há 276 cadernos.

Utilizando o algoritmo usual da multiplicação, também podemos determinar o resultado de 12 × 23.

> Primeiro, calculamos o resultado de 2 × 23 assim: 2 unidades vezes 3 unidades são **6 unidades**, e 2 unidades vezes 2 dezenas são **4 dezenas**. Então, o resultado de 2 × 23 é 4 dezenas e 6 unidades ou 46.

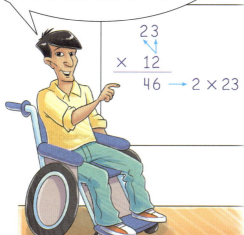

> Depois, calculamos o resultado de 10 × 23 assim: 1 dezena vezes 3 unidades são **3 dezenas**, e 1 dezena vezes 2 dezenas são **2 centenas**. Então, o resultado de 10 × 23 é 2 centenas e 3 dezenas ou 230.

> Por fim, adicionamos os resultados parciais e obtemos o produto final: 276

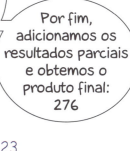

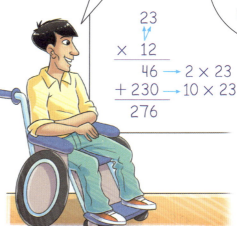

oitenta e cinco **85**

1. Mariana montou 38 bandejas com 24 docinhos em cada uma para vendê-los em um evento. Qual o total de docinhos que Mariana fez?

Para determinar o total de docinhos, Lucas efetuou a multiplicação 38 × 24 fazendo a decomposição dos fatores.

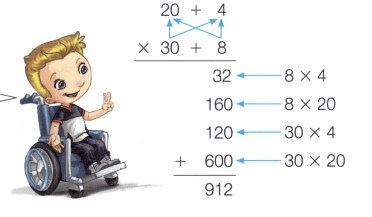

Primeiro, fiz a decomposição de 38 e de 24: 38 = 30 + 8 e 24 = 20 + 4. Então, multipliquei 8 por 4 e, depois, 8 por 20. Em seguida, multipliquei 30 por 4 e 30 por 20. Por último, adicionei todos os resultados parciais.

```
   20 + 4
 × 30 + 8
 ─────────
       32  ← 8 × 4
      160  ← 8 × 20
      120  ← 30 × 4
 +    600  ← 30 × 20
 ─────────
      912
```

Agora, veja como a professora Janaína fez o mesmo cálculo utilizando o algoritmo usual.

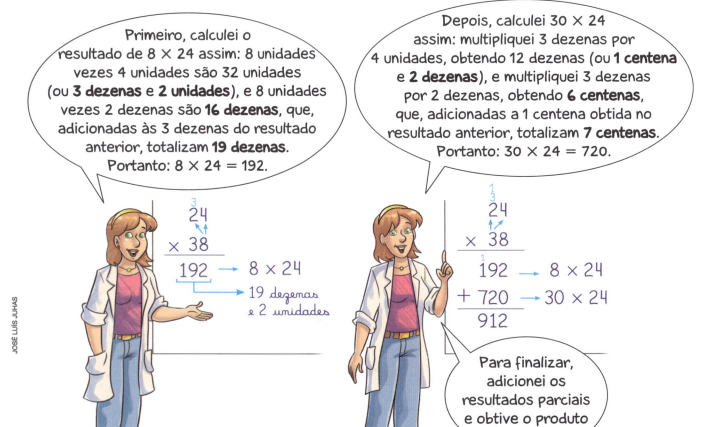

Primeiro, calculei o resultado de 8 × 24 assim: 8 unidades vezes 4 unidades são 32 unidades (ou **3 dezenas** e **2 unidades**), e 8 unidades vezes 2 dezenas são **16 dezenas**, que, adicionadas às 3 dezenas do resultado anterior, totalizam **19 dezenas**. Portanto: 8 × 24 = 192.

Depois, calculei 30 × 24 assim: multipliquei 3 dezenas por 4 unidades, obtendo 12 dezenas (ou **1 centena e 2 dezenas**), e multipliquei 3 dezenas por 2 dezenas, obtendo **6 centenas**, que, adicionadas a 1 centena obtida no resultado anterior, totalizam **7 centenas**. Portanto: 30 × 24 = 720.

Para finalizar, adicionei os resultados parciais e obtive o produto final: 912.

Como 38 × 24 = 912, então Mariana fez 912 docinhos.

1 Veja como Iaci calculou o resultado de 114 × 248.

```
      ¹   ³
      2   4   8
×     1   1   4
    ¹
      9   9   2    ← 4 × 248
    ²
  2   4   8   0    ← 10 × 248
+ 2   4   8   0   0 ← 100 × 248
─────────────────
  2   8   2   7   2
```

Logo, 114 × 248 = 28 272.

Eu sei que 114 = 100 + 10 + 4. Então, calculei 4 × 248 = 992 e, depois, 10 × 248 = 2 480 e 100 × 248 = 24 800. Finalmente, fiz a adição desses resultados.

Praticando

1 Observe a ilustração e responda às questões.

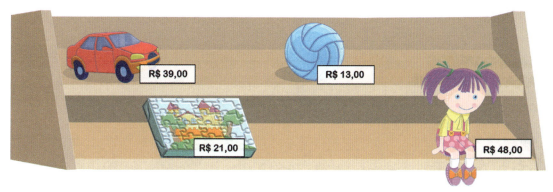

a) Júlio comprou 4 brinquedos iguais e gastou, aproximadamente, R$ 85,00. O que ele pode ter comprado?

_____

b) Sílvia comprou 3 brinquedos iguais e gastou, aproximadamente, R$ 40,00. O que ela pode ter comprado?

_____

c) Lígia comprou 4 brinquedos diferentes. Quanto ela gastou aproximadamente?

_____

d) André tem R$ 60,00. O que ele pode comprar com essa quantia?

_____

_____

oitenta e sete

2 Calcule o resultado de cada uma das multiplicações.

a) 32 × 15

b) 43 × 28

c) 82 × 16

d) 119 × 237

3 Leia a receita de uma sopa e responda às questões.

a) Janaína quer fazer caldo verde para 4 pessoas. Escreva a quantidade de ingredientes de que ela vai precisar.

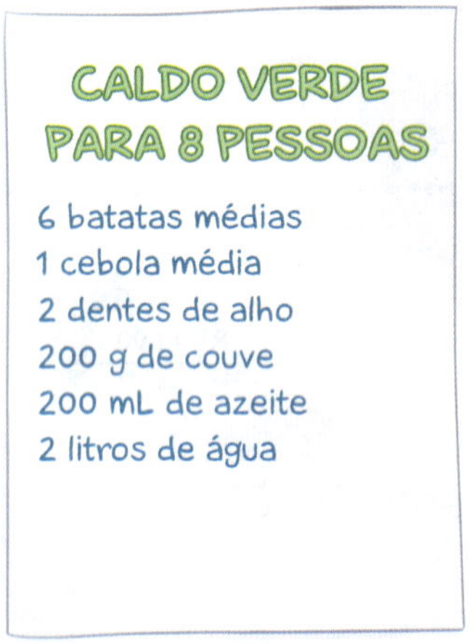

CALDO VERDE PARA 8 PESSOAS

6 batatas médias
1 cebola média
2 dentes de alho
200 g de couve
200 mL de azeite
2 litros de água

JOSÉ LUÍS JUHAS

_____
_____
_____
_____
_____
_____

b) Paulo quer fazer caldo verde para 16 pessoas. Escreva a quantidade de ingredientes de que ele vai precisar.

_____
_____
_____
_____
_____

4 A mãe de Lucas pretende comprar 9 camisetas como as anunciadas na vitrine dessa loja para presentear o filho e os sobrinhos. Observe e faça o que se pede.

- Explique como Lucas pensou para fazer os cálculos.

5 Calcule o resultado das multiplicações.

a) 68 × 10 = _____

b) 68 × 100 = _____

c) 68 × 1 000 = _____

d) 230 × 10 = _____

e) 230 × 100 = _____

f) 230 × 1 000 = _____

- Agora, reúna-se com um colega e escrevam o que esses resultados sugerem.

_____

_____

_____

_____

_____

oitenta e nove **89**

6 Observe a multiplicação que Tiago fez para resolver um problema.

- Resolva as multiplicações abaixo e confira os resultados com uma calculadora.

    a) 123 × 234 = _____

    b) 156 × 212 = _____

    c) 127 × 103 = _____

7 A tecla × da calculadora de Beto está quebrada.

- Com o auxílio de uma calculadora, ajude Beto a calcular os resultados de 8 × 35 e 7 × 56 sem usar a tecla × e escreva como resolveu esse problema.

8 Veja como Isabela pensou para fazer a multiplicação.

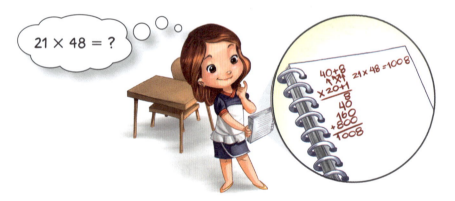

Agora, calcule o resultado de cada multiplicação, usando a forma que Isabela pensou.

a) 8 × 72 = _____   b) 57 × 28 = _____   c) 62 × 18 = _____

 Resolvendo problemas

Em um torneio internacional de tênis, cada tenista recebe 4 dúzias de bolas. Quantas bolas serão necessárias no torneio?

Tenista Novak Djokovic na partida em que venceu o Australia Open, Austrália, 2019.

5 Problemas

Aprendendo

1) O professor Denis propôs um desafio a seus alunos.

De acordo com o desafio que o professor propôs, podemos considerar que o gasto de 30 reais foi feito em 3 partes: 1 parte foi Daniel que gastou e 2 partes foi Marcos que gastou.

Dividindo 30 reais em 3 partes iguais, teremos 10 reais.

Logo, Daniel gastou 10 reais e Marcos, que gastou o dobro de Daniel, gastou 20 reais.

- Agora, responda.

   a) Por que o aluno do último quadro disse que a afirmação da colega não está correta?

   b) A quantia que Daniel gastou corresponde a que fração do total gasto por eles?

   c) E a quantia que Marcos gastou, corresponde a que fração do total gasto por eles?

Praticando

1 O dobro de um número menos 4 é igual a 16. Qual é esse número? _____

2 Antônio abriu uma caderneta de poupança em fevereiro, com um depósito de R$ 1 680,00. Em março, realizou mais um depósito, cujo valor corresponde ao quádruplo do valor depositado em fevereiro.

a) Quanto Antônio depositou em sua caderneta de poupança nesses dois meses, ao todo? _____

b) Podemos dizer que o valor depositado nesses dois meses corresponde ao quíntuplo do depósito inicial? Por quê? _____

3 Uma borracha e uma caneta custam ao todo 4 reais. Se a caneta custa três vezes o valor da borracha, qual é o preço de cada um dos objetos?

_____

4 Paula nasceu no dia em que seu avô completou 55 anos de idade. Se, no dia em que Paula fez 10 anos, seu pai tinha o quádruplo da idade de Paula, quantos anos ele tinha no dia de seu nascimento?

O pai de Paula tinha _____ anos.

noventa e dois

6 Expressões numéricas com adição, subtração e multiplicação

Aprendendo

As expressões numéricas que envolvem adição, subtração e multiplicação devem ser resolvidas na seguinte ordem:

1º) efetuamos inicialmente as multiplicações;

2º) efetuamos as adições e subtrações na ordem em que aparecem.

Exemplo:

$8 \times 4 + 2 \times 7 - 4 \times 5 + 2 =$

$= 32 + 14 - 20 + 2 =$

$= 46 - 20 + 2 = 26 + 2 = 28$

Atenção!

Ao resolver as operações, devemos obedecer à sequência dos sinais de associação. Veja.

1º) ( ) parênteses **2º)** [ ] colchetes **3º)** { } chaves

$10 \times \{8 + 5 \times 6 - [3 \times (6 - 2)] \times 3\} =$
$= 10 \times \{8 + 5 \times 6 - [3 \times 4] \times 3\} =$
$= 10 \times \{8 + 5 \times 6 - 12 \times 3\} =$
$= 10 \times \{8 + 30 - 36\} =$
$= 10 \times \{38 - 36\} = 10 \times 2 = 20$

Praticando

Encontre os valores das expressões numéricas.

a) $35 - 6 \times 4 + 2 \times 3 - 4 =$

b) $54 + [20 - (36 - 8 \times 4)] - 40 =$

noventa e três 93

Investigando a chance — Construir árvore de possibilidades

1 Quais resultados podemos obter ao lançar duas moedas "honestas" diferentes? Para responder a essa pergunta, Lucas, Mário, Iaci e Ana construíram uma **árvore de possibilidades**. Veja.

a) Quantas são as possibilidades de resultados? _____

b) Podemos dizer que a chance de obter qualquer um dos resultados é a mesma? Por quê?

2 Na turma de Ana, serão sorteados um menino e uma menina para formar a dupla que vai representar a classe na feira de Ciências. Veja.

a) Para descobrir todos os resultados possíveis desse sorteio, Ana começou a construir uma árvore de possibilidades. Ajude-a a completá-la.

b) Reúna-se com um colega e assinalem **V** para as afirmações verdadeiras e **F** para as falsas.

☐ São 3 as possibilidades de formar a dupla.

☐ A chance de a dupla ser formada por Iaci e Bruno é a mesma que a de ser formada por Isabela e Mário.

☐ É impossível que a dupla seja formada por Isabela e Lucas.

☐ É impossível que a dupla seja formada por Lucas e Mário.

3 Construa a árvore de possibilidades correspondente aos resultados possíveis do lançamento de três moedas "honestas".

noventa e cinco **95**

7 Alguns significados da divisão

Aprendendo

Repartir igualmente

▶ Uma empresa de passeios de barco tem 36 coletes salva-vidas e deseja distribuí-los igualmente entre três embarcações. Cada barco receberá quantos coletes salva-vidas?

Para determinar o número de coletes em cada embarcação, podemos efetuar uma **divisão**.

$$36 \div 3 = 12$$

Portanto, cada um dos barcos receberá 12 coletes salva-vidas.

Quantas vezes uma quantidade cabe em outra

▶ Uma faixa da parede foi revestida com 200 ladrilhos de cor azul.

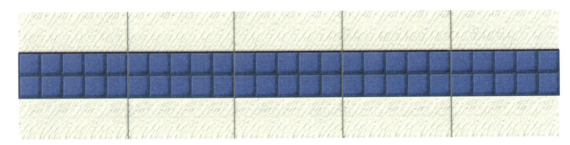

- Quantas peças, formadas por 10 ladrilhos, foram utilizadas no revestimento da faixa dessa parede?

Para responder à questão, podemos dividir 200 por 10.

$$200 \div 10 = 20$$

Portanto, para revestir a faixa dessa parede foram utilizadas 20 peças de 10 ladrilhos.

É importante recordar os **termos da divisão**. Observe a divisão a seguir.

dividendo → 1 2 | 6 ← divisor
0   2
↑   ↑
resto quociente

Lembre-se:
- Dividendo é o número a ser dividido.
- Divisor é o número que indica em quantas vezes se divide o dividendo.
- Quociente é o resultado da divisão.
- Resto é o que sobra da divisão.
- Em uma **divisão exata** (com **resto** igual a **zero**), temos:

$$\text{dividendo} \div \text{divisor} = \text{quociente}$$

Podemos verificar que:
- a divisão é a operação inversa da multiplicação. Veja os exemplos.

    $20 \div 5 = 4$, pois $4 \times 5 = 20$

    $30 \div 6 = 5$, pois $5 \times 6 = 30$

- o quociente de zero por qualquer número diferente de zero é sempre zero.
    Veja os exemplos.

    $0 \div 2 = 0$, pois $0 \times 2 = 0$

    $0 \div 9 = 0$, pois $0 \times 9 = 0$

- a divisão de qualquer número por 1 tem como resultado o próprio número.
    Veja os exemplos.

    $8 \div 1 = 8$, pois $8 \times 1 = 8$

    $17 \div 1 = 17$, pois $17 \times 1 = 17$

> **Observações**
> 1. Nem sempre podemos realizar a divisão exata de um número natural por outro.
> 2. Não existe **divisão por zero**. 5 ÷ 0, por exemplo, é impossível, pois não há nenhum número natural que, multiplicado por 0, dê como resultado o número 5.

Praticando

1 Observe a divisão no caderno de Ana e complete.

a) O dividendo é _____.

b) O divisor é _____.

c) O quociente é _____.

d) O resto é _____.

 2 Complete conforme o exemplo.

> **Exemplo:**
> 24 ÷ 6 = 4, pois 6 × 4 = 24

a) 35 ÷ 5 = _____, pois 5 × _____ = 35

b) 100 ÷ 20 = _____, pois 20 × _____ = 100

c) 150 ÷ 25 = _____, pois 25 × _____ = 150

d) 240 ÷ 40 = _____, pois 40 × _____ = 240

e) 350 ÷ 70 = _____, pois 70 × _____ = 350

3 Complete corretamente.

a) 18 ÷ 1 = _____

b) 0 ÷ 25 = _____

c) 15 ÷ 15 = _____

d) 0 ÷ 100 = _____

e) 50 ÷ 1 = _____

f) 50 ÷ 5 = _____

4 Em uma divisão exata, o dividendo é 120, e o divisor é 15. Qual é o quociente?

O quociente é _____.

5 Quatro pescadores vão dividir entre si, em partes iguais, os 32 peixes que pescaram. Com quantos peixes cada um vai ficar?

Cada pescador vai ficar com _____ peixes.

6 Em uma divisão exata, o dividendo é 36 e o quociente é 9. Qual é o divisor?

O divisor é _____.

7 Amanda quer organizar 186 enfeites em algumas caixas de presente. Em cada caixa, cabem 6 enfeites. De quantas caixas Amanda vai precisar?

Amanda vai precisar de _____ caixas de presente.

8 Divisão com divisor de um algarismo

🎓 Aprendendo

1 Pedro tem 693 selos. Para guardá-los, distribuiu os selos igualmente em 3 caixas.

Primeiro, colocou 200 selos em cada caixa, e sobraram 93 selos.

Em seguida, colocou mais 30 selos em cada caixa, e sobraram 3 selos.

Por fim, colocou mais 1 selo em cada caixa, e não sobrou nenhum selo.

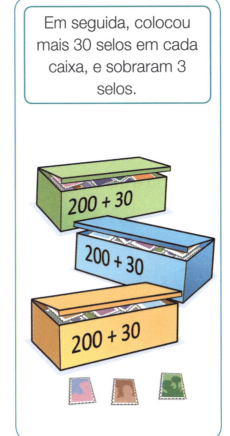
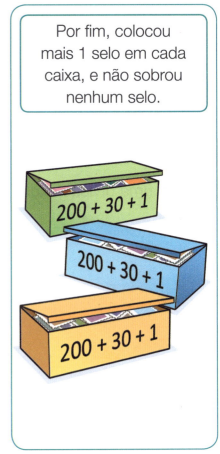

Em cada caixa, Pedro colocou 231 selos. Essa situação pode ser representada por uma divisão:

$$693 \div 3 = 231$$

Nessa divisão, o número 693 é o **dividendo**, o número 3 é o **divisor** e o número 231, que é o resultado da divisão, é o **quociente**.

Como não sobram selos, dizemos que a divisão é exata, ou seja, o resto é zero.

Para verificar se a divisão 693 ÷ 3 = 231 está correta, podemos fazer uma multiplicação.

```
    2 3 1   ← número de selos por caixa
  ×     3   ← número de caixas
  -------
    6 9 3   ← total de selos
```

Também poderíamos ter obtido o resultado dessa divisão utilizando o algoritmo usual da divisão.

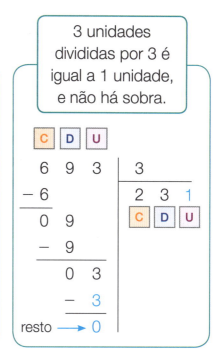

6 centenas divididas por 3 é igual a 2 centenas, e não há sobra.

9 dezenas divididas por 3 é igual a 3 dezenas, e não há sobra.

3 unidades divididas por 3 é igual a 1 unidade, e não há sobra.

Praticando

1 Calcule 698 ÷ 3 utilizando o algoritmo usual e verifique se nessa divisão há resto.

2 Cinco amigos foram a uma lanchonete e gastaram R$ 180,00 ao todo. Eles dividiram a conta igualmente. Quanto cada um pagou?

Cada um dos amigos pagou _____.

3 Veja a divisão que Bruna fez. Depois, explique a um colega como ela pensou para calcular.

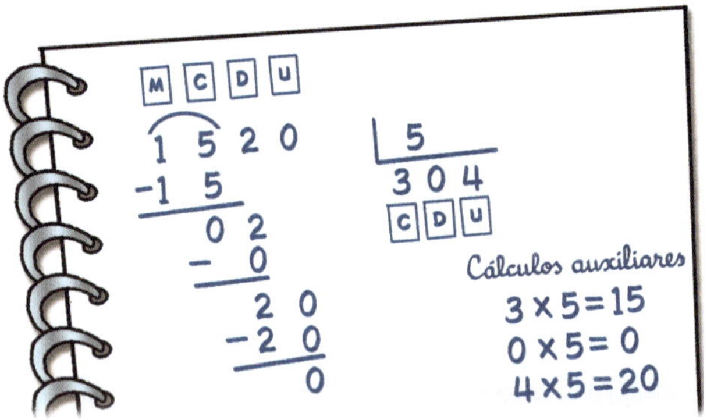

```
  M C D U
  1 5 2 0  | 5
 -1 5      | 3 0 4
  ‾‾‾
    0 2    | C D U
   -   0
    ‾‾‾    Cálculos auxiliares
      2 0     3 × 5 = 15
     -2 0     0 × 5 = 0
     ‾‾‾      4 × 5 = 20
        0
```

4 Calcule o quociente de cada divisão.

a) 240 ÷ 6

b) 831 ÷ 3

c) 4 860 ÷ 4

d) 399 ÷ 3

e) 8 197 ÷ 7

f) 26 340 ÷ 6

9 Divisão com divisor de dois algarismos

Aprendendo

1. Laís comprou a geladeira do anúncio em 15 parcelas iguais.

   Para determinar o valor de cada uma das parcelas, podemos dividir 780 por 15 utilizando o algoritmo da divisão.

Como não podemos dividir 7 centenas por 15 e obter centenas, vamos dividir 78 por 15.

Dividindo 78 por 15, encontramos 5 dezenas e restam 3 dezenas.

3 dezenas e 0 unidades formam 30 unidades. Dividindo 30 por 15, encontramos 2 unidades.

Portanto, o valor de cada uma das parcelas é 52 reais.

cento e três 103

Praticando

1 Um lote de 512 latas de leite foi embalado em caixas com 16 latas cada uma. Quantas caixas foram utilizadas?

Foram utilizadas _____ caixas.

2 Se em cada caixa que Renata possui cabe 1 dezena e meia de goiabas, quantas caixas serão necessárias para armazenar 12 dezenas de goiabas? _____

3 Para cobrir 15 casas iguais, são necessárias 73 440 telhas. Sabendo que cada casa é coberta com a mesma quantidade de telhas, quantas telhas são necessárias para cobrir uma casa?

São necessárias _____ telhas.

10 Divisão não exata

Aprendendo

Uma bibliotecária recebeu 7 315 livros para serem distribuídos igualmente em 30 estantes. Quantos livros ela deve colocar em cada estante?

Para determinar quantos livros a bibliotecária deve colocar em cada estante, podemos fazer

$$7315 \div 30.$$

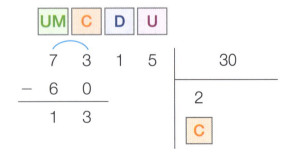

Como não podemos dividir 7 unidades de milhar por 30 e obter unidades de milhar, vamos dividir 73 centenas por 30. Dividindo 73 centenas por 30, encontramos 2 centenas e restam 13 centenas.

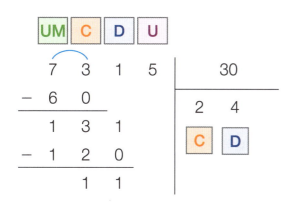

Trocamos 13 centenas por 130 dezenas e juntamos com uma dezena já existente. Dividindo 131 dezenas por 30, encontramos 4 dezenas e restam 11 dezenas.

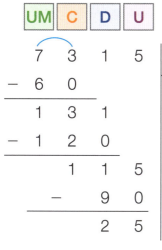

Trocamos 11 dezenas por 110 unidades e juntamos com as 5 unidades já existentes. Dividindo 115 unidades por 30, encontramos 3 unidades e restam 25 unidades.

Serão colocados 243 livros em cada uma das estantes e sobrarão 25 livros.

> Uma divisão cujo resto não é zero é chamada de **divisão não exata**.

Relação fundamental da divisão

Em uma divisão não exata, podemos determinar o **dividendo** multiplicando o quociente pelo divisor e adicionando o resultado obtido ao resto.

dividendo = quociente × divisor + resto

Observe os exemplos.

$25 = 3 \times 7 + 4$

$78 = 5 \times 15 + 3$

$42 = 8 \times 5 + 2$

$68 = 9 \times 7 + 5$

Observações

1. O resto é sempre menor que o divisor. Assim, em uma divisão, o **maior resto possível** é o divisor menos 1.

   Exemplo: se o divisor é 23, o maior resto possível é 22.

2. Podemos cancelar quantidades iguais de zeros no dividendo e no divisor sem alterar o quociente da divisão.
   Observe.

   $$\begin{array}{r|l} 3\,5\,\cancel{0}\,\cancel{0} & 7\,\cancel{0}\,\cancel{0} \\ -3\,5 & 5 \\ \hline 0 & \end{array}$$

3. Ao cancelarmos os zeros do dividendo e do divisor, antes de iniciar uma divisão, não devemos esquecer que o quociente não se altera. O resto, porém, precisa receber a mesma quantidade dos "zeros cortados".
   Observe.

   $$\begin{array}{r|l} 3\,2\,\cancel{0} & 5\,\cancel{0} \\ -3\,0 & 6 \\ \hline 2 & \end{array}$$

   O quociente (q) é 6, e o resto (r) deverá ser acrescido de um zero:

   $$q = 6 \text{ e } r = 20$$

Praticando

1 Efetue as divisões e complete as igualdades.

a) $\begin{array}{r|l} 7\,3 & 1\,0 \end{array}$

10 × ___ + ___ = 73

b) $\begin{array}{r|l} 1\,4\,0 & 1\,5 \end{array}$

15 × ___ + ___ = 140

c) $\begin{array}{r|l} 3\,1\,5 & 3\,8 \end{array}$

38 × ___ + ___ = 315

2 Complete o quadro.

Dividendo	Divisor	Quociente	Resto
	18	35	4
453	17		
264		15	
	25	20	18

3 Efetue.

a) $400 \div 23$

b) $8\,200 \div 18$

c) $26\,345 \div 65$

4 Determine o quociente e o resto da divisão de 35 000 por 300.

3 5 0 0 0 | 3 0 0

Você pode cancelar os zeros para facilitar a divisão.

O quociente é _____ e o resto é _____.

5 Em uma divisão não exata, o quociente é 25, o divisor é 14 e o resto é o maior possível. Qual é o dividendo?

O dividendo dessa divisão não exata é _____.

6 Em uma divisão, o dividendo é 75, o quociente é 18 e o resto é 3. Qual é o divisor?

O divisor é _____.

7 A professora Rosa recebeu 680 livros de literatura infantil e resolveu distribuí-los igualmente entre seus 39 alunos. Quantos livros recebeu cada aluno? Quantos livros sobraram?

Cada aluno recebeu _____ livros.

Sobraram _____ livros.

8 Cinco amigos foram a uma pizzaria e a conta deu R$ 90,00. A conta foi dividida igualmente entre eles. Quanto cada um deles pagou?

Cada um deles pagou R$ _____.

9 Em um torneio de futebol de salão, foram inscritos 128 atletas. Cada time inscreveu 8 jogadores: 5 titulares e 3 reservas. Quantos times foram inscritos nesse torneio?

Foram inscritos _____ times nesse torneio.

10 Um ônibus transporta, no máximo, 45 passageiros por viagem. Para transportar 280 passageiros utilizando a capacidade máxima do ônibus, quantas viagens serão necessárias?

Serão necessárias _____ viagens.

11 Flávio é decorador de festas. Ele comprou 14 dúzias de flores e as distribuiu igualmente em 13 vasos. Calcule quantas flores ele colocou em cada vaso e, depois, responda às questões.

a) Quantas flores sobraram? _____

b) Quantas flores ele precisaria ter comprado a mais para que não sobrassem flores?
_____

12 Invente um problema cuja solução possa ser encontrada por meio do cálculo ao lado.

11 Expressões numéricas envolvendo as quatro operações

Aprendendo

As expressões numéricas envolvendo as quatro operações devem ser resolvidas na seguinte ordem:

1º) efetuamos as multiplicações e divisões na ordem em que aparecem;

2º) efetuamos as adições e subtrações na ordem em que aparecem.

> É importante lembrar que, nas expressões com **parênteses**, devemos primeiramente efetuar as operações que estão dentro deles.

Ao resolver as operações nas expressões, devemos obedecer à sequência dos sinais de associação:

1º) ( ) parênteses

2º) [ ] colchetes

3º) { } chaves

Veja os exemplos.

- $40 - 20 \div 5 \times 3 + 2 =$
  $= 40 - 4 \times 3 + 2 =$
  $= 40 - 12 + 2 =$
  $= 28 + 2 = 30$

- $\{39 - [90 \div 6 + 4 - (2 \times 6 + 4)] \div 3\} =$
  $= \{39 - [90 \div 6 + 4 - (12 + 4)] \div 3\} =$
  $= \{39 - [90 \div 6 + 4 - 16] \div 3\} =$
  $= \{39 - [15 + 4 - 16] \div 3\} =$
  $= \{39 - [19 - 16] \div 3\} =$
  $= \{39 - 3 \div 3\} =$
  $= \{39 - 1\} = 38$

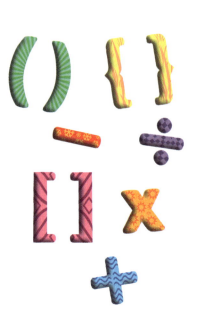

Praticando

Encontre o valor de cada uma das **expressões numéricas** a seguir.

a) (3 × 8 − 4 × 5 + 1) ÷ 5 =	**c)** {[20 − (15 − 6 + 4)] × 12 − 10} ÷ 2 =
b) {[40 ÷ 8 × 5 + 10] ÷ 5} − 2 =	**d)** {3 × 50 + [(16 + 64 ÷ 16) × 3] × 2} =

12. O termo desconhecido

Aprendendo

Bruno colocou mais uma latinha na caixa e passou a ter 12 latinhas. Quantas latinhas já estavam na caixa?

Veja a sentença matemática utilizada no cálculo do **termo desconhecido**.

☐ + 1 = 12

termo desconhecido

Para descobrir o valor do termo desconhecido, podemos realizar a **operação inversa**. Veja.

☐ = 12 − 1

☐ = 11

Descobrimos, assim, que já existiam 11 latinhas na caixa.

Veja outros exemplos.

a) ☐ − 15 = 10
☐ = 10 + 15
☐ = 25

c) 6 × ☐ = 72
6 ☐ = 72
☐ = 72 ÷ 6
☐ = 12

e) ☐ ÷ 4 = 8
☐ = 8 × 4
☐ = 32

b) 2 × ☐ + 3 = 15
2 ☐ + 3 = 15
2 ☐ = 15 − 3
2 ☐ = 12
☐ = 12 ÷ 2
☐ = 6

d) 3 × ☐ + ☐ = 20
3 ☐ + ☐ = 20
4 ☐ = 20
☐ = 20 ÷ 4
☐ = 5

f) (☐ ÷ 6) + 5 = 12
☐ ÷ 6 = 12 − 5
☐ ÷ 6 = 7
☐ = 7 × 6
☐ = 42

Nas sentenças que apresentam o **termo desconhecido**, valem as igualdades:

- ☐ + ☐ = 2 ☐   Lemos: "um quadrado mais um quadrado é igual a dois quadrados".
- 2 ☐ + 3 ☐ = 5 ☐   Lemos: "dois quadrados mais três quadrados é igual a cinco quadrados".

Observe as **decorrências** das igualdades acima.
- 3 × ☐ = ☐ + ☐ + ☐ = 3 ☐
- 4 × ☐ = ☐ + ☐ + ☐ + ☐ = 4 ☐

Praticando

1 Descubra o valor do ☐ nas sentenças abaixo.

a) ☐ − 43 = 85

b) 6 × ☐ = 96

c) ☐ ÷ 7 = 105

2 Determine o valor do termo desconhecido.

a) $2 \times \square - 3 = 17$

c) $(\square \div 3) + 8 = 30$

e) $5 \times \square + \square = 72$

b) $6 \times \square + 9 = 51$

d) $(\square \div 4) - 10 = 5$

f) $3 \times \square \div 5 = 9$

13 Problemas

Aprendendo

1 O triplo de um número mais 6 é igual a 42. Qual é esse número?

$3 \times \square + 6 = 42$

$3 \,\square = 42 - 6$

$3 \,\square = 36$

$\square = 36 \div 3$

$\square = 12$

Esse número é 12.

Sugestão de leitura

Queimem os livros de Matemática, de Oscar Guelli. Leia mais informações sobre esse livro na página 380.

1 O dobro de um número menos 4 é igual a 16. Qual é esse número?

2 × ☐ − 4 = 16

2 ☐ − 4 = 16

2 ☐ = 16 + 4

2 ☐ = 20

☐ = 20 ÷ 2

☐ = 10

Esse número é 10.

2 O dobro de um número mais o triplo desse mesmo número é igual a 90. Qual é esse número?

2 × ☐ + 3 × ☐ = 90

2 ☐ + 3 ☐ = 90

5 ☐ = 90

☐ = 90 ÷ 5

☐ = 18

Esse número é 18.

3 A soma de dois números consecutivos é 39. Determine-os.

☐ (número menor)

☐ + 1 (número maior)

☐ + ☐ + 1 = 39

2 × ☐ + 1 = 39

2 ☐ = 39 − 1

2 ☐ = 38

☐ = 38 ÷ 2

☐ = 19

Calculando o valor do número maior:

☐ + 1 = 19 + 1 = 20

Os números são 19 e 20.

17 Em um colégio há 564 crianças. A quantidade de meninos é o dobro da quantidade de meninas. Quantos meninos e quantas meninas há no colégio?

☐ (quantidade de meninas)   2 × ☐ (quantidade de meninos)

☐ + 2☐ = 564

3☐ = 564

☐ = 564 ÷ 3

☐ = 188 (quantidade de meninas)

Calculando a quantidade de meninos:

2 × ☐ = 2 × 188 = 376

Há 376 meninos e 188 meninas nesse colégio.

Curiosidade

As calculadoras

Das antigas, caras e pesadas máquinas de calcular para as calculadoras eletrônicas atuais, há muitas diferenças. Pequenas e de custo mais reduzido, as calculadoras podem ser encontradas com facilidade em diversos lugares, e muitas vezes os modelos mais simples são oferecidos como brinde em alguma compra. Além dessa facilidade de aquisição, o mercado de calculadoras oferece uma variedade de modelos para fins diversos como as calculadoras **científicas, comerciais** e **financeiras**.

A primeira máquina de calcular foi construída em 1642 pelo filósofo e matemático francês Blaise Pascal (1623-1662).

Calculadora científica   Calculadora comercial   Calculadora financeira

Hoje, entretanto, no comércio e nas atividades financeiras de modo geral, é quase impossível trabalhar sem elas.

Praticando

1 O triplo de um número menos 18 é igual a 45. Qual é esse número?

Esse número é _____.

2 A soma de dois números consecutivos é 57. Determine-os.

Os números são _____ e _____.

3 A soma de dois números é 54. Um deles é 6 unidades maior que o outro. Determine-os.

Os números são _____ e _____.

4 Nos jogos internos de uma escola, 404 atletas se inscreveram. A quantidade de atletas do Ensino Fundamental é o triplo da quantidade de atletas do Ensino Médio. Quantos são os atletas do Ensino Fundamental?

Há _____ atletas do Ensino Fundamental.

5 Calcule: 4 + 10 ÷ 2 = _____ e faça o que se pede.

- Digite em sua **calculadora** a sequência de teclas abaixo.

a) Qual foi o resultado obtido? _____

b) O resultado encontrado na calculadora é igual ou diferente do que você encontrou resolvendo a expressão? Por quê?

_____

_____

c) Para evitar erro, como você determinaria o resultado da expressão 120 + 236 ÷ 4 utilizando uma calculadora? Qual é esse resultado?

_____

_____

 6 Utilizando uma calculadora, determine os resultados das expressões abaixo.

a) 8 + 5 × 4 = _____

b) 100 − 20 ÷ 4 = _____

c) 32 + 70 ÷ 5 = _____

Curiosidade

Uma regularidade na multiplicação por 99

Observe uma maneira simples de multiplicar um número por **99**.

18 × 99 = 18 × 100 − 18 = 1 800 − 18 = 1 782

24 × 99 = 24 × 100 − 24 = 2 400 − 24 = 2 376

35 × 99 = 35 × 100 − 35 = 3 500 − 35 = 3 465

43 × 99 = 43 × 100 − 43 = 4 300 − 43 = 4 257

54 × 99 = 54 × 100 − 54 = 5 400 − 54 = 5 346

62 × 99 = 62 × 100 − 62 = 6 200 − 62 = 6 138

Como você explica essa regularidade?

7 Ao comprar uma televisão, Cristina pagou R$ 222,00 de entrada mais 9 parcelas de R$ 112,00. Quanto ela pagou por essa televisão? Depois, escreva uma expressão numérica que resulte na solução desse problema e calcule o seu valor.

Cristina pagou _____ por essa televisão.

8 Maria tinha R$ 640,00. Comprou um presente de R$ 80,00 para sua irmã e dividiu o restante do dinheiro entre seus 2 filhos. Quantos reais cada filho recebeu? _____

9 Mário realizou sucessivas operações de matemática: multiplicou o número 24 por 27; multiplicou este produto por 4; dividiu este resultado por 6. Em seguida, o quociente obtido foi dividido por 12. Qual foi o número obtido por Mário após todas essas operações? _____

10 Observe o gráfico abaixo e, depois, responda à questão.

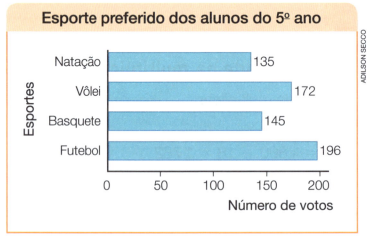

Dados obtidos pelos professores do 5º ano, em fevereiro de 2019.

- Dividindo igualmente o total de votos entre os 4 esportes, quantos votos cada um receberia?

_____

Educação financeira

O nosso dinheiro

O real é a moeda que usamos atualmente no Brasil. Seu símbolo é **R$**.

> Divide-se 1 real em cem partes iguais chamadas centavos.
> 1 real = 100 centavos

Cada país tem sua unidade monetária. Veja os exemplos.

Peso argentino, Argentina

Dólar, Estados Unidos

Yen, Japão

Euro, utilizada por países da União Europeia como Alemanha, Espanha, França, Itália e Portugal.

Vamos estudar mais nossa cédula? Como exemplo, vejamos a cédula de R$ 100,00.

1. Faixa holográfica
2. Elementos fluorescentes
3. Quebra-cabeça
4. Marca-d'água
5. Fio de segurança
6. Alto-relevo
7. Microimpressões
8. Número escondido

Fonte de pesquisa: Site <https://www.bcb.gov.br/novasnotas/nota-100-reais.html>. Acesso em: 26 jul. 2019.

Refletindo

1. Quais cédulas e moedas de real podemos ter em R$ 87,55?

_____

_____

2. É possível reconhecer uma cédula de real falsa? Como?

Tratando a informação

Calcular média aritmética

1 A professora Kátia dividiu a classe em 4 grupos de 5 alunos cada um para realizar uma pesquisa. Ao final da atividade, cada aluno do grupo recebeu nota zero, 5 ou 10, de acordo com seu desempenho. A nota zero foi dada para os alunos que não entregaram sua parte do trabalho, a nota 5 para os alunos que entregaram sua parte incompleta, e a nota 10 para os alunos que entregaram o trabalho completo. Entretanto, a professora disse que determinaria uma nota final para cada grupo, de acordo com o desempenho de todos os membros.

Veja, no quadro ao lado, as notas que os alunos de cada grupo obtiveram e faça o que se pede.

Grupo	Nota dos alunos				
A	5	5	5	5	5
B	5	5	5	5	10
C	10	5	0	5	10
D	0	0	10	10	10

a) Determine a nota final de cada grupo.

b) Reúna-se com um colega e assinalem **V** para as afirmações verdadeiras e **F** para as falsas. Depois, expliquem para os outros colegas como vocês pensaram.

☐ O grupo cujos alunos tiraram mais notas 10 foi o que teve a maior nota final.

☐ O grupo que obteve a nota final mais baixa foi aquele em que vários alunos tiraram nota zero.

☐ O fato de dois ou mais grupos terem obtido a mesma nota final não significa que os alunos dos diferentes grupos obtiveram notas iguais.

2. Os gráficos abaixo apresentam as temperaturas máximas do período de 11 a 15 de fevereiro, em grau Celsius, de duas cidades (A e B).

Temperatura máxima da cidade A

Temperatura (em °C): 28, 31, 30, 30, 26 nos dias 11/2, 12/2, 13/2, 14/2, 15/2.

Dados obtidos pela Estação Meteorológica da cidade A, em fevereiro de 2019.

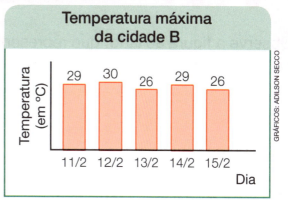

Temperatura máxima da cidade B

Temperatura (em °C): 29, 30, 26, 29, 26 nos dias 11/2, 12/2, 13/2, 14/2, 15/2.

Dados obtidos pela Estação Meteorológica da cidade B, em fevereiro de 2019.

Para calcular a média aritmética das temperaturas máximas da cidade A nesses 5 dias, adicionamos as 5 temperaturas e dividimos o resultado por 5.

$$28 + 31 + 30 + 30 + 26 = 145$$
$$145 \div 5 = 29$$

A média das temperaturas máximas da cidade A é 29 °C.

a) Qual é a média aritmética das temperaturas máximas da cidade B nesses mesmos 5 dias?

b) Em qual cidade a média aritmética das temperaturas máximas foi maior?

3. Um pediatra mediu a altura de cada uma das crianças que atendeu em um dia e organizou os dados no gráfico ao lado.

a) Qual é a média aritmética das alturas dessas crianças?

b) Se nesse dia o pediatra tivesse atendido mais uma criança, com 126 cm de altura, o que aconteceria com a média aritmética obtida: aumentaria ou diminuiria? Qual seria essa média?

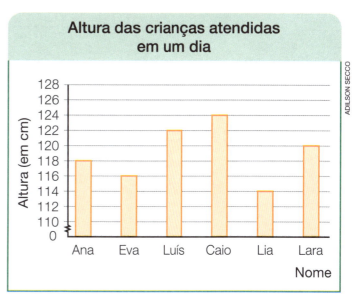

Dados obtidos pelo pediatra, em 12 de março de 2019.

Praticando mais

1 Observe a figura ao lado, que representa o piso de uma varanda, e faça o que se pede.

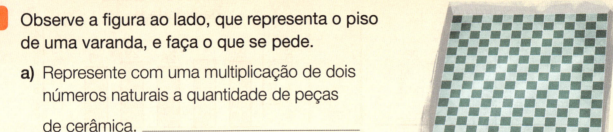

a) Represente com uma multiplicação de dois números naturais a quantidade de peças de cerâmica. _____

b) Agora, represente o total de peças de cerâmica com uma adição cujas parcelas são multiplicações de dois números naturais. Depois, calcule o total de peças.

_____

_____

_____

2 Em uma chapelaria são vendidos 2 tipos de chapéu (cartola e panamá) em 4 cores diferentes (preto, cinza, branco e marrom). Quantas opções de chapéu um cliente pode escolher? _____

- Reescreva o problema acima mudando a quantidade de tipos de chapéu e de cores. Depois, peça a um colega para resolvê-lo.

_____

_____

_____

3 Efetue as multiplicações.

a) $65 \times 42 =$ _____

b) $510 \times 26 =$ _____

c) $309 \times 34 =$ _____

122 cento e vinte e dois

4 Júlia efetuou uma divisão, mas a folha de papel em que foi efetuada a operação foi rasgada por engano. Reúna-se a dois colegas, e descubram o divisor dessa operação. _____

5 Cláudia efetuou uma divisão em que o dividendo é 650, o divisor é 12, e o quociente, 54. Descubra o resto da divisão que Cláudia efetuou. Explique para um colega como você descobriu esse resto.

6 Mário realizou sucessivas operações matemáticas: adicionou 15 ao número 27, multiplicou essa soma por 4 e dividiu esse resultado por 6. Qual foi o número obtido por Mário após realizar essas operações? _____

7 Faça arredondamentos e calcule o quociente aproximado de cada divisão. Depois, calcule o quociente e o resto de cada divisão.

a) $6\,050 \div 3$

b) $26\,541 \div 13$

c) $30\,045 \div 99$

Desafio

Iaci foi a primeira aluna a entrar na sala de aula. Logo de início, observou no quadro uma expressão matemática e notou que um dos números dessa expressão foi substituído pelo símbolo , conforme se vê ao lado.

Qual número foi substituído pelo símbolo ?

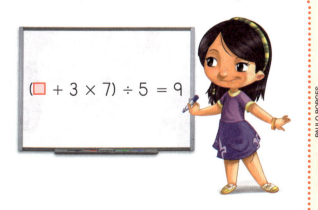

$(\square + 3 \times 7) \div 5 = 9$

cento e vinte e três **123**

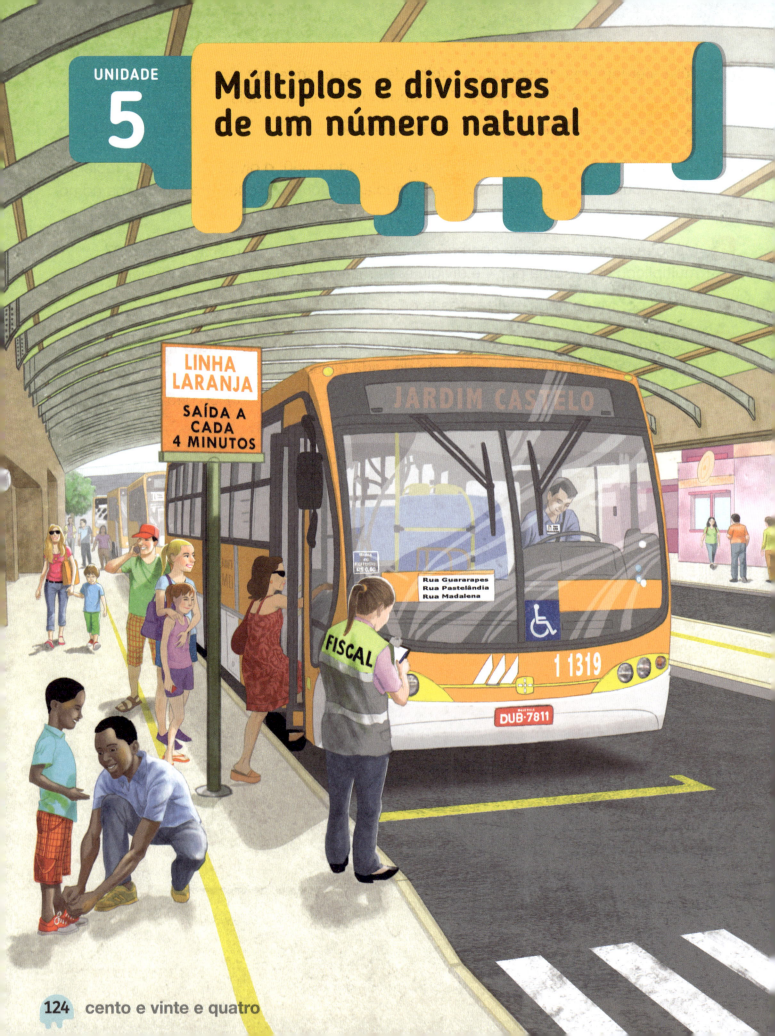

UNIDADE 5
Múltiplos e divisores de um número natural

Trocando ideias

1. Dois ônibus, um de cada linha, sairão juntos às 9 horas. Depois deles, a que horas vai sair o próximo ônibus da linha azul? E o próximo da linha laranja?

2. Qual será o próximo horário em que dois ônibus, um de cada linha, partirão juntos novamente?

1 Múltiplos de um número natural

Aprendendo

Lucas está pensando no resultado de algumas multiplicações.

$5 \times 0 = 0$
$5 \times 1 = 5$
$5 \times 2 = 10$
$5 \times 3 = 15$
$5 \times 4 = 20$

Note que os resultados dessas multiplicações formam uma sequência.

$$0, 5, 10, 15, 20, ...$$

Dizemos que os números dessa sequência são múltiplos de 5. As reticências (...) indicam que essa sequência não acaba no 20, pois sempre é possível encontrar o próximo termo, adicionando 5 ao termo anterior.

$$0, \;\; 5, \;\; 10, \;\; 15, \;\; 20, ...$$
$$+5 \;\; +5 \;\; +5 \;\; +5 \; ...$$

Podemos indicar os múltiplos de 5 da seguinte maneira:

$$M(5) = \{0, 5, 10, 15, 20, ...\}$$

Lemos: conjunto dos múltiplos de 5.

Múltiplo de um número natural é o produto desse número por um número natural qualquer.

Observações

1. Zero é múltiplo de qualquer número.
   - $5 \times 0 = 0$
   - $8 \times 0 = 0$
   - $11 \times 0 = 0$
2. Todo número é múltiplo de si mesmo.
   - $5 \times 1 = 5$
   - $12 \times 1 = 12$
   - $17 \times 1 = 17$

Praticando

1 Escreva:

a) os quatro menores múltiplos de 17 ▶ _____

b) os três menores múltiplos de 72 ▶ _____

c) os múltiplos de 18, menores que uma centena ▶ _____

2 Determine:

a) os múltiplos de 7, compreendidos entre 20 e 50 ▶ _____

b) os múltiplos de 16, compreendidos entre 40 e 100 ▶ _____

c) os múltiplos de 20, compreendidos entre 15 e 70 ▶ _____

d) o maior múltiplo de 20 com dois algarismos ▶ _____

e) o maior múltiplo de 125 com três algarismos ▶ _____

3 Observe como Ana fez para descobrir se 156 é múltiplo de 13.

156 ÷ 13 = 12
O resto dessa divisão é zero; então, 156 é **divisível** por 13.

Assim, podemos afirmar que 156 é múltiplo de 13.

- Agora, verifique se:

a) 235 é múltiplo de 7 ▶ _____

b) 1 924 é múltiplo de 4 ▶ _____

c) 2 426 é divisível por 6 ▶ _____

d) 15 123 é divisível por 3 ▶ _____

4 Quais são os múltiplos do número 18, compreendidos entre 190 e 260?

_____

5 Determine os dois múltiplos consecutivos de 5 cuja soma é 75.

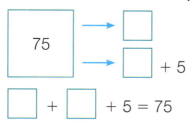

☐ + ☐ + 5 = 75

Os múltiplos são _____ e _____.

2 Divisores de um número natural

🎓 Aprendendo

Bruno tem oito carrinhos e quer guardá-los em caixas, de forma que cada caixa fique com a mesma quantidade de carrinhos, sem sobrar nenhum.

Veja como ele poderá guardar os carrinhos.

Os números 1, 2, 4 e 8 são divisores do número 8.

Podemos indicar os divisores de 8 da seguinte maneira

$$D(8) = \{1, 2, 4, 8\}$$

↳ Lemos: conjunto dos divisores de 8.

Em Matemática, as palavras **fator** e **divisor** são sinônimas. Logo, 1, 2, 4 e 8 são fatores ou divisores de 8.

> Em uma divisão, quando o quociente é um número natural, e o resto é zero, podemos dizer que o **dividendo** é **divisível** pelo **divisor**.

Observações

1. O zero não é divisor de nenhum número natural.
2. Todo número é divisor de si mesmo.
   - $8 \div 8 = 1$
   - $5 \div 5 = 1$
   - $13 \div 13 = 1$
3. O conjunto dos divisores de um número natural é finito, pois o maior divisor de um número é ele mesmo.

$$D(20) = \{1, 2, 4, 5, 10, 20\}$$

4. O número 1 é divisor de qualquer número natural.
   - $6 \div 1 = 6$
   - $18 \div 1 = 18$
   - $154 \div 1 = 154$
5. Se o resto em uma divisão não é zero, a divisão não é exata. Quando isso ocorre, podemos dizer que um número não é divisível pelo outro.

Praticando

1 Escreva:

a) o maior divisor de 17 ▶ _____

b) o menor divisor de 35 ▶ _____

c) quatro divisores de 39 ▶ _____

d) o menor divisor de qualquer número ▶ _____

2 Determine:

a) os divisores de 24 ▶ _____

os divisores de 18 ▶ _____

os divisores comuns de 18 e 24 ▶ _____

b) os divisores de 35 ▶ _____

os divisores de 45 ▶ _____

os divisores comuns de 35 e 45 ▶ _____

3 Critérios de divisibilidade

Aprendendo

Vamos estudar algumas regras práticas que nos permitem verificar se um número natural é divisível por outro sem efetuar a divisão.

Essas regras são denominadas **critérios de divisibilidade**.
Veja esses critérios a seguir.

Divisibilidade por 2

> Um número natural é divisível por 2 quando termina em 0, 2, 4, 6 ou 8; ou seja, quando é par.

Assim:
- 26 é divisível por 2, porque é par.
- 72 é divisível por 2, porque é par.
- 85 não é divisível por 2, porque é ímpar.

cento e vinte e nove 129

Divisibilidade por 3

> Um número natural é divisível por 3 quando a soma de seus algarismos é divisível por 3.

Assim:

- 309 é divisível por 3, pois 3 + 0 + 9 = 12; 12 é divisível por 3.
- 3 756 é divisível por 3, pois 3 + 7 + 5 + 6 = 21; 21 é divisível por 3.
- 1 002 é divisível por 3, pois 1 + 0 + 0 + 2 = 3; 3 é divisível por 3.
- 4 381 não é divisível por 3, pois 4 + 3 + 8 + 1 = 16; 16 não é divisível por 3.

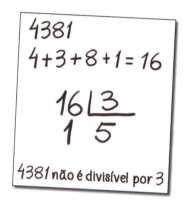

Divisibilidade por 5

> Um número natural é divisível por 5 quando termina em 0 ou 5.

Assim:

- 495 é divisível por 5, porque termina em 5.
- 650 é divisível por 5, porque termina em 0.
- 786 não é divisível por 5, porque não termina em 0 nem 5.
- 10 001 não é divisível por 5, porque não termina em 0 nem 5.

Divisibilidade por 6

> Um número natural é divisível por 6 quando é divisível, ao mesmo tempo, por 2 e por 3.

Assim:

- 312 é divisível por 6, porque é divisível por 2 (par) e por 3 (a soma de seus algarismos é 6).
- 5 214 é divisível por 6, porque é divisível por 2 (par) e por 3 (a soma de seus algarismos é 12).
- 8 036 não é divisível por 6, porque é divisível por 2 (par), mas não por 3 (a soma de seus algarismos é 17).
- 1 137 não é divisível por 6, porque é divisível por 3 (a soma de seus algarismos é 12), mas não por 2 (ímpar).

Divisibilidade por 9

> Um número natural é divisível por 9 quando a soma de seus algarismos é divisível por 9.

Assim:

- 6 435 é divisível por 9, pois 6 + 4 + 3 + 5 = 18; 18 é divisível por 9.
- 27 738 é divisível por 9, pois 2 + 7 + 7 + 3 + 8 = 27; 27 é divisível por 9.
- 53 104 não é divisível por 9, pois 5 + 3 + 1 + 0 + 4 = 13; 13 não é divisível por 9.

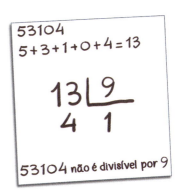

Divisibilidade por 10

> Um número natural é divisível por 10 quando termina em 0.

Assim:

- 30 é divisível por 10, pois termina em 0.
- 400 é divisível por 10, pois termina em 0.
- 378 não é divisível por 10, pois não termina em 0.

Podemos fazer um esquema para resumir os critérios de divisibilidade.

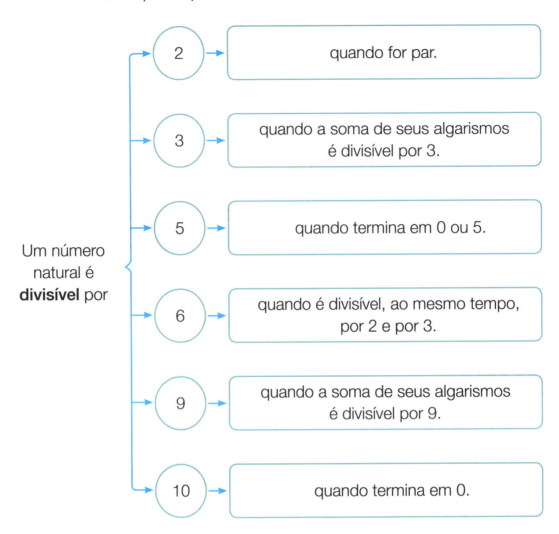

Praticando

1 Observe os números a seguir e cerque com uma linha os que são divisíveis por 2.

8, 10, 15, 16, 35, 48, 53, 1 008, 2 007, 4 826, 5 399

2 Cerque com uma linha os números divisíveis por 3.

9, 13, 15, 18, 25, 47, 63, 78, 89, 104, 216, 358, 3 437

 **3** Pinte as fichas que apresentam números divisíveis por 5.

15	22	30	38	45	63
79	85	900	1 070	2 997	9 995

4 Sublinhe os números do quadro que são divisíveis por 6.

> 6, 12, 16, 36, 53, 66, 97, 118, 252, 981, 1008, 2376

5 Pinte os números divisíveis por 9 nas fichas abaixo.

| 12 | 18 | 36 | 105 | 222 |

| 342 | 1002 | 2655 | 3489 | 5004 |

6 Sublinhe os números do quadro que são divisíveis por 10.

> 30, 45, 60, 87, 108, 210, 400, 1605, 2000

7 Faça um **X** no espaço correspondente, identificando se o número é divisível por 2, 3, 5, 6, 9 ou 10.

	2	3	5	6	9	10
132	X	X		X		
400						
645						
720						
1080						
5200						

Veja o exemplo.

8 Responda.

a) Zero é divisor de algum número natural? _____

b) O número 1 é múltiplo de algum número? _____

c) O número 3 é fator de 21? _____

d) O número 108 é divisível por 27? _____

9 Entre os números 102, 315 e 310, qual deles é divisível por:

a) 2 e 3? _____   b) 2 e 5? _____   c) 3 e 5? _____

cento e trinta e três **133**

10 Responda.

a) Qual é o maior número natural de três algarismos divisível por 2? _____

b) Qual é o menor número natural de quatro algarismos diferentes divisível por 2? _____

c) Qual é o menor número de três algarismos divisível por 3? _____

d) Qual é o maior número de três algarismos divisível por 3? _____

e) Qual é o maior número de três algarismos divisível por 5? _____

f) Qual é o menor número de quatro algarismos divisível por 5? _____

g) Qual é o menor número de três algarismos divisível por 2, 3 e 5? _____

11 Escreva os números compreendidos entre 160 e 185 que são divisíveis, ao mesmo tempo, por 3 e por 5. _____

12 Determine os algarismos representados pelas letras **a** e **b** no número 7**a**5**b**, de modo que ele seja divisível por 2, 3, 5, 9 e 10.

A letra **a** é igual a _____ e a letra **b** é igual a _____.

13 A professora levou para os alunos um cesto com mais de 50 e menos de 60 ovos de chocolate. Contando-os de 3 em 3, sobravam 2, contando-os de 5 em 5, sobravam 4. Determine a quantidade de ovos de chocolate do cesto.

Havia no cesto _____ ovos de chocolate.

14 Qual é o menor número que deve ser adicionado a 647 para que ele seja divisível por 3?

O menor número é _____.

Jogando e aprendendo

Batalha dos divisores

Material

- Tabuleiro da página **A6**
- 1 dado
- 2 marcadores feitos com cartolina ou peões de cores diferentes

Maneira de brincar

1. Formem duas duplas e coloquem seus peões na casa com o número 12. Escolham a dupla que vai começar.

2. Cada dupla, na sua vez, lança o dado e avalia se o número obtido é um divisor do número da casa onde está seu peão. Se sim, avança o número de pontos obtidos no dado. Se não, passa a vez.

3. A dupla que efetuar o cálculo errado passa a vez para a outra.

4. Ganha o jogo a dupla que ultrapassar primeiro a linha de chegada.

Agora, responda.

1. Quais são os números divisíveis por 2 no tabuleiro?
   _____

2. Quais são os números múltiplos de 3 no tabuleiro?
   _____

3. Se você estiver na casa 96, que número você precisará tirar no dado para ultrapassar a linha de chegada?
   _____

4. Quais são os números múltiplos de 6 no tabuleiro? Explique a um colega como você chegou a essa conclusão.

4 Número 1, números primos e números compostos

Aprendendo

1) Considere o conjunto dos **números naturais**.

$$\mathbb{N} = \{0, 1, 2, 3, 4, 5, 6, 7, 8, 9, ...\}$$

Podemos verificar que:

- 0 é divisível por qualquer número diferente de 0.
- 1 é divisível apenas por 1.
- 2 é divisível por 1 e 2.
- 3 é divisível por 1 e 3.
- 4 é divisível por 1, 2 e 4.
- 5 é divisível por 1 e 5.
- 6 é divisível por 1, 2, 3 e 6.
- 7 é divisível por 1 e 7.
- 8 é divisível por 1, 2, 4 e 8.
- 9 é divisível por 1, 3 e 9.

Assim:

- o número 1 é divisor de qualquer número; qualquer número é divisível por 1.
- números como 2, 3, 5, 7, entre outros, são divisíveis somente por 1 e por si mesmos; por isso, são denominados **números primos**.

> Um número natural maior que 1 que tenha somente dois divisores, o número 1 e o próprio número, é chamado de **número primo**.

- números como 4, 6, 8, 9, entre outros, são divisíveis por si mesmos, por 1 e por outros números; são denominados **números compostos**.

> Um número natural que é divisível por mais de dois números naturais é chamado de **número composto**.

Observações

1. O número 1 não é primo nem composto.
2. O único número primo par é o 2.

Números primos entre si

> Dois números são primos entre si quando têm apenas o 1 como **divisor comum**.

Veja os exemplos.

- 2 e 7 são primos entre si.
- 8 e 25 são primos entre si.
- 6 e 9 não são primos entre si (têm o 3 como divisor comum).

Atenção!

Dois números naturais consecutivos são sempre primos entre si.

Exemplos.
- 8 e 9 são primos entre si.
- 15 e 16 são primos entre si.

Reconhecimento de um número primo

Para verificar se um número é primo, devemos dividi-lo pela sucessão dos números primos: 2, 3, 5, 7, 11, 13, ... até chegar a um quociente menor que o divisor ou igual a ele. Se nenhuma dessas divisões for exata, podemos afirmar que o número é primo.

- O número 89 é primo ou composto? Para responder a essa pergunta, vamos efetuar as divisões.

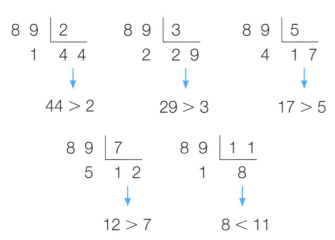

Observe que, ao efetuarmos a última divisão, o quociente 8 é menor que o divisor 11, e a divisão não é exata.

Então, podemos concluir que 89 é um número primo.

- O número 91 é primo?

    Observe as divisões.

Como a divisão por 7 é exata, o número 91 não é primo.

O número 91 é divisível por 1, 7, 13 e 91.

```
9 1 | 2        9 1 | 3        9 1 | 5        9 1 | 7
1   4 5        1   3 0        1   1 8        0   1 3
```

45 > 2   30 > 3   18 > 5   divisão exata

- O número 271 é primo ou composto?

    Pelos critérios de divisibilidade já estudados, sabemos que 271 não é divisível por 2, 3 e 5. Iniciaremos, então, a divisão por 7.

```
2 7 1 | 7       2 7 1 | 1 1      2 7 1 | 1 3     2 7 1 | 1 7
  5   3 8         7   2 4          1 1   2 0       1 6   1 5
```

38 > 7   24 > 11   20 > 13   15 < 17

Obtivemos uma divisão não exata de 271 por 17 e um quociente menor que o divisor. Concluímos, então, que 271 é um número primo.

Praticando

1 Responda:

a) Qual é o único número par que é primo? _____

b) Qual é o menor número primo de dois algarismos? _____

c) Quantos divisores um número primo tem? _____

2 Escreva:

a) os números primos menores que 20 ▶ _____

b) os números primos maiores que 40

e menores que 50 ▶ _____

3 O 9 é um número composto? Por quê?

_____

4 Marque com um **X** as afirmativas corretas.

a) 8 e 10 são primos entre si. ☐

b) 13 e 20 são primos entre si. ☐

c) 16 e 28 são primos entre si. ☐

d) 25 e 36 são primos entre si. ☐

5 Usando uma calculadora, descubra quais dos números abaixo são primos e pinte para indicá-los.

(273) (661) (89) (251) (57) (63)

6 Verifique se o número 53 é primo.

_____

7 Verifique se o número 187 é primo.

_____

8 Verifique se o número 659 é primo.

_____

9 Qual é o maior número primo de dois algarismos? _____

Lendo e descobrindo — Crivo de Eratóstenes

Eratóstenes (273-192 a.C.), um bibliotecário de Alexandria, criou um método simples para determinar os números primos de uma sequência.

Os números eram dispostos em ordem crescente em uma tábua. Furavam-se os números compostos, restando apenas os primos. Esse método ficou conhecido como **Crivo de Eratóstenes**. Foi dado o nome *crivo*, por causa da semelhança da tábua furada com uma peneira.

Para determinar os números primos utilizando o Crivo de Eratóstenes, devemos seguir os passos abaixo.

1º) Dispor os números naturais em ordem crescente.

2º) Riscar o número 1, que não é um número primo.

3º) Não riscar o 2, porque é o único número primo par, mas riscar os próximos números de dois em dois, a partir do número 4.

4º) Não riscar o 3, porque é um número primo, mas riscar os próximos números de três em três, a partir do número 6, e assim sucessivamente para os demais números da tabela ao lado.

Procedendo do mesmo modo para o 5, o 7 e os demais números primos.

Os números que não estão riscados formarão uma sequência de números primos.

Busto de Eratóstenes (273-192 a.C.).

Números primos até 100

1	2	3	4	5	6	7	8	9	10
11	12	13	14	15	16	17	18	19	20
21	22	23	24	25	26	27	28	29	30
31	32	33	34	35	36	37	38	39	40
41	42	43	44	45	46	47	48	49	50
51	52	53	54	55	56	57	58	59	60
61	62	63	64	65	66	67	68	69	70
71	72	73	74	75	76	77	78	79	80
81	82	83	84	85	86	87	88	89	90
91	92	93	94	95	96	97	98	99	100

1 Pelo procedimento do Crivo de Eratóstenes, cerque com uma linha os números primos no quadro abaixo.

1	2	3	4	5	6	7	8	9	10
11	12	13	14	15	16	17	18	19	20
21	22	23	24	25	26	27	28	29	30
31	32	33	34	35	36	37	38	39	40
41	42	43	44	45	46	47	48	49	50

5 Decomposição de um número natural em fatores primos

🎓 Aprendendo

Um número natural composto e diferente de zero pode ser representado como um produto de fatores primos. Chamamos de representação fatorada do número. Veja alguns exemplos.

- $15 = 3 \times 5$
- $12 = 2 \times 2 \times 3$
- $40 = 2 \times 2 \times 2 \times 5$
- $360 = 2 \times 2 \times 2 \times 3 \times 3 \times 5$

Alguns números representados como um produto de fatores primos apresentam muitos fatores. Observe.

$$2\,000 = 2 \times 2 \times 2 \times 2 \times 5 \times 5 \times 5$$

Caso o número considerado tenha muitos algarismos, é trabalhoso anotar todos os fatores. Para isso, existe uma maneira de simplificar essa representação. Veja.

$$2\,000 = \underbrace{2 \times 2 \times 2 \times 2}_{2^4} \times \underbrace{5 \times 5 \times 5}_{5^3}$$

Indica a quantidade de fatores iguais a 2 que aparece na representação fatorada.

Indica a quantidade de fatores iguais a 5 que aparece na representação fatorada.

Então, podemos representar 2 000 do seguinte modo:

$$2\,000 = 2^4 \times 5^3$$

Os números **4** e **3** na representação acima são chamados de **expoentes**.

Observação

Quando um ou mais fatores aparecem apenas uma vez na representação na forma de um produto de fatores primos, também se pode usar um expoente para esses fatores. Veja.

$$15 = 3 \times 5 = 3^1 \times 5^1$$

Fatoração

Aprendendo

1 Podemos decompor um número em fatores primos, usando um processo chamado de **fatoração**.

Veja como devemos fazer para fatorar um número.

1º) Colocar um traço vertical do seu lado direito.

2º) Dividi-lo pelo seu menor divisor primo.

3º) Dividir o quociente obtido pelo seu menor divisor primo, e assim sucessivamente, até chegar ao quociente unitário.

- Observe a decomposição do número 90 em fatores primos.

90	2	2 é o menor divisor primo de 90; fazemos 90 ÷ 2 = 45
45	3	3 é o menor divisor primo de 45; fazemos 45 ÷ 3 = 15
15	3	3 é o menor divisor primo de 15; fazemos 15 ÷ 3 = 5
5	5	5 é o menor divisor primo de 5; fazemos 5 ÷ 5 = 1
1		

Portanto, podemos escrever:

$$90 = 2 \times 3 \times 3 \times 5 = 2 \times 3^2 \times 5$$

Chegando ao quociente unitário, ou seja, ao número 1, terminamos a decomposição.

- Veja mais estes exemplos.

400	2	2 é o menor divisor primo de 400; fazemos 400 ÷ 2 = 200
200	2	2 é o menor divisor primo de 200; fazemos 200 ÷ 2 = 100
100	2	2 é o menor divisor primo de 100; fazemos 100 ÷ 2 = 50
50	2	2 é o menor divisor primo de 50; fazemos 50 ÷ 2 = 25
25	5	5 é o menor divisor primo de 25; fazemos 25 ÷ 5 = 5
5	5	5 é o menor divisor primo de 5; fazemos 5 ÷ 5 = 1
1		

$$400 = 2 \times 2 \times 2 \times 2 \times 5 \times 5 = 2^4 \times 5^2$$

235	5	5 é o menor divisor primo de 235; fazemos 235 ÷ 5 = 47
47	47	47 é o menor divisor primo de 47; fazemos 47 ÷ 47 = 1
1		

$$235 = 5 \times 47 = 5^1 \times 47^1$$

Praticando

1 Decomponha em fatores primos os números a seguir.

a) 15 b) 40 c) 100 d) 120

2 Faça a decomposição dos números em fatores primos.

a) 210 b) 256 c) 360 d) 500

3 Determine os fatores primos dos números abaixo.

a) 480 ▶ _____

b) 5 600 ▶ _____

4 Em cada item, escreva o número cuja forma fatorada é:

a) $2^2 \times 3$ b) $2^3 \times 5 \times 7$ c) $2^4 \times 3 \times 5$ d) $3^2 \times 5 \times 11$

6 Determinação dos divisores de um número

Aprendendo

Existe um processo prático para determinar todos os divisores de um número.
Observe a sequência desse processo na determinação dos divisores de 90.

1º) Decompomos o número em fatores primos.

```
90 | 2
45 | 3
15 | 3
 5 | 5
 1 |
```

2º) Fazemos um traço vertical à direita da decomposição obtida e escrevemos o 1 no alto, um pouco acima do primeiro fator primo. Esse é o primeiro divisor de qualquer número.

```
      | 1
90 | 2 |
45 | 3 |
15 | 3 |
 5 | 5 |
 1 |   |
```

3º) Multiplicamos cada um dos fatores primos pelos divisores já obtidos e escrevemos esses produtos ao lado de cada fator. Os divisores obtidos mais de uma vez não são repetidos.

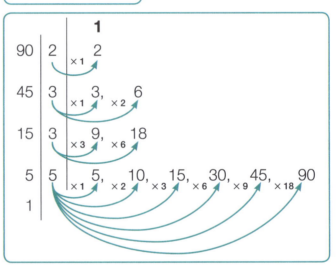

Portanto, os divisores de 90 são indicados da seguinte maneira:

$$D(90) = \{1, 2, 3, 5, 6, 9, 10, 15, 18, 30, 45, 90\}$$

Praticando

1 Considerando o número 240, responda.

a) Quais são os divisores primos desse número? _____

b) Quais são os divisores compostos desse número?

_____

2 Determine os divisores dos números a seguir.

a) 24

b) 84

c) 60

d) 160

3 Quais são os divisores compostos de 60? _____

7 Máximo divisor comum (mdc)

Aprendendo

Considerando os números 12, 18 e 24 e os conjuntos D(12), D(18) e D(24) de seus respectivos divisores, temos:

$$D(12) = \{\mathbf{1}, \mathbf{2}, \mathbf{3}, 4, \mathbf{6}, 12\}$$
$$D(18) = \{\mathbf{1}, \mathbf{2}, \mathbf{3}, \mathbf{6}, 9, 18\}$$
$$D(24) = \{\mathbf{1}, \mathbf{2}, \mathbf{3}, 4, \mathbf{6}, 8, 12, 24\}$$

Observe que os números 1, 2, 3 e 6 pertencem aos três conjuntos, ou seja, eles são os **divisores comuns** de 12, 18 e 24.

> **Atenção!**
>
> Considere os conjuntos $A = \{\mathbf{3}, 4, \mathbf{5}, 8\}$ e $B = \{2, \mathbf{3}, \mathbf{5}, 6\}$. Observe que os números **3** e **5** pertencem aos dois conjuntos.
>
> Esses números formam o conjunto intersecção. Para representar a intersecção, usamos o símbolo $\cap$.
>
> Assim: $A \cap B = \{3, 5\}$
>
> Lemos: *A* intersecção *B*.

Podemos representar o conjunto dos divisores comuns de 12, 18 e 24 como o conjunto intersecção de D(12), D(18) e D(24). Observe.

$$D(12) \cap D(18) \cap D(24) = \{1, 2, 3, 6\}$$

Note que 6 é o **maior divisor comum** dos números 12, 18 e 24.

Ou seja:

$$\text{mdc }(12, 18, 24) = 6$$

O máximo divisor comum (mdc) de dois ou mais números é o maior valor da intersecção dos conjuntos dos divisores dos números dados.

Observação

Quando o mdc de dois ou mais números é 1, esses números são primos entre si.

Exemplo.

mdc (8, 9) = 1, então os números 8 e 9 são primos entre si.

Cálculo do máximo divisor comum (mdc)

Observe como podermos calcular o mdc.

1º) Decompor os números em seus fatores primos.

2º) Multiplicar os fatores primos **comuns** com seus **menores** expoentes. O produto desses fatores é o maior divisor comum.

Veja os exemplos.

- Vamos calcular o mdc de 60, 12 e 30.

  Decomposição em fatores primos:

  $60 = 2 \times 2 \times 3 \times 5 = 2^2 \times 3^1 \times 5^1$

  $12 = 2 \times 2 \times 3 = 2^2 \times 3^1$

  $30 = 2 \times 3 \times 5 = 2^1 \times 3^1 \times 5^1$

  Fatores comuns com os menores expoentes são 2^1 e 3^1.

  mdc $(60, 12, 30) = 2^1 \times 3^1 = 6$

- Vamos calcular o mdc de 180, 300 e 400.

  Decomposição em fatores primos:

  $180 = 2 \times 2 \times 3 \times 3 \times 5 =$
  $= 2^2 \times 3^2 \times 5^1$

  $300 = 2 \times 2 \times 3 \times 5 \times 5 =$
  $= 2^2 \times 3^1 \times 5^2$

  $400 = 2 \times 2 \times 2 \times 2 \times 5 \times 5 =$
  $= 2^4 \times 5^2$

  Fatores comuns com os menores expoentes são 2^2 e 5^1.

  mdc $(180, 300, 400) = 2^2 \times 5^1 = 20$

1 Dados os números 20 e 30, determine:

a) o conjunto dos divisores de 20. D(20) = {_____}

b) o conjunto dos divisores de 30. D(30) = {_____}

c) D(20) ∩ D(30) = {_____}

d) o maior divisor comum de 20 e 30. mdc (20, 30) = _____

2 Repetindo o procedimento da atividade anterior para os números 40, 100 e 120, determine:

a) D(40) = {_____}

b) D(100) = {_____}

c) D(120) = {_____}

d) D(40) ∩ D(100) ∩ D(120) = {_____}

e) mdc (40, 100, 120) = _____

3 Determine o mdc dos números A, B e C já decompostos em fatores primos.

$$A = 2 \times 2 \times 2 \times 2 \times 3 \times 5 \times 5 = 2^4 \times 3^1 \times 5^2$$
$$B = 2 \times 2 \times 2 \times 5 \times 7 \times 7 = 2^3 \times 5^1 \times 7^2$$
$$C = 2 \times 2 \times 5 \times 5 \times 5 \times 7 \times 11 = 2^2 \times 5^3 \times 7^1 \times 11^1$$

mdc (A, B, C) = _____

4 Qual é o mdc de dois números primos entre si? _____

5 Calcule pela decomposição em fatores primos o mdc dos números abaixo.

a) 15, 20, 30

b) 40, 50, 60

8 Mínimo múltiplo comum (mmc)

Aprendendo

 Considerando os números 2, 3 e 4 e os conjuntos M(2), M(3) e M(4) de seus respectivos múltiplos, temos:

$$M(2) = \{\mathbf{0}, 2, 4, 6, 8, 10, \mathbf{12}, ...\}$$
$$M(3) = \{\mathbf{0}, 3, 6, 9, \mathbf{12}, 15, 18, ...\}$$
$$M(4) = \{\mathbf{0}, 4, 8, \mathbf{12}, 16, 20, 24, ...\}$$

Considerando, também, o conjunto dos múltiplos comuns, isto é, o conjunto intersecção de M(2), M(3) e M(4), temos:

$$M(2) \cap M(3) \cap M(4) = \{0, 12, 24, 36, 48, ...\}$$

Essa é a representação do conjunto dos **múltiplos comuns** de 2, 3 e 4.

Observe que 12 é o **menor múltiplo comum**, diferente de zero, dos números 2, 3 e 4. Por isso, dizemos que 12 é o **mínimo múltiplo comum** de 2, 3 e 4.

Veja, no quadro abaixo, como podemos indicar o mínimo múltiplo comum de 2, 3 e 4.

mmc (2, 3, 4) = 12

O mínimo múltiplo comum (mmc) de dois ou mais números é o menor valor, diferente de zero, da intersecção dos conjuntos dos múltiplos desses números.

Observação

O mmc de dois ou mais números primos entre si é o produto desses números.

Exemplo.

Os números 5 e 7 são primos entre si.

Então: mmc (5, 7) = 5 × 7 = 35

5 e 7 são primos entre si.

Cálculo do mínimo múltiplo comum (mmc)

1. Observe os passos para calcular o mmc decompondo os números em fatores primos.

1º) Decompor os números em fatores primos.

2º) Multiplicar **todos** os fatores primos (comuns e não comuns) considerados com seu **maior** expoente; o produto desses fatores é o menor múltiplo comum.

Veja os exemplos.

- Vamos calcular o mmc de 60, 12 e 30.

    $60 = 2 \times 2 \times 3 \times 5 = 2^2 \times 3^1 \times 5^1$

    $12 = 2 \times 2 \times 3 = 2^2 \times 3^1$

    $30 = 2 \times 3 \times 5 = 2^1 \times 3^1 \times 5^1$

    Fatores comuns e não comuns: 2, 3 e 5, com os maiores expoentes: 2^2, 3^1 e 5^1.

    mmc (60, 12, 30) = $2^2 \times 3^1 \times 5^1$ = 60

- Vamos calcular o mmc de 90, 150 e 40.

    $90 = 2 \times 3 \times 3 \times 5 = 2^1 \times 3^2 \times 5^1$

    $150 = 2 \times 3 \times 5 \times 5 = 2^1 \times 3^1 \times 5^2$

    $40 = 2 \times 2 \times 2 \times 5 = 2^3 \times 5^1$

    Fatores comuns e não comuns: 2, 3 e 5, com os maiores expoentes: 2^3, 3^2 e 5^2.

    mmc (90, 150, 40) = $2^3 \times 3^2 \times 5^2$ = 1 800

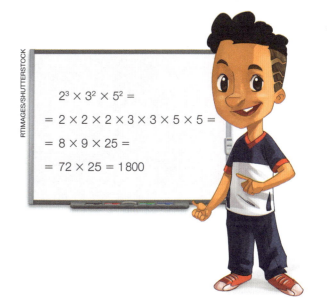

Praticando

1 Dados os números 5 e 6, determine:

a) o conjunto dos múltiplos de 5 ▶ M(5) = {_____}

b) o conjunto dos múltiplos de 6 ▶ M(6) = {_____}

c) o conjunto dos múltiplos comuns de 5 e 6 ▶ M(5) ∩ M(6) = {_____}

d) o menor múltiplo comum de 5 e 6, excluído o zero ▶ mmc (5, 6) = _____

2 Repetindo o procedimento da atividade anterior para os números 12 e 15, determine:

a) M(12) = { _____ }

b) M(15) = { _____ }

c) M(12) ∩ M(15) = { _____ }

d) mmc (12, 15) = _____

3 Calcule o mmc (A, B, C) em cada caso a seguir.

a) $A = 2 \times 2 \times 3 \times 5 = 2^2 \times 3 \times 5$
$B = 2 \times 2 \times 2 \times 3 \times 3 \times 5 = 2^3 \times 3^2 \times 5$
$C = 2 \times 2 \times 5 = 2^2 \times 5$

mmc (A, B, C) =

= _____

b) $A = 2 \times 2 \times 7 = 2^2 \times 7$
$B = 3 \times 3 \times 7 = 3^2 \times 7$
$C = 2 \times 5 \times 7$

mmc (A, B, C) =

= _____

4 Calcule o mmc dos seguintes números pela decomposição em fatores primos.

a) 15, 20, 30

c) 12, 16, 20

b) 9, 12, 15

d) 8, 10, 20

9 Problemas envolvendo mdc e mmc

Aprendendo

1 Quais são os dois menores números pelos quais devemos dividir 828 e 621 para obter quocientes iguais?

Primeiro, determinamos o mdc de 828 e 621.

828	2
414	2
207	3
69	3
23	23
1	

621	3
207	3
69	3
23	23
1	

$828 = 2^2 \times 3^2 \times 23$

$621 = 3^3 \times 23$

mdc $(828, 621) = 3^2 \times 23 = 207$

Depois, para determinar os menores números pelos quais devemos dividir 828 e 621 e obter quocientes iguais, dividimos esses números pelo mdc (828, 621), que é 207.

$$828 \div 207 = 4$$
$$621 \div 207 = 3$$

Logo, os números procurados são 4 e 3, pois:

$$828 \div 4 = 207$$
$$621 \div 3 = 207$$

2 Quais são os três maiores divisores comuns de 468 e 396?

Primeiro, determinamos o mdc de 468 e 396, que é 36.

468	2
234	2
117	3
39	3
13	13
1	

396	2
198	2
99	3
33	3
11	11
1	

$468 = 2^2 \times 3^2 \times 13$

$396 = 2^2 \times 3^2 \times 11$

mdc $(468, 396) = 2^2 \times 3^2 = 36$

Para verificar estes cálculos, use uma calculadora.

Depois, lembrando que todo divisor do maior divisor comum de dois ou mais números é também divisor desses números, podemos afirmar que os três maiores divisores comuns de 468 e 396 são 36, 18 e 12 (que são os três maiores divisores de 36).

Portanto, os três maiores divisores comuns de 468 e 396 são 36, 18 e 12.

Vamos calcular o tamanho que deve ter uma trena, de modo que, para determinar as dimensões da quadra de vôlei ilustrada abaixo, se faça o menor número de medições possíveis com a trena totalmente esticada.

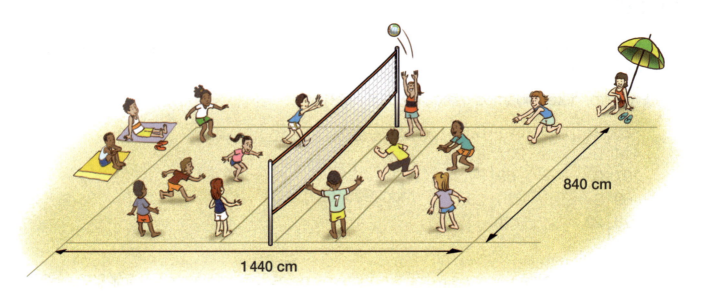

Como o mdc (1 440, 840) = 120, podemos considerar que a maior trena que pode ser usada para medir a quadra deve ter 120 cm, pois 120 é o maior divisor comum de 1 440 e 840.

Vamos determinar os menores números pelos quais devemos multiplicar 72 e 90 para obter produtos iguais.

Inicialmente, determinamos o mmc de 72 e 90.

72	2
36	2
18	2
9	3
3	3
1	

90	2
45	3
15	3
5	5
1	

$72 = 2^3 \times 3^2$

$90 = 2 \times 3^2 \times 5$

mmc $(72, 90) = 2^3 \times 3^2 \times 5 = 360$

Em seguida, efetuamos as divisões de 360 por 72 e 90.

$$360 \div 72 = 5$$
$$360 \div 90 = 4$$

Se multiplicarmos 72 por 5 e 90 por 4, obtemos o produto 360 em ambos os casos. Observe estas duas multiplicações.

$$72 \times 5 = 360$$
$$90 \times 4 = 360$$

Logo, o número 72 deve ser multiplicado por 5 e o número 90 deve ser multiplicado por 4.

Vamos descobrir o menor número que, dividido sucessivamente por 9, 12 e 15, resulta em divisões não exatas cujo resto é sempre 7.

O menor número divisível por 9, 12 e 15, ao mesmo tempo, é 180, pois mmc (9, 12, 15) = 180. Observe os cálculos:

9	3
3	3
1	

12	2
6	2
3	3
1	

15	3
5	5
1	

$9 = 3^2$

$12 = 2^2 \times 3$

$15 = 3 \times 5$

mmc $(9, 12, 15) = 2^2 \times 3^2 \times 5 = 180$

Portanto, podemos concluir que o menor número que dividido sucessivamente por 9, 12 e 15, resulta em divisões não exatas cujo resto é sempre 7 é 187, pois 180 + 7 = 187.

Praticando

1 Determine os dois menores números pelos quais devemos dividir 750 e 840 para obter quocientes iguais.

Os dois menores números são _____ e _____, respectivamente.

2 Determine os quatro maiores divisores comuns de 680 e 920.

Os quatro maiores divisores são _____, _____, _____ e _____.

3 Determine os menores números pelos quais devemos multiplicar 20 e 45 para obter produtos iguais.

O número 20 deve ser multiplicado por _____, e o 45 deve

ser multiplicado por _____.

4 Calcule o tamanho que deve ter uma trena, de tal modo que, ao medir as dimensões do campo de futebol americano apresentado abaixo, com a trena totalmente esticada, se faça o menor número possível de medições.

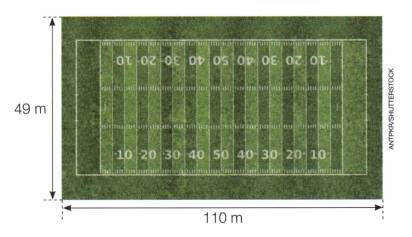

O tamanho da trena deve ser _____ metro.

5 Determine o menor número que, dividido por 8, 18 e 30, resulta em divisões não exatas cujo resto é sempre 5.

O menor número é _____.

154 cento e cinquenta e quatro

6 De uma rodoviária saem duas linhas de ônibus para a cidade Alfa. Os ônibus da linha **A** saem a cada 20 minutos, e os da linha **B**, a cada 45 minutos. Se dois ônibus, um de cada linha, saíram juntos às 9 h 15 min, em que horário voltarão a sair juntos?

Os ônibus voltarão a sair juntos às _____ h _____ min.

7 Ao medir esta quadra de basquete, Pedro percebeu que tanto o comprimento como a largura da quadra são múltiplos do comprimento de sua trena. Qual é o maior comprimento possível para a trena de Pedro?

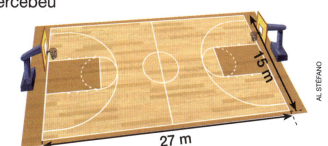

O maior comprimento possível para a trena é _____ metros.

8 Veja o que Ana diz e responda.

a) Após o corte, quantos centímetros pode ter cada pedaço de fita?
_____
_____

b) Se os pedaços de cada fita devem ser os maiores possíveis e ter o mesmo tamanho, quantos centímetros terá cada pedaço? _____

c) Quantos enfeites ela poderá fazer ao todo após cortar as duas fitas em pedaços iguais e de maior tamanho possível? _____

Praticando mais

1 Cristina e Diego correram sobre trilhas numeradas.

a) Em quais casas da trilha Cristina pisou? E Diego? _____

b) Os números das casas que Cristina pisou são múltiplos de que número? E os das casas que Diego pisou? _____

c) Cristina e Diego correram até a casa de número 20. Quais foram as casas comuns em que eles pisaram? _____

d) Entre as casas comuns, qual é a de menor número, diferente de zero? _____

2 Marcos e Paulo são pilotos de uma mesma companhia aérea. Marcos viaja para Salvador a cada 4 dias, e Paulo, para essa mesma cidade, a cada 5 dias. No dia 10 de maio, os dois fizeram seus voos para Salvador. Qual será o próximo dia e mês que ambos viajarão para Salvador?

_____

3 Se fizermos uma pilha de tábuas de madeira reciclada com tábuas de 20 mm de espessura e outra pilha com tábuas de 42 mm de espessura, qual será o menor número utilizado de tábuas de 20 mm para que as duas pilhas tenham a mesma altura?

Serão necessárias _____ tábuas de 20 mm para que as pilhas tenham a mesma altura.

4 Determine todos os números naturais maiores que 10 e menores que 150 que satisfazem, simultaneamente, as seguintes condições: ao serem divididos por 12, deixam resto 5; ao serem divididos por 18, deixam resto 5.

Os números são _____.

5 Bruno dispõe de três pedaços de barbante com comprimentos iguais a 36 cm, 54 cm e 60 cm. Ele deseja cortá-los em pedaços menores, todos com o mesmo tamanho. Qual é a menor quantidade de pedaços de barbante que ele pode obter?

A menor quantidade de pedaços de barbante que ele pode obter é _____.

 **Desafio**

Sueli quer vender caixinhas com dois tipos de bombons em cada caixa: de cereja e de nozes. Ela pretende montar o maior número de caixinhas com a mesma quantidade de bombons em cada uma delas.

Separei 54 bombons de cereja e 36 bombons de nozes para fazer as caixinhas.

- Agora, responda.

   a) Para usar todos os bombons que ela separou, quantas caixinhas Sueli deverá montar? _____

   b) Quantos bombons de cada sabor haverá em cada caixinha?
   _____

UNIDADE 6
Medidas de comprimento, de tempo e de temperatura

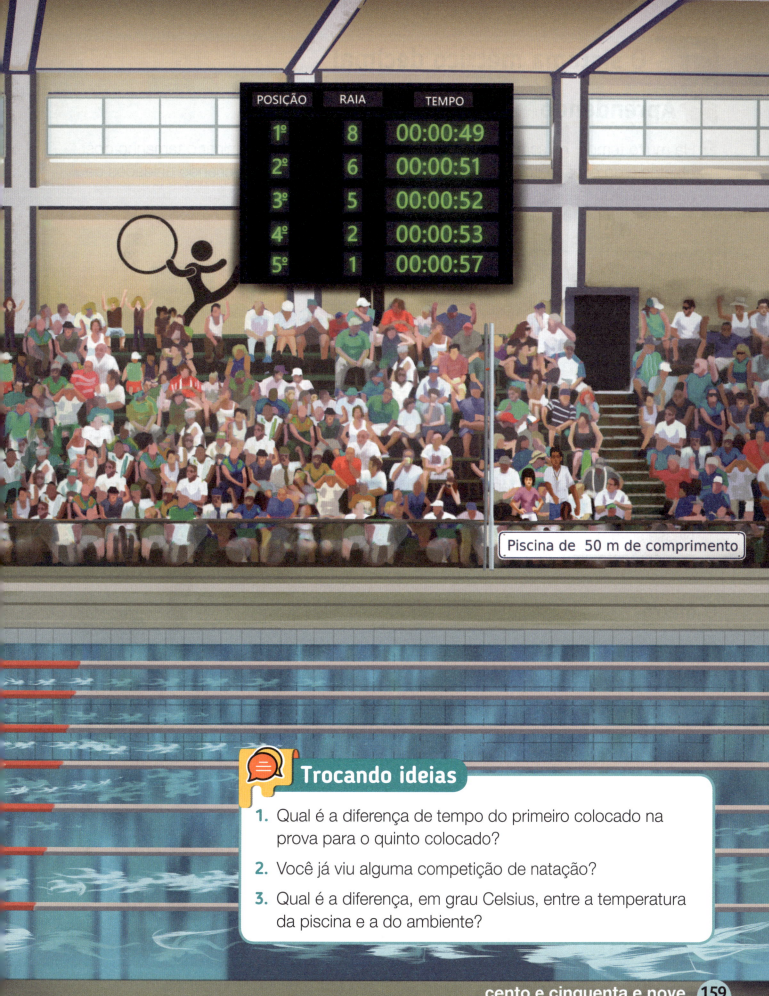

POSIÇÃO	RAIA	TEMPO
1º	8	00:00:49
2º	6	00:00:51
3º	5	00:00:52
4º	2	00:00:53
5º	1	00:00:57

Piscina de 50 m de comprimento

Trocando ideias

1. Qual é a diferença de tempo do primeiro colocado na prova para o quinto colocado?

2. Você já viu alguma competição de natação?

3. Qual é a diferença, em grau Celsius, entre a temperatura da piscina e a do ambiente?

cento e cinquenta e nove 159

1 — O sistema métrico decimal

Aprendendo

Há muito tempo, os seres humanos têm necessidade de determinar o tamanho dos objetos e do espaço ao seu redor. Por isso, cada povo acabou criando unidades de medidas próprias, como o **palmo**, o **pé** e o **passo**.

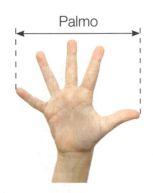
Palmo

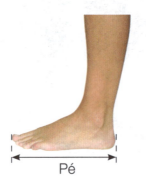
Pé

Passo

Porém, a utilização de unidades de medida diferentes gerava problemas principalmente no desenvolvimento do comércio entre os povos. Portanto, era necessário padronizar as unidades. Foi assim que, em 1791, cientistas de vários países se reuniram na França e criaram um sistema único de medida: o **sistema métrico decimal**.

Nesse sistema, o **metro** é a unidade padrão que uniformiza o sistema de medida de comprimento em todo o mundo.

O metro

O metro tem como origem a palavra grega *métron*, que significa "que mede".

Em 1899, o Bureau Internacional de Pesos e Medidas definiu o metro como a distância entre duas marcas feitas em uma barra de liga de platina e irídio a zero grau.

Com o avanço das técnicas de medição, o metro passou a ser definido, a partir de 1983, como o comprimento do trajeto percorrido pela luz no vácuo durante um intervalo de tempo correspondente a $\frac{1}{299\,792\,458}$ de segundo.

O metro foi adotado oficialmente no Brasil em 1928.

> O metro (**m**) é a unidade padrão das medidas de comprimento.

160 cento e sessenta

Múltiplos e submúltiplos do metro

1 Para medir grandes distâncias, utilizamos os múltiplos do metro. E para pequenas distâncias, usamos seus submúltiplos.

Quadro de unidades						
Múltiplos			Unidade padrão	Submúltiplos		
quilômetro	hectômetro	decâmetro	metro	decímetro	centímetro	milímetro
km	hm	dam	m	dm	cm	mm
1000 m	100 m	10 m	1 m	0,1 m	0,01 m	0,001 m

Dos múltiplos do metro, o quilômetro (**km**) é o mais utilizado. Dos submúltiplos, os mais utilizados são o centímetro (**cm**) e o milímetro (**mm**).

Curiosidade

Instrumentos para medir comprimentos

Veja alguns instrumentos que podemos usar para medir comprimentos.

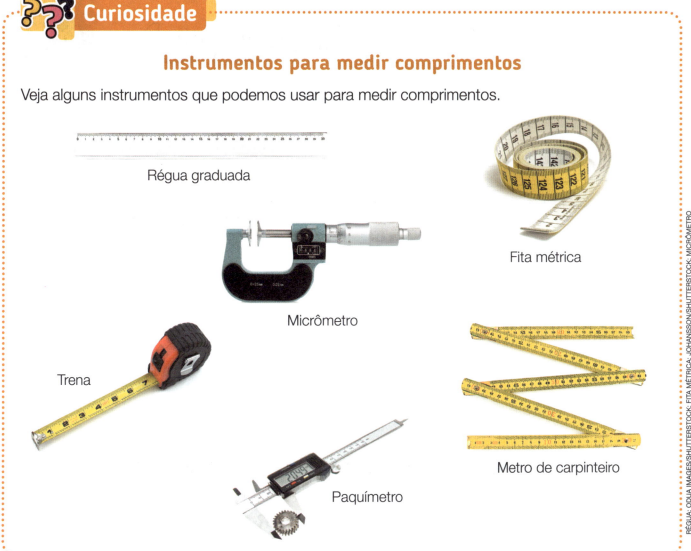

Régua graduada

Fita métrica

Micrômetro

Trena

Paquímetro

Metro de carpinteiro

Praticando

1 Complete as igualdades a seguir.

a) 1 km = _____ m   b) 1 cm = _____ m   c) 1 mm = _____ m

2 Utilizando os símbolos **mm**, **cm**, **m** e **km**, complete com o mais adequado.

a) A espessura de 20 folhas de papel juntas é 2 _____.

b) A distância de minha casa até o colégio é 10 _____.

c) O quadro da nossa sala de aula tem 6 _____ de comprimento.

d) Minha mesa tem 70 _____ de altura.

e) O carro de meu pai tem 5 _____ de comprimento.

3 Com uma régua, meça o comprimento das peças abaixo e escreva as medidas em centímetro e em milímetro.

a)

c)

b)

4 Com o auxílio de uma régua graduada, trace segmentos de reta com as medidas indicadas abaixo.

a) 5 cm

b) 2,5 cm

c) 30 mm

d) 10 mm

5 Observe a figura e responda às perguntas a seguir.

a) Um centímetro corresponde a quantos milímetros? _____ mm.

b) Qual é o comprimento do lápis? _____ cm ou _____ mm.

2 Leitura das medidas de comprimento

Aprendendo

Podemos fazer a leitura das medidas de comprimento com o auxílio do quadro de unidades.

Observe os procedimentos para a leitura da medida **19,258** m.

19,258 metros

1º) Representar o quadro de unidades.

km	hm	dam	m	dm	cm	mm

2º) Colocar o número no quadro de unidades, posicionando o último algarismo da parte inteira na unidade a que se refere.

km	hm	dam	m	dm	cm	mm
		1	9,	2	5	8

Observe que cada algarismo corresponde a uma unidade de comprimento.

3º) Ler a parte inteira acompanhada da unidade de medida do seu último algarismo. Fazer do mesmo modo com a parte decimal.

19,258 ▶ 19 metros e 258 milímetros.

Outros exemplos.

- 3,04 km ▶ três quilômetros e quatro decâmetros
- 0,08 m ▶ oito centímetros
- 20,008 ▶ vinte hectômetros e oito decímetros

Cuidado!

Os símbolos das unidades devem ser escritos somente com **letras minúsculas** e **sem ponto** (.). Não existe plural para os símbolos das unidades. Assim, ao escrevê-las, use sempre o singular. Veja alguns exemplos.
- 16 m
- 400 cm
- 30 km
- 250 mm

Praticando

1 Escreva por extenso as medidas abaixo, preenchendo o quadro de unidades.

a) 5,16 m ▶ _____

km	hm	dam	m	dm	cm	mm

b) 8,352 km ▶ _____

km	hm	dam	m	dm	cm	mm

c) 12,45 hm ▶ _____

km	hm	dam	m	dm	cm	mm

d) 0,7 dm ▶ _____

km	hm	dam	m	dm	cm	mm

e) 5,008 dam ▶ _____

km	hm	dam	m	dm	cm	mm

2 Dê a representação simplificada das medidas a seguir.

> **Exemplo:**
> Dezoito metros e quatro decímetros ▶ 18,4 m

a) Seis quilômetros e onze metros ▶ _____

b) Nove decâmetros e vinte e quatro centímetros ▶ _____

c) Dezessete centímetros e seis milímetros ▶ _____

3 Transformação de unidades de medida de comprimento

Aprendendo

A transformação de unidades de medida de comprimento no sistema métrico decimal baseia-se no seguinte fato:

> Cada unidade de medida de comprimento é a unidade imediatamente inferior multiplicada por 10.

Observe as relações de conversão entre as unidades de medida de comprimento.

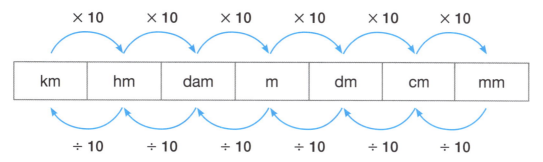

Veja alguns exemplos.

- Transformação de **25,236 hm** em **m**:

km	hm	dam	m	dm	cm	mm

Para transformar hm em m (duas posições à direita), devemos multiplicar por 100 (10 × 10).

$$25{,}236 \text{ hm} \times 100 = 2\,523{,}6 \text{ m}$$

Ou seja: 25,236 hm = 2 523,6 m

- Transformação de **642,7 m** em **dam**:

km	hm	dam	m	dm	cm	mm

Para transformar m em dam (uma posição à esquerda), devemos dividir por 10.

$$642{,}7 \text{ m} \div 10 = 64{,}27 \text{ dam}$$

Ou seja: 642,7 m = 64,27 dam

- Transformação de **0,72 hm** em **dm**:

km	hm	dam	m	dm	cm	mm

Para transformar hm em dm (três posições à direita), devemos multiplicar por 1 000 (10 × 10 × 10).

$$0{,}72 \text{ hm} \times 1\,000 = 720 \text{ dm}$$

Ou seja: 0,72 hm = 720 dm

- Transformação de **4 500 mm** em **m**:

km	hm	dam	m	dm	cm	mm

Para transformar mm em m (três posições à esquerda), devemos dividir por 1 000 (10 × 10 × 10).

$$4\,500 \text{ mm} \div 1\,000 = 4{,}5 \text{ m}$$

Ou seja: 4 500 mm = 4,5 m

Praticando

1 Faça as transformações a seguir e complete o quadro com os resultados obtidos.

a) 6,47 m = _____ dm

b) 18,9 dm = _____ mm

c) 56 m = _____ cm

d) 72,4 cm = _____ mm

e) 1,369 hm = _____ m

f) 0,09 km = _____ m

g) 3,92 dam = _____ dm

km	hm	dam	m	dm	cm	mm

2 Faça as transformações a seguir e complete o quadro com os resultados obtidos.

a) 19,6 cm = _____ dm

b) 576 mm = _____ m

c) 70,5 dam = _____ hm

d) 600 m = _____ km

e) 56,8 cm = _____ dam

f) 6 mm = _____ cm

g) 1 200 mm = _____ m

km	hm	dam	m	dm	cm	mm

3 Expresse as medidas a seguir em metro.

a) $\frac{1}{2}$ km = _____ m

b) $\frac{1}{5}$ cm = _____ m

4 Indique, em metro, o resultado das expressões abaixo.

a) 4,5 km + 750 cm = _____

b) 0,7 dam + $\frac{3}{10}$ hm = _____

5 Júlio participou de uma prova ciclística de 30 km. Pedalou 6 500 m na primeira etapa, 15,6 km na segunda e o restante do percurso na terceira etapa. Quantos quilômetros Júlio percorreu na última etapa da prova?

Júlio percorreu _____ km na última etapa da prova.

6 Observe as medidas da envergadura (distância entre as asas) e do comprimento do avião e determine a diferença, em milímetro, dessas medidas.

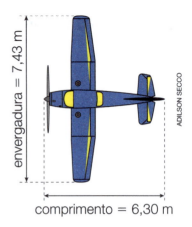

A diferença é de _____ milímetros.

7 A cada volta completa dada no circuito automobilístico de Melbourne, na Austrália, um piloto percorre 5 300 m. Em uma prova de 58 voltas, qual é a distância, em quilômetro, que o piloto percorrerá?

Vista aérea do circuito automobilístico de Melbourne, Austrália.

O piloto percorrerá _____ km de distância nessa prova.

8 No depósito de uma usina de reciclagem de papel, existe uma pilha de caixas contendo folhas de papel de 0,1 milímetro de espessura. Essa pilha forma uma torre vertical de 1 metro de altura. Quantas folhas foram utilizadas nesse empilhamento?

Foram utilizadas _____ folhas nesse empilhamento.

4 Perímetro

Aprendendo

Veja como Joaquim fez para saber quantos metros de moldura de gesso são necessários para contornar o teto de uma sala retangular.

Vou adicionar o comprimento de cada uma das quatro paredes da sala.
4 m + 3 m + 4 m + 3 m = 14 m

Perímetro é a medida do comprimento do contorno de uma figura.

Observe alguns exemplos.

- Cálculo do perímetro do retângulo a seguir.

Comprimento: 40 m

Largura: 20 m

Perímetro: 40 m + 40 m + 20 m + 20 m = 120 m

ou

2 × 40 m + 2 × 20 m = 80 m + 40 m = 120 m

- Cálculo do perímetro do quadrado a seguir.

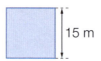

Lado: 15 m

Perímetro: 15 m + 15 m + 15 m + 15 m = 60 m

ou

4 × 15 m = 60 m

- Cálculo do perímetro do triângulo a seguir.

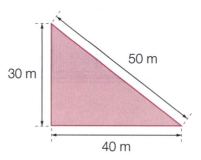

Lados: 50 m, 40 m e 30 m

Perímetro: 50 m + 40 m + 30 m = 120 m

Praticando

1 Calcule o perímetro de cada polígono a seguir.

a)

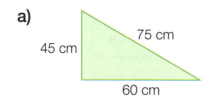

_____ cm

c)

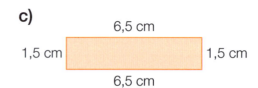

_____ cm

b)

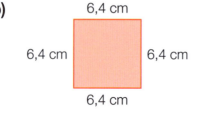

_____ cm

d)

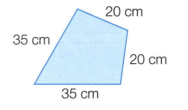

_____ cm

2 Qual é o perímetro de um terreno cujos lados medem 27 m, 30 m, 35 m e 40 m?

O perímetro do terreno é _____ m.

3 Qual é o perímetro de um triângulo equilátero de lado igual a 165 cm?

Esse triângulo equilátero tem _____ cm de perímetro.

4 O perímetro de um quadrado é 4 dam. Quanto cada lado do quadrado mede em metro?

Cada lado do quadrado mede _____ m.

5 Quantos metros de arame são necessários para cercar, com 5 voltas, um terreno retangular de 33 m de comprimento e 40 m de largura?

São necessários _____ m de arame.

6 Observe as dimensões do campo de futebol e da quadra de basquete. Depois, determine seus perímetros.

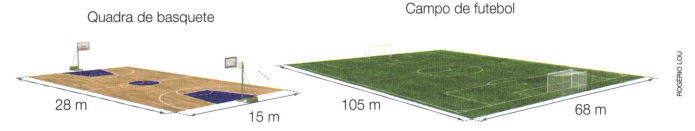

O perímetro do campo de futebol é _____ metros e o perímetro da quadra de basquete é _____ metros.

Lendo e descobrindo

Atletismo

O atletismo conta a história esportiva do homem no planeta. É chamado de esporte-base, porque sua prática explora movimentos naturais do ser humano: correr, saltar, lançar. Não por acaso, a primeira competição esportiva de que se tem notícia foi uma corrida, nos Jogos de 776 a.C., na cidade de Olímpia, na Grécia, que deram origem às Olimpíadas. A prova, chamada pelos gregos de *stadium*, tinha cerca de 200 metros, e o vencedor, Coroebus, é considerado o primeiro campeão olímpico da história.

Estádio Olímpico (Engenhão), Rio de Janeiro, 2016.

Na moderna definição, o atletismo é um esporte com provas de pista (corridas), de campo (saltos e lançamentos), provas combinadas, como decatlo e heptatlo (que reúnem provas de pista e de campo), o pedestrianismo (corridas de rua, como a maratona), corridas em campo (*cross country*), corridas em montanha e marcha atlética.

A Confederação Brasileira de Atletismo (CBAt) é responsável pelo esporte no país e, no mundo, a direção é da IAAF (sigla em inglês da Associação Internacional das Federações de Atletismo).

Dados obtidos em: <http://www.cbat.org.br/acbat/historico.asp>. Acesso em: 5 jul. 2019.

Responda às questões.

1. Qual foi a primeira competição esportiva de que se tem notícia? Onde e quando ela aconteceu?

2. Cerca de quantos metros tinha a prova *stadium* e quem foi o vencedor?

3. Você já praticou ou pratica atletismo? Conte aos colegas suas experiências.

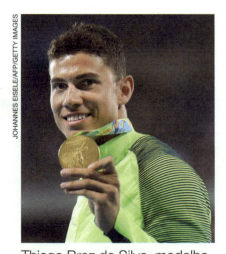

Thiago Braz da Silva, medalha de ouro no salto com vara na XXXI Olimpíada – Rio de Janeiro, 2016.

Veja as categorias e as provas oficiais do atletismo masculino no quadro abaixo.

Provas	Provas oficiais					
	Categorias					
	Adulto	Sub-23	Juvenil	Menores	Mirins	Pré-Mirim
Corridas rasas	100 m 200 m 400 m 800 m 1 500 m 5 000 m 10 000 m	100 m 200 m 400 m 800 m 1 500 m 5 000 m 10 000 m	100 m 200 m 400 m 800 m 1 500 m 5 000 m 10 000 m	100 m 200 m 400 m 800 m 1 500 m 3 000 m	75 m 250 m 1 000 m	60 m 150 m 800 m
Corrida com barreiras	110 m 400 m	110 m 400 m	110 m 400 m	110 m 400 m	100 m 300 m	60 m
Corrida com obstáculos	3 000 m	3 000 m	3 000 m	2 000 m	1 000 m	Não há
Marcha atlética	20 000 m 50 000 m	20 000 m	10 000 m	10 000 m	5 000 m	2 000 m
Revezamentos	4 × 100 m 4 × 400 m	4 × 100 m 4 × 400 m	4 × 100 m 4 × 400 m	Medley (100-200-300--400)	4 × 75 m	4 × 60 m
Saltos	Distância Altura Triplo Vara	Distância Altura Triplo Vara	Distância Altura Triplo Vara	Distância Altura Triplo Vara	Distância Altura Triplo Vara	Distância Altura Vara*
Arremesso e lançamento	Peso (7,26 kg) Disco (2 kg) Dardo (800 g) Martelo (7,26 kg)	Peso (7,26 kg) Disco (2 kg) Dardo (800 g) Martelo (7,26 kg)	Peso (6 kg) Disco (1,75 kg) Dardo (800 g) Martelo (6 kg)	Peso (5 kg) Disco (1,5 kg) Dardo (700 g) Martelo (5 kg)	Peso (4 kg) Disco (1 kg) Dardo (600 g) Martelo (4 kg)	Peso (3 kg) Disco (750 g) Dardo (500 g) Martelo (3 kg)**
Combinada	Decatlo	Decatlo	Decatlo	Octatlo	Pentatlo	Tetratlo

Dados obtidos em: <http://www.cbat.org.br/provas/provas_oficiais.asp>. Acesso em: 5 jul. 2019.
* A vara deve ter comprimento de 2,80 m a 3,40 m.
** Cabo com comprimento de 90 cm.

4. Observe o quadro e responda às questões.

a) Considerando as provas de corridas rasas, quantos tipos diferentes de provas há na categoria Juvenil?

_____

b) Nas corridas rasas, quais categorias apresentam menos tipos de prova?

_____

c) Na marcha atlética, qual é a diferença, em quilômetro, entre a categoria Sub-23 e a categoria Menores?

_____

d) Nos revezamentos 4 × 400 m, cada equipe é formada por quatro atletas que correm 400 m cada. Que distância percorrem, no total, os atletas de cada equipe?

5 Medidas de tempo

Aprendendo

Ano, mês, semana e dia

1. Observando o céu, o ser humano fez descobertas muito importantes. Uma dessas descobertas é a de que a Terra leva, aproximadamente, 365 dias e seis horas para dar uma volta completa ao redor do Sol, em um movimento chamado de translação.

Um ano é dividido em doze meses.

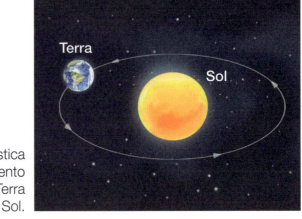

Representação artística sem escala do movimento de translação da Terra em torno do Sol.

Quando o ano tem 365 dias, o mês de fevereiro tem 28 dias. E, quando o ano tem 366 dias, é chamado de bissexto, e o mês de fevereiro tem 29 dias. Os demais meses sempre têm 30 ou 31 dias.

Também utilizamos como medida de tempo a semana, que corresponde a 7 dias.

Dia, hora, minuto e segundo

1. Para dar uma volta completa em torno de seu eixo, em um movimento denominado rotação, a Terra leva, aproximadamente, 24 horas, que correspondem a 1 dia.

1 dia corresponde a 24 horas.

Representação artística sem escala do movimento de translação da Terra em torno do Sol.

Cada hora tem 60 minutos, e cada minuto tem 60 segundos.

O segundo (**s**) é a unidade padrão para medidas de tempo.

Relógio com ponteiro de segundos.

Múltiplos do segundo

Veja no quadro os múltiplos do segundo.

Quadro de unidades			
Unidade padrão	Múltiplos		
segundo	minuto	hora	dia
s	min	h	d
1 s	60 s	60 min = 3 600 s	24 h = 1 440 min = 86 400 s

O segundo é o tempo equivalente a $\frac{1}{86\,400}$ do dia, ou seja, $\frac{1}{86\,400}$ de 24 horas.

Veja alguns exemplos de como lemos as medidas de tempo.

- 6 h 20 min 10 s correspondem a 6 horas, 20 minutos e 10 segundos.
- 15 h 40 s correspondem a 15 horas e 40 segundos.

Atenção!

As medidas de tempo não pertencem ao sistema métrico decimal.

Portanto, nunca escreva 2,40 h como forma de representar 2 h 40 min, pois o sistema de medida de tempo não é decimal.

cento e setenta e cinco

Outras medidas de tempo

1. Além das medidas estudadas nas páginas anteriores, temos outras. Veja.

Mês (comercial)	30 dias
Ano (comercial)	360 dias
Ano civil	365 dias
Semana	7 dias
Quinzena	15 dias
Bimestre	2 meses
Trimestre	3 meses

Quadrimestre	4 meses
Semestre	6 meses
Biênio	2 anos
Lustro ou quinquênio	5 anos
Década ou decênio	10 anos
Século	100 anos
Milênio	1 000 anos

Curiosidade

Ano bissexto

Para que possamos entender os cálculos de ano bissexto, consideramos que o ano tenha 365 dias e 6 horas. Durante quatro anos, essas seis horas, que não foram consideradas, são adicionadas e resultam em um dia a mais (o mês de fevereiro, com 29 dias). Por isso, de quatro em quatro anos ocorre o ano bissexto, como já vimos, com 366 dias. Para verificar se um ano é bissexto, usamos as regrinhas abaixo.

- Se o ano não termina em dois zeros, dividimos por 4. Se o resto for zero, o ano é bissexto.

```
  2 0 1 6 | 4              2 0 1 0 | 4
 - 2 0    | 5 0 4         - 2 0    | 5 0 2
   0 1 6                    0 1 0
 -   1 6                  -     8
         0                       2  → O ano 2010
         ↳ O ano 2016                 não é bissexto.
           é bissexto.
```

Como saber se um **ano é bissexto?**

- Se o ano termina em dois zeros, dividimos por 400. Se o resto for zero, o ano é bissexto.

```
  1 8 0 0 | 4 0 0          2 0 0 0 | 4 0 0
 - 1 6 0 0 | 4            - 2 0 0 0 | 5
     2 0 0                    0 0 0
         ↳ O ano 1800                ↳ O ano 2000
           não é bissexto.             é bissexto.
```

Século

🔹 Essa medida de tempo corresponde a 100 anos.

"Como posso saber a que século pertence um determinado ano?"

"Basta dividir por 100. Se a divisão for exata, o quociente corresponde ao século. Se a divisão for aproximada, adiciona-se 1 ao quociente para determinar o século."

Observe os exemplos.

- 2000 | 100
  −200   20
  ‾‾‾‾
    00

  O ano 2000 pertence ao século XX.

- 1780 | 100
  −100   17
  ‾‾‾‾
   780
  −700
  ‾‾‾‾
    80

  17 + 1 = 18

  O ano 1780 pertence ao século XVIII.

 **Curiosidade**

Como surgiram os meses?

O **ano** é dividido em **12 meses**. Os nomes dos meses que hoje conhecemos e utilizamos foram dados pelos romanos, na época do imperador Júlio César.

Eles deram os nomes de seus deuses a alguns meses: **janeiro**, em homenagem ao deus Jano; **março** para o deus Marte; **abril**, dedicado a Afrodite; **maio**, dedicado a Maia (mãe de Mercúrio); **junho** para a deusa Juno; **julho** e **agosto** foram para homenagear os imperadores Júlio César e Augusto. **Setembro**, **outubro**, **novembro** e **dezembro** vêm do latim *septem*, *octo*, *novem* e *decem* e significam sete, oito, nove e dez, respectivamente.

O mês de **fevereiro** recebeu esse nome porque, nesse período do ano, os romanos se dedicavam às *fébruas*, um período religioso.

Dados obtidos em: <https://super.abril.com.br/mundo-estranho/qual-e-a-origem-dos-nomes-dos-meses/>. Acesso em: 12 jul. 2019.

Praticando

1 Responda.

a) Quantas horas há em 5 dias? _____ horas.

b) Quantos minutos há em 10 horas? _____ minutos.

c) Quantos minutos há em 1 dia? _____ minutos.

d) Quantos segundos há em 1 dia? _____ segundos.

2 Complete.

a) 4 semanas = _____ dias

b) 3 quinzenas = _____ dias

c) 1 ano e meio = _____ meses

d) 3 milênios = _____ meses

3 Responda às perguntas a seguir.

a) A que século pertence o ano 1650? _____

b) Qual será o último ano do século XXI? _____

4 Escreva quantos minutos há em:

a) meia hora. _____ minutos.

b) um quarto de hora. _____ minutos.

c) dois terços de hora. _____ minutos.

5 Cerque com uma linha o nome do aluno que passou mais tempo estudando.

- Ronaldo estudou 3 horas.
- Cláudio estudou 200 minutos.
- Roberto estudou $3\frac{1}{4}$ horas.

6 Nos quatro anos consecutivos 2017, 2018, 2019 e 2020, há algum ano que seja bissexto?

_____

7 Quantos segundos há em três quartos de hora?

Há _____ segundos.

8 Uma lavadora de alta pressão tem vazão de 660 litros por hora. Quantos litros serão lançados em:

a) $\frac{1}{2}$ hora? _____

b) 10 minutos? _____

c) $\frac{3}{4}$ de hora? _____

d) $1\frac{1}{2}$ hora? _____

9 Quais são os 5 primeiros anos bissextos do século XXI?

_____

Resolvendo problemas

Roberto trabalha em uma emissora de televisão e é responsável por organizar os intervalos dos programas. Ele precisa selecionar anúncios que, juntos, tenham a duração de 3 minutos. Veja nos quadros abaixo as opções de anúncios que Roberto pode usar. Depois, faça o que se pede.

Anunciante	Tempo no ar
Sabão em pó Limpe	50 segundos
Sandália infantil Joia	35 segundos
Refrigerante Boa Fruta	30 segundos
Brinquedos Bacana	35 segundos

Anunciante	Tempo no ar
Lojas Orquídeas	35 segundos
Papelaria Cadernos e Cia.	45 segundos
Perfumaria Cheirosa	25 segundos
Supermercado Balanço	45 segundos

- Escreva uma maneira de como ele pode selecionar os anúncios para usar no intervalo inteiro de 3 minutos.

6 Medida de temperatura

Aprendendo

Gabriela trabalha em um supermercado. Em uma inspeção, ela verificou que uma das geladeiras não estava resfriando os alimentos na temperatura correta.

> Pelas normas do supermercado, a temperatura desta geladeira deve ser 6,5 °C.

Para a geladeira resfriar na temperatura correta, Gabriela reduziu a temperatura dela em 2,8 °C.

> A unidade de medida que registra a temperatura é grau Celsius. Seu símbolo é **°C**.

Praticando

Bruno estava assistindo à previsão do tempo com sua mãe. Observe o mapa e responda à questão de Bruno. _____

> A temperatura desta sala está quantos graus Celsius abaixo da maior temperatura que aparece neste mapa?

180 cento e oitenta

Praticando mais

1 Com o auxílio de uma régua graduada, trace segmentos de reta com as seguintes medidas:

a) 5 cm   b) 20 mm   c) 30 mm

2 Para ir pescar, Jair percorre 8 quilômetros de carro, 700 metros a pé e 2 quilômetros e meio de barco. Quantos metros no total são percorridos por Jair para ir à pescaria e voltar dela pelo mesmo percurso?

Jair percorre _____ metros.

3 Observe a tira preta, com 1 cm de comprimento, e estime o comprimento das outras tiras.

1 cm

 • Agora, meça com uma régua o comprimento de cada tira e comprove se sua estimativa está correta. Construa uma tabela e complete-a com os valores estimados e com os valores reais.

4 Calcule o perímetro das figuras.

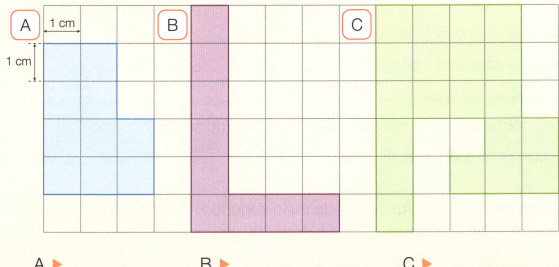

A ▶ _____   B ▶ _____   C ▶ _____

cento e oitenta e um **181**

5 Observe os cômodos representados na planta abaixo e responda às questões.

- Quantos metros de moldura de gesso serão necessários para contornar:

    a) o teto da cozinha? _____

    b) o teto da sala? _____

    c) o teto do banheiro? _____

    d) o teto de cada quarto? _____

6 Observe as linhas do tempo.

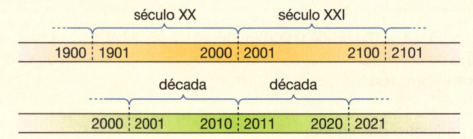

- Agora, responda.

    a) Quantos anos tem 1 século? _____

    b) Quantos anos tem 1 década? _____

    c) Em qual século você nasceu? _____

    d) Você conhece alguém que não nasceu no mesmo século que você?

    Se conhece, quem é essa pessoa? _____

7 Uma fábrica produz 5 parafusos a cada meio segundo. Quanto tempo será necessário, nessas condições, para produzir 300 000 parafusos?

Serão necessários _____ segundos ou _____ minutos.

8 Um *show* começou às 9 h 35 min e terminou às 11 h 15 min. Qual foi a duração desse *show*? _____

9 Transforme em segundo cada medida de tempo.

a) Três quintos de hora.

b) Vinte minutos.

c) Quatro horas.

10 Em um estádio de futebol, 60 000 torcedores assistem a um jogo. Através de cada uma das 8 saídas disponíveis podem passar 1 000 pessoas por minuto. Qual é o tempo mínimo necessário para esvaziar o estádio após esse jogo?

_____

11 Dois alunos do curso de Química estão fazendo um experimento em que têm de esquentar um líquido por 15 minutos antes de misturá-lo a outro líquido. O professor disse a eles que a temperatura certa para aquecer o líquido é de 93,2 °C. O que os alunos devem fazer para que o experimento não dê errado?

_____

Desafios

1. A folha pautada de um caderno tem 18 linhas, sendo 10 mm a distância entre duas linhas consecutivas. As margens superior e inferior medem, respectivamente, 25 mm e 18 mm. Qual é o comprimento dessa folha em milímetro?

2. Em uma partida de futebol, foram marcados dois gols no primeiro tempo: o primeiro aos 4 minutos e 17 segundos, e o segundo aos 32 minutos e 25 segundos. Quanto tempo passou entre o primeiro gol e o segundo?

UNIDADE 7

Mais geometria

Trocando ideias

1. Nos quadros da cena, quais são as figuras geométricas que não representam polígonos?
2. Como podemos classificar as retas representadas na obra de arte que está sendo feita pela dupla?

1 A reta

Aprendendo

Observe a representação de uma reta.

A reta não tem espessura nem limites (tanto para a direita como para a esquerda).

As setas em suas extremidades indicam que a reta se prolonga indefinidamente nos dois sentidos.

A reta acima pode ser indicada por um dos modos apresentados abaixo.

$\overleftrightarrow{MN}$ ou $\overleftrightarrow{NM}$ ou, ainda, reta s

-  (lemos: reta $\overleftrightarrow{MN}$)
-  (lemos: reta $\overleftrightarrow{NM}$)

Observações

1. Dois pontos, A e B, distintos determinam uma reta.

2. Uma reta que passa por dois pontos, A e B, pode ser representada por $\overleftrightarrow{AB}$ ou $\overleftrightarrow{BA}$.

Há três posições diferentes para se representar uma reta.
Observe essas posições representadas pelas retas r, s e t.

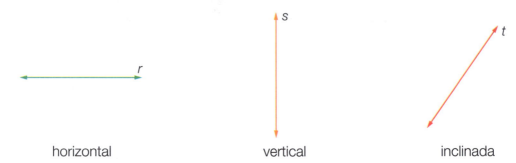

horizontal   vertical   inclinada

Praticando

1 Trace uma reta que passe pelos pontos A e B. Depois, escreva sua representação.

•A   •B

_____

2 Observe as retas e os pontos e responda às perguntas a seguir.

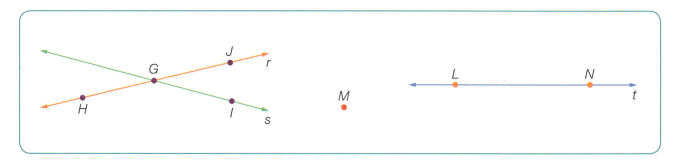

a) Quais dos pontos indicados pertencem à reta r? _____

b) Quais dos pontos indicados pertencem à reta t? _____

c) Que ponto pertence tanto à reta r como à reta s? _____

d) Que ponto não pertence às retas r, s e t? _____

3 No espaço abaixo, faça um ponto P. Trace várias retas passando por esse ponto.

• Agora, responda: por esse ponto podem ser traçadas quantas retas?
_____

2 Retas concorrentes e retas paralelas

🎓 Aprendendo

1 Na confecção onde Marcelo trabalha há camisetas com várias estampas.

As listras verdes dessa camiseta dão ideia de **retas concorrentes**.

As listras vermelhas dessa camiseta dão ideia de **retas paralelas**.

Observe as retas r, s, m e n abaixo.

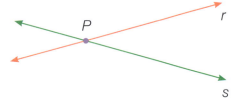
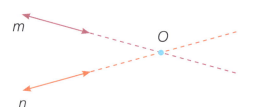

Os pontos P e O são chamados de ponto de intersecção entre as retas.

As retas r e s se cruzam no ponto P.
As retas m e n se cruzam no ponto O.
Essas retas são chamadas de **concorrentes**.

> **Retas concorrentes** são as que se cruzam em um ponto, ou seja, têm um ponto comum.

Observe, agora, as retas g e h representadas ao lado.

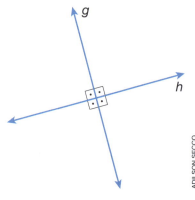

> **Retas perpendiculares** são retas concorrentes que, quando se cruzam, formam quatro ângulos retos.

Agora, observe as retas t e u.

t

u

"As retas t e u não têm pontos comuns."

Retas paralelas são aquelas que **não** têm pontos comuns.

As retas t e u são paralelas e podem ser representadas do seguinte modo:
t // u (lemos: reta t paralela à reta u).

Praticando

1 Classifique cada par de retas em paralelas ou concorrentes.

a)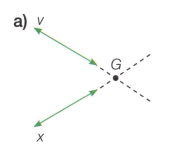

b)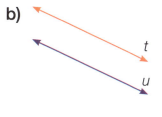

c)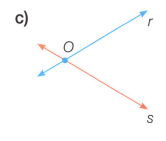

_____ _____ _____

2 Usando uma régua, trace linhas para representar duas retas que são concorrentes e não são perpendiculares.

cento e oitenta e nove **189**

3 A professora de Laís pediu a ela que desenhasse duas retas paralelas no quadro.
Observe o desenho que ela fez.

- Agora, reúna-se com um colega e analisem se Laís está certa. Justifique sua resposta.

4 Observe o mapa abaixo e registre o que se pede.

a) Duas ruas que dão ideia de retas paralelas.

_____

_____

b) Duas ruas que dão ideia de retas perpendiculares.

_____

_____

c) Duas ruas que dão ideia de retas concorrentes.

_____

5 Júlio traçou três retas: r, s e t. Elas compõem três dos lados do quadrilátero apresentado abaixo. Observe.

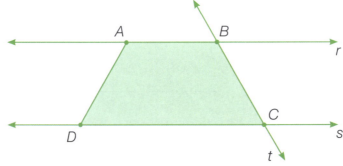

- Agora, responda.

a) Como podemos indicar as retas r, s e t, utilizando os pontos A, B, C e D?

_____

b) Quais são as retas paralelas? _____

c) Quais são os pares de retas concorrentes? _____

3 Semirreta

Aprendendo

1 Observe a reta $\overleftrightarrow{MN}$ e os pontos marcados nela.

Note que, no ponto O, a reta pode ser dividida em duas partes. Cada parte é chamada de **semirreta** de origem O. Veja a representação.

Indicamos essas semirretas assim:
$\overrightarrow{OM}$ (lemos: semirreta $\overrightarrow{OM}$)
$\overrightarrow{ON}$ (lemos: semirreta $\overrightarrow{ON}$)

> $\overrightarrow{OM}$ é a semirreta de origem O, que passa pelo ponto M.
> $\overrightarrow{ON}$ é a semirreta de origem O, que passa pelo ponto N.

Semirreta é uma parte da reta que tem uma origem, mas não tem fim.

Praticando

1 Observe a figura e responda às questões.

a) Quantas semirretas há na figura?

_____

b) Qual é a origem dessas semirretas?

_____

c) Utilizando uma régua, responda: há duas semirretas na figura que, juntas, formam uma reta?

_____

2. Trace uma reta *r* e divida-a em duas semirretas. Depois, represente-as com símbolos.

3. Dois carros partiram de um mesmo local e andaram em sentidos opostos em linha reta.

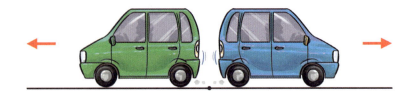

a) O caminho do carro azul lembra uma semirreta? Se lembrar, desenhe essa semirreta. _____

b) E o do carro verde, lembra uma semirreta? Se lembrar, desenhe essa semirreta também. _____

4 Segmento de reta

Aprendendo

 Douglas e Edson apostaram uma corrida para ver quem chegaria primeiro ao ponto *B*, partindo do ponto *A*.

Edson fez o caminho mais curto.

> O menor caminho de um ponto a outro é chamado de **segmento de reta**.

Podemos representar um segmento de reta assim:

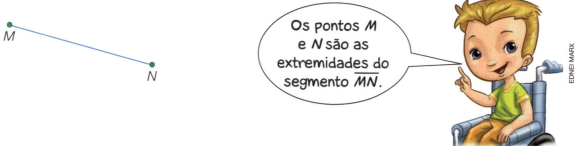

Os pontos M e N são as extremidades do segmento $\overline{MN}$.

Indicamos: $\overline{MN}$ ou $\overline{NM}$ (lemos: segmento $\overline{MN}$ ou segmento $\overline{NM}$).

Praticando

1 Quais figuras abaixo representam um segmento de reta?

Figura 1　　Figura 2　　Figura 3　　Figura 4

___

2 Com o auxílio de uma régua, trace os segmentos $\overline{AB}$, $\overline{CD}$ e $\overline{EF}$.

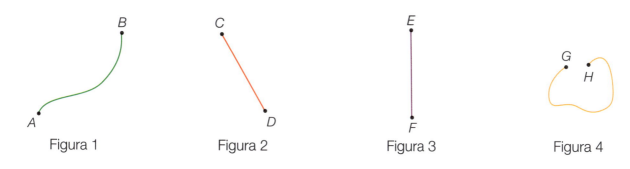

3 Indique quantos e quais são os segmentos de reta que estão traçados nas figuras a seguir.

a)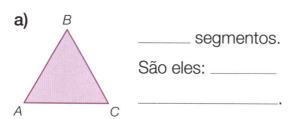

_____ segmentos.

São eles: _____

_____.

b)

_____ segmentos.

São eles: _____

_____.

cento e noventa e três

4 Observe a reta s e marque com um **X** as afirmativas verdadeiras.

☐ $\overleftrightarrow{AB}$ é uma semirreta.

☐ $\overrightarrow{CD}$ é uma semirreta.

☐ $\overline{AC}$ é um segmento de reta.

☐ $\overrightarrow{BD}$ é uma reta.

☐ A semirreta $\overrightarrow{CB}$ é infinita nos dois sentidos.

🎓 Aprendendo

Medida de um segmento de reta

1 Observe os segmentos de reta a seguir.

Com o auxílio de um **compasso**, podemos verificar que o segmento $\overline{CD}$ "cabe" quatro vezes em $\overline{AB}$.

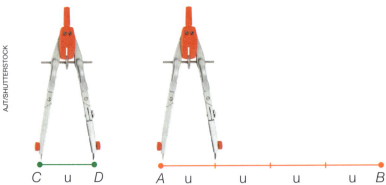

Considerando a medida do segmento $\overline{CD}$ uma unidade, vemos que a medida do segmento $\overline{AB}$ é igual a quatro unidades. Assim, podemos indicar:

- m ($\overline{AB}$) (lemos: medida do segmento $\overline{AB}$)
- 4 × m ($\overline{CD}$) (lemos: quatro vezes a medida do segmento $\overline{CD}$)

    m ($\overline{AB}$) = 4 × m ($\overline{CD}$)

    m ($\overline{AB}$) = 4 × u

> Medir um segmento de reta significa compará-lo com outro, utilizado como unidade de medida.

Segmentos de reta congruentes

1 Observe os segmentos de reta $\overline{AB}$ e $\overline{CD}$.

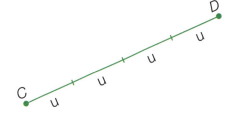

$$m(\overline{AB}) = 4\ u$$

A medida do segmento $\overline{AB}$ é 4 unidades.

$$m(\overline{CD}) = 4\ u$$

A medida do segmento $\overline{CD}$ é 4 unidades.

Os segmentos $\overline{AB}$ e $\overline{CD}$ têm a **mesma medida**; nesse caso, dizemos que eles são **congruentes**. Indicamos assim:

$$\overline{AB} \cong \overline{CD}$$

$\overline{AB} \cong \overline{CD}$ (lemos: o segmento $\overline{AB}$ é congruente ao segmento $\overline{CD}$). Desse modo, temos:

> Quando dois segmentos têm a mesma medida, são chamados de **congruentes**.

Observações

1. A **régua numerada** é o instrumento mais utilizado em medições, sendo o **centímetro (cm)** e o **milímetro (mm)** as unidades de uso mais comuns.

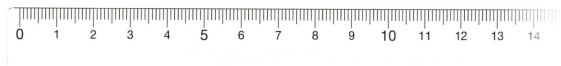

2. Denomina-se **ponto médio** de um segmento $\overline{AB}$ um ponto M de $\overline{AB}$ tal que $\overline{AM} \cong \overline{MB}$.

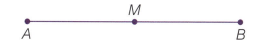

Praticando

1 Considere ⊢u⊣ a unidade de medida e complete corretamente os espaços a seguir.

a) A medida do segmento $\overline{AB}$ é _____ u.

b) A medida do segmento $\overline{BC}$ é _____ u.

c) A medida do segmento $\overline{CD}$ é _____ u.

d) A medida do segmento $\overline{AC}$ é _____ u.

e) A medida do segmento $\overline{AD}$ é _____ u.

2 Observe os segmentos que estão apresentados no quadro ao lado e, conforme o exemplo abaixo, complete os espaços a seguir.

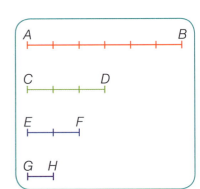

Exemplo:

O segmento $\overline{GH}$ cabe 6 vezes no segmento $\overline{AB}$; logo, a medida de $\overline{AB}$ é 6 × m($\overline{GH}$).

a) O segmento $\overline{EF}$ cabe _____ vezes no segmento $\overline{AB}$;

logo, a medida de $\overline{AB}$ é _____ m($\overline{EF}$)

b) O segmento $\overline{CD}$ cabe _____ vezes no segmento $\overline{AB}$;

logo, a medida de $\overline{AB}$ é _____ m($\overline{CD}$).

3 Quando dois segmentos são chamados de congruentes?

_____

4 Determine os dois segmentos congruentes da figura ao lado.

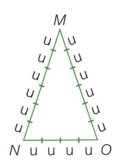

Os dois segmentos congruentes são _____ e _____.

5 Giros

🎓 Aprendendo

Rita está provando uma fantasia de fada.

1º) Diante do espelho, ela deu um giro de uma volta para ver toda a fantasia.

2º) Para sua mãe marcar a barra da parte da frente da fantasia, Rita deu um giro de um quarto de volta.

3º) Depois, para marcar a barra da parte de trás, Rita deu um giro de meia-volta.

Acompanhe os quadrinhos.

1º) Um giro de uma volta.	**2º)** Depois, um giro de um quarto de volta.	**3º)** Por fim, um giro de meia-volta.

Veja como podemos descrever os movimentos de Rita.

1º) Giro de 1 volta.   **2º)** Giro de $\frac{1}{4}$ de volta.   **3º)** Giro de $\frac{1}{2}$ volta.

- Qual foi o maior giro que Rita deu? E o menor?

✏️ Praticando

Observe as manobras que Vítor fez com seu skate e descreva-as para um colega, utilizando a palavra giro.

a)   b)   c)

cento e noventa e sete **197**

6 Ângulos

🎓 Aprendendo

▸ Podemos identificar ângulos em diversas situações. Veja como destacamos os ângulos utilizando semirretas.

 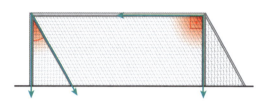 

Representação de ângulos

▸ O **vértice** de um ângulo é o ponto de encontro de duas semirretas.

Os **lados** de um ângulo são duas semirretas que partem do vértice desse ângulo.

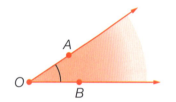

Ângulo: AÔB

O: vértice do ângulo

$\vec{OA}$ e $\vec{OB}$: lados do ângulo

> **Ângulo** é a região do plano limitada por duas semirretas que têm a mesma origem.

Ângulo reto, ângulo agudo e ângulo obtuso

▸ Podemos identificar o **ângulo reto** em vários objetos ao nosso redor.

Na mesa   No caderno   Nas portas e janelas

 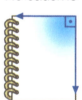 

Para marcarmos o ângulo reto, costumamos colocar o símbolo ⌐ entre seus lados. Agora, veja como são um **ângulo agudo** e um ângulo **obtuso**.

Ângulo agudo

 A abertura do ângulo agudo é **menor** que a do ângulo reto.

Ângulo obtuso

 A abertura do ângulo obtuso é **maior** que a do ângulo reto.

Medindo ângulos

Para medir um ângulo, é necessário determinar a medida de sua abertura. Para isso, podemos utilizar um **transferidor**, que é um instrumento que mede os ângulos em **grau** (°).

O transferidor da ilustração é dividido em 180 partes iguais, e cada parte corresponde a um grau (indicamos 1°).

Para medir um ângulo com o transferidor, devemos proceder assim:

- colocamos o centro do transferidor (O) no vértice do ângulo;
- fazemos coincidir a linha horizontal que passa pelo centro e pela indicação de zero grau com um dos lados do ângulo;
- medimos a graduação correspondente ao outro lado do ângulo, iniciando a contagem a partir do zero (0°).

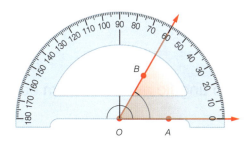

Medida de $A\hat{O}B = 60°$

Indicamos: $m(A\hat{O}B) = 60°$

(lemos: a medida do ângulo AOB é 60 graus)

Medindo ângulos
Nesta animação, você verá informações sobre ângulos e sobre o instrumento transferidor.

Os giros também podem ser associados a ângulos.

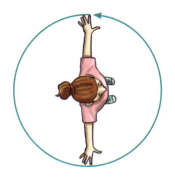

O giro de uma volta completa é associado ao ângulo de 360°.

Observe as figuras e os ângulos correspondentes a cada uma delas.

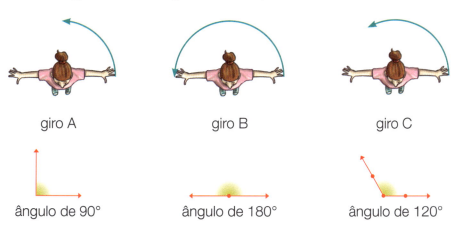

giro A — ângulo de 90°

giro B — ângulo de 180°

giro C — ângulo de 120°

Medindo ângulos
Nesta atividade, você terá de identificar e medir alguns ângulos com o auxílio do transferidor.

Praticando

1 Dê a indicação dos ângulos a seguir.

a)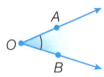

b)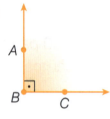

c)

_____   _____   _____

2 Observe a figura ao lado e escreva o que se pede.

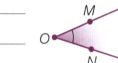

a) A indicação do ângulo ▶ _____

b) O vértice do ângulo ▶ _____

c) As semirretas que formam o ângulo ▶ _____

3 Com o auxílio de um transferidor, indique a medida do ângulo assinalado em cada uma das figuras a seguir.

Exemplo: 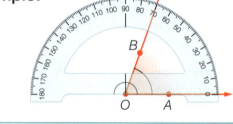 m (AÔB) = 70°

a)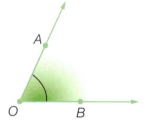

c)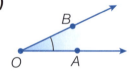

_____   _____

b)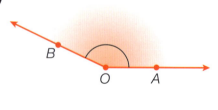

d)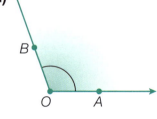

_____   _____

200 duzentos

4 Observe os ângulos representados. Em seguida, determine a medida dos ângulos e classifique-os em agudo, obtuso ou reto.

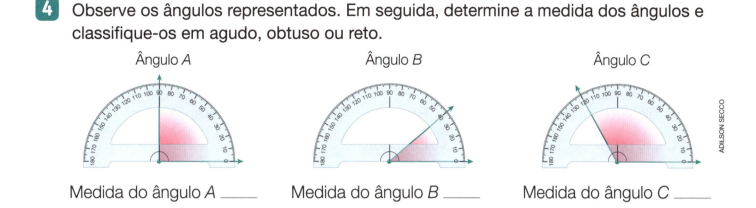

Medida do ângulo A _____   Medida do ângulo B _____   Medida do ângulo C _____

Classificação: _____   Classificação: _____   Classificação: _____

5 Veja os quatro ângulos retos assinalados na superfície da mesa de pingue-pongue. Assinale os cantos retos que podem ser observados no monitor e no encontro das paredes com o piso de uma sala.

6 Até nas réguas e nos esquadros podemos observar ângulos retos. Veja.

- Agora, com o auxílio de um desses instrumentos, trace ângulos retos em diferentes posições nos espaços a seguir.

Agindo e construindo

Construindo retas paralelas e retas perpendiculares

Material

- ✓ 2 folhas de papel sulfite
- ✓ Lápis preto
- ✓ Régua
- ✓ Esquadro
- ✓ Transferidor

Tarefa 1

1. Em uma das folhas de papel sulfite, trace uma reta em um dos lados do esquadro. Depois, sem mover o esquadro, posicione a régua no outro lado.

2. Segure a régua e deslize o esquadro para baixo ou para cima, mantendo-o encostado na régua.

3. Trace uma nova reta com o esquadro e obtenha uma reta paralela à outra.

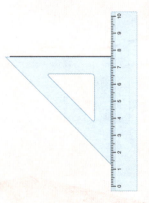
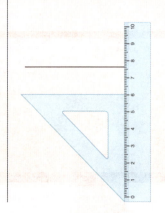
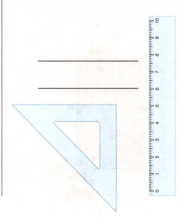

Tarefa 2

1. Na outra folha de papel sulfite, use a régua para traçar uma reta e marque um ponto nela.

2. Posicione o transferidor sobre a reta, com o centro dele sobre o ponto marcado anteriormente, e marque um ponto na indicação do ângulo de 90°.

3. Posicione a régua sobre os dois pontos marcados e trace uma reta.

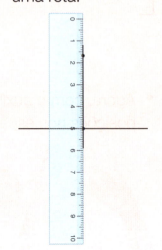

4. As retas desenhadas são perpendiculares.

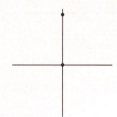

7 Polígonos

Aprendendo

Polígono é uma figura geométrica plana com as seguintes características:
- é uma região fechada;
- seus lados são segmentos de reta;
- seus lados não se cruzam.

Veja alguns exemplos de polígonos.

Lados, vértices, diagonais e ângulos internos em um polígono

Observe algumas características do polígono abaixo.

- **Lados**: cada um dos segmentos de reta.
  $\overline{AB}, \overline{BC}, \overline{CD}, \overline{DE}$ e $\overline{EA}$

- **Vértices**: pontos de encontro de dois lados consecutivos.
  A, B, C, D e E

- **Diagonais**: segmentos de reta entre dois vértices não consecutivos.
  $\overline{AC}, \overline{AD}, \overline{BD}, \overline{BE}$ e $\overline{CE}$

- **Ângulos internos**: ângulos formados por dois lados consecutivos.
  $\hat{A}, \hat{B}, \hat{C}, \hat{D}$ e $\hat{E}$

Medindo os ângulos de um polígono

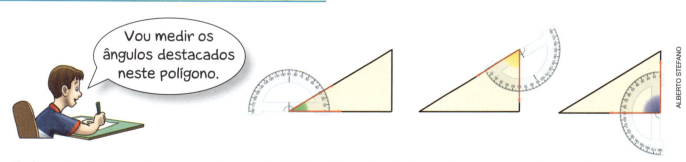

O ângulo destacado em verde mede 30°, o ângulo destacado em amarelo mede 60° e o ângulo destacado em azul mede 90°.

duzentos e três 203

Classificação dos polígonos

1 Classificamos um polígono de acordo com o **número de lados** e de acordo com o **número de ângulos**.

Veja como podemos classificar os polígonos de acordo com o número de lados.

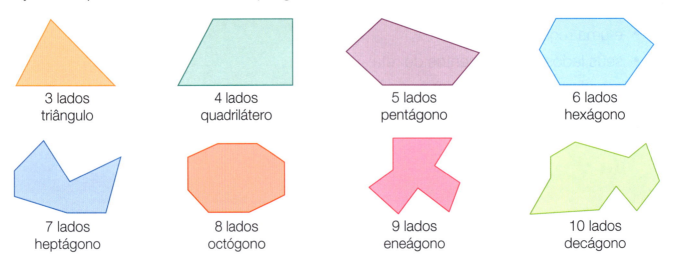

3 lados
triângulo

4 lados
quadrilátero

5 lados
pentágono

6 lados
hexágono

7 lados
heptágono

8 lados
octógono

9 lados
eneágono

10 lados
decágono

Observação

Se todos os lados de um polígono têm a mesma medida e todos os ângulos também têm medidas iguais, dizemos que ele é um **polígono regular**.

Dica

polígono

poli → significa vários

gonos → significa ângulos

"vários ângulos"

Praticando

1 Pinte a região interna somente das figuras que representam polígonos.

a)

b)

c)

d)

e)

f)

2 No polígono ao lado, identifique os lados, os vértices, as diagonais e os ângulos internos.

a) Lados ▶ _____, _____, _____, _____, _____ e _____

b) Vértices ▶ _____, _____, _____, _____, _____ e _____

c) Diagonais ▶ _____, _____, _____, _____, _____, _____, _____, _____ e _____

d) Ângulos internos ▶ _____, _____, _____, _____, _____ e _____

3 Marque com um **X** os polígonos regulares.

a) b) c) d)

4 Dê o nome, o número de vértices e o número de lados dos polígonos.

a) b) c)

5 Desenhe três quadriláteros diferentes e trace as diagonais de cada um deles. Em seguida, responda às questões.

a) Qual é o número de diagonais de cada um dos quadriláteros?

b) Esse número de diagonais vale para qualquer quadrilátero?

6 Repita a experiência da atividade anterior com triângulos e hexágonos.

duzentos e cinco

8 Triângulos

Aprendendo

> **Sugestão de leitura**
>
> *Se você fosse um triângulo*, de Marcie Aboff. Leia mais informações sobre esse livro na página 380.

- Um polígono que tem 3 lados é chamado de **triângulo**.

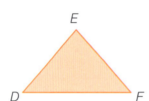
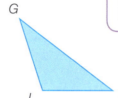

Classificação quanto às medidas dos lados

- De acordo com as medidas de seus lados, podemos classificar os triângulos em:

Triângulo equilátero

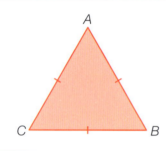

Tem os três lados com a mesma medida.

$$\overline{AB} \cong \overline{BC} \cong \overline{CA}$$

$$m(\overline{AB}) = m(\overline{BC}) = m(\overline{CA})$$

Triângulo isósceles

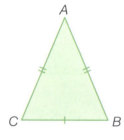

Tem dois lados com a mesma medida.

$$\overline{AB} \cong \overline{CA}$$

$$m(\overline{AB}) = m(\overline{CA})$$

Triângulo escaleno

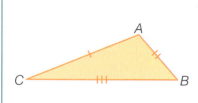

Tem os três lados com medidas diferentes.

$$m(\overline{AB}) \neq m(\overline{BC})$$
$$m(\overline{BC}) \neq m(\overline{CA})$$
$$m(\overline{AB}) \neq m(\overline{CA})$$

Classificação quanto à medida dos ângulos

🔹 De acordo com as medidas de seus ângulos, podemos classificar os triângulos em:

Retângulo

Tem um ângulo reto e dois ângulos agudos.

Acutângulo

Tem os três ângulos agudos.

Obtusângulo

Tem um ângulo obtuso e dois ângulos agudos.

Praticando

1 Pinte a região interna das figuras abaixo conforme o código.

🔴 triângulo retângulo e isósceles   🟠 triângulo escaleno

🔵 triângulo acutângulo e isósceles   🟢 triângulo equilátero

a) 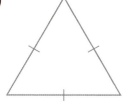   b) 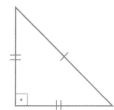   c) 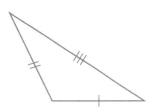   d)

2 Meça os lados e os ângulos do triângulo a seguir e complete as frases.

a) A medida do lado $\overline{AB}$ é _____ centímetros.

b) A medida do lado $\overline{BC}$ é _____ centímetros.

c) A medida do lado $\overline{CA}$ é _____ centímetros.

d) A medida do ângulo $\hat{A}$ é _____.

e) A medida do ângulo $\hat{B}$ é _____.

f) A medida do ângulo $\hat{C}$ é _____.

g) Este é um triângulo _____.

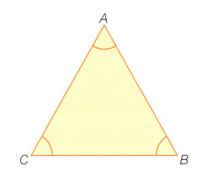

duzentos e sete

3 Faça um esquadro de papel, seguindo as instruções abaixo.

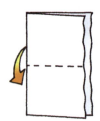

- Agora, use o esquadro que você fez para classificar os triângulos abaixo de acordo com a abertura de seus ângulos.

a)    b) 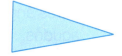   c)

_____ _____ _____

4 Reúna-se com um colega e desenhem um triângulo qualquer em uma folha de papel sulfite. Depois, recortem os seus ângulos e coloquem um ao lado do outro da forma como Mário está imaginando.

- O que se pode afirmar sobre os ângulos desse triângulo?

5 Utilize um transferidor para determinar as medidas dos ângulos dos triângulos. A seguir, classifique os triângulos quanto às medidas dos lados.

a)   b)    c)

_____ _____ _____

- Agora, calcule a soma das medidas dos ângulos de cada um dos triângulos.

    Triângulo amarelo ▶ _____

    Triângulo azul ▶ _____

    Triângulo verde ▶ _____

- O que você observou? _____

_____

9 Quadriláteros

Aprendendo

1 Observe a imagem abaixo.

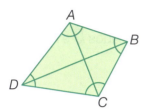

- $\overline{AB}$, $\overline{BC}$, $\overline{CD}$ e $\overline{DA}$ são os lados;
- A, B, C e D são os vértices;
- $A\hat{B}C$, $B\hat{C}D$, $C\hat{D}A$ e $D\hat{A}B$ são os ângulos internos;
- $\overline{AC}$ e $\overline{BD}$ são as diagonais.

> São chamados de **quadriláteros** os polígonos que têm quatro lados, quatro ângulos, quatro vértices e duas diagonais.

Dois quadriláteros merecem atenção especial: o **paralelogramo**, que tem os lados opostos paralelos, e o **trapézio**, que apresenta somente dois lados paralelos, chamados de bases.

Paralelogramo

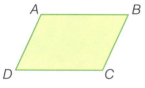

- $\overline{AB}$ e $\overline{CD}$ são lados opostos.
- $\overline{DA}$ e $\overline{BC}$ são lados opostos.
- Os lados opostos são paralelos e têm a mesma medida.

Trapézio

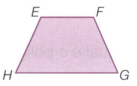

- $\overline{EF}$ e $\overline{GH}$ são lados paralelos.
- $\overline{EF}$ é a base menor.
- $\overline{GH}$ é a base maior.

Paralelogramos importantes

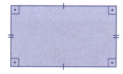

Retângulo: tem os quatro ângulos retos e dois pares de lados com a mesma medida.

Quadrado: tem os quatro ângulos retos e os quatro lados com a mesma medida.

Losango: tem os quatros lados com a mesma medida.

Trapézios importantes

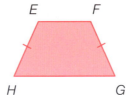
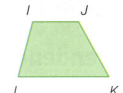

Trapézio retângulo:
tem dois ângulos retos.
Os lados $\overline{AB}$ e $\overline{CD}$ são paralelos.

Trapézio isósceles:
apresenta dois lados com medidas iguais.
m $(\overline{EH})$ = m $(\overline{FG})$.
Os lados $\overline{EF}$ e $\overline{GH}$ são paralelos.

Trapézio escaleno:
tem quatro lados com medidas diferentes.
Os lados $\overline{IJ}$ e $\overline{KL}$ são paralelos.

Praticando

1 Numere os quadriláteros, classificando-os de acordo com a legenda.

> **Legenda**
> 1: paralelogramo   2: trapézio   3: não é trapézio nem paralelogramo

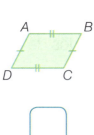
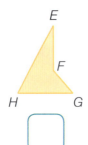
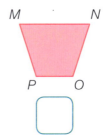
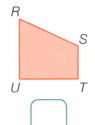

2 Descubra qual é o polígono.

> É um polígono que tem duas diagonais, dois pares de lados paralelos e todos os ângulos são retos.

3 Observe o mosaico e responda.

a) Quantos paralelogramos de cores diferentes há no mosaico?

b) Quantos desses paralelogramos são quadrados? E quantos são retângulos? E losangos?

c) Quantos trapézios podem ser vistos no mosaico?

210 duzentos e dez

Agindo e construindo

Construindo um triângulo retângulo, um paralelogramo e um trapézio

Material

✓ 3 folhas de papel sulfite ✓ Lápis ✓ Régua ✓ Esquadro

Tarefa 1

1. Posicione a régua sobre uma folha de papel sulfite e trace uma reta.

2. Sem mover a régua, posicione o esquadro encostando um de seus lados na régua e trace outra reta, formando um ângulo reto.

3. Marque um ponto em cada reta e trace um segmento passando pelos dois pontos, obtendo, assim, um triângulo retângulo.

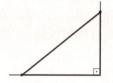

Tarefa 2

1. Posicione o esquadro sobre uma das folhas e trace uma reta em um de seus lados. Depois, sem mover o esquadro, posicione a régua no outro lado do esquadro.

2. A seguir, deslize o esquadro e trace uma reta paralela à reta existente. Depois, marque um ponto em cada reta.

3. Com o esquadro, trace uma nova reta passando pelos dois pontos. Depois, sem mover o esquadro, posicione a régua no outro lado dele.

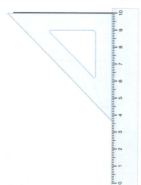 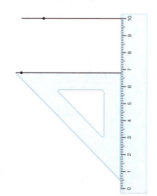 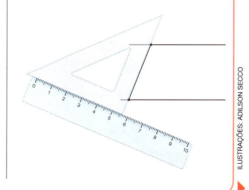

4. Deslize o esquadro e trace uma reta paralela à reta obtida.

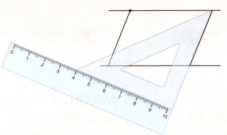

5. Veja como ficou a construção do paralelogramo.

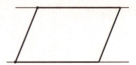

Tarefa 3

1. Posicione o esquadro na outra folha e trace uma reta em um de seus lados. Depois, sem mover o esquadro, posicione a régua sobre o outro lado do esquadro.

2. Em seguida, deslize o esquadro e trace uma reta paralela à outra reta.

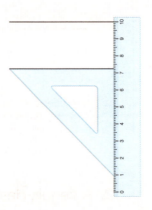

3. Marque um ponto em cada reta.

4. Trace um segmento passando pelos dois pontos. Depois, marque mais um ponto em cada reta paralela.

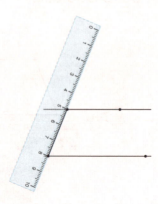

5. Finalize a construção traçando outro segmento que passe pelos dois pontos.

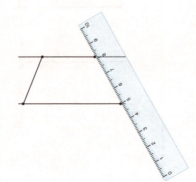

6. Veja como ficou a construção do trapézio.

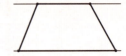

10. Circunferência e círculo

🎓 Aprendendo

Circunferência

🔹 As crianças brincam com bambolês. Esse brinquedo lembra a forma de uma circunferência.

Circunferência é o conjunto dos pontos de um plano situados à mesma distância de um ponto dado (ponto O) desse mesmo plano. Esse ponto é chamado de **centro**.

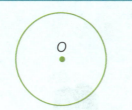

O ponto O é o centro dessa circunferência.

A distância de qualquer ponto de uma circunferência ao seu centro é sempre a mesma. Essa distância se chama raio.

Raio é o segmento que une o centro a qualquer ponto da circunferência. Indicaremos a medida do raio por r. Os segmentos de reta $\overline{OP}$, $\overline{OQ}$, $\overline{OR}$, $\overline{OS}$ e $\overline{OT}$ são exemplos de raio.

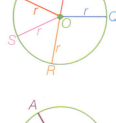

Diâmetro é o segmento que une dois pontos da circunferência, passando pelo centro. Um exemplo de diâmetro é o segmento de reta $\overline{AB}$. Indicaremos a medida do diâmetro por d.

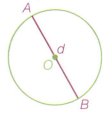

$$d = 2 \times r$$

Círculo

🔹 A moeda de um real lembra a forma de um círculo.

Círculo é a união da circunferência com a região interna por ela limitada.

Círculo de centro O e raio r.

Praticando

1 Qual é a diferença entre círculo e circunferência?

_____

_____

2 Liste alguns objetos que lembram a forma de uma circunferência e objetos que lembram a forma de um círculo.

3 Leia e responda.

A medida do diâmetro corresponde a duas vezes a medida do raio.

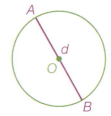

O segmento $\overline{AB}$ é o diâmetro dessa circunferência.

- Quanto mede o diâmetro de uma circunferência com 5 cm de raio? _____

4 Marque com um **X** as figuras que representam círculos e com um ✓ as que representam circunferências.

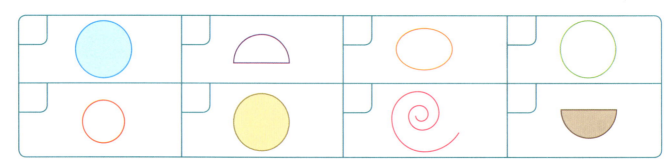

5 Observe como Iaci desenhou uma circunferência usando um CD.

- Agora use um CD para desenhar uma circunferência, como Iaci fez. Depois, com uma régua, encontre a medida aproximada do raio e do diâmetro da circunferência que você desenhou.

Agindo e construindo

Traçando circunferências

Podemos traçar circunferências de vários modos. Observe.

Tarefa

O **compasso** é o instrumento utilizado para traçar circunferências. Veja o passo a passo usando essa ferramenta.

1. Abra o compasso de acordo com a medida escolhida para o raio (*r*).

2. Escolha um ponto para ser o centro e fixe nele a ponta-seca do compasso.

3. Gire o compasso até que a ponta com grafite dê uma volta completa.

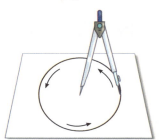

6 Use um compasso e trace, pelos pontos assinalados (ponto O), circunferências com as medidas de raios indicadas.

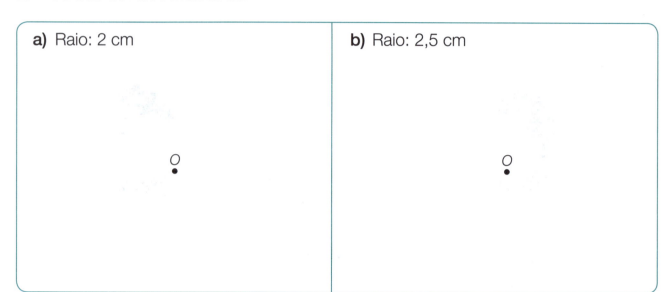

a) Raio: 2 cm

b) Raio: 2,5 cm

7 Lucas traçou duas circunferências com o mesmo centro, mas de raios diferentes. Essas circunferências são chamadas de **concêntricas**, pois têm o mesmo centro (ponto O).

- Agora é sua vez!

Usando o centro indicado e um compasso, trace circunferências concêntricas de raios 1,5 cm e 3,0 cm.

11 Localização e deslocamento

Aprendendo

1. Em um guia de ruas, as regiões podem ser identificadas por uma combinação das letras que representam as fileiras verticais com os números que representam as fileiras horizontais. Essa representação facilita a localização de elementos no guia. Observe a ilustração abaixo.

A prefeitura está representada na região H5.

Veja alguns exemplos do que podemos notar nesse mapa.

- O museu está representado na região C3.
- O fórum está representado na região F2.
- As ruas Azaleia e das Hortências são paralelas.

Praticando

1 Anita pintou os quadrinhos de uma malha quadriculada com três cores.

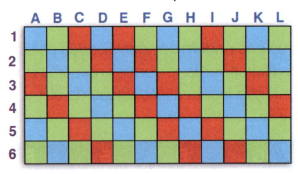

- Pinte os quadrinhos abaixo associando cada indicação de posição com a cor usada por Anita na malha quadriculada.

a) A3 ☐   d) H3 ☐   g) J4 ☐
b) B6 ☐   e) D5 ☐   h) C1 ☐
c) F2 ☐   f) L2 ☐   i) G6 ☐

2 O professor de Educação Física montou uma planilha com alguns dados de seus alunos.

	A	B	C	D	E
1	Nome	Idade	Altura (m)	Massa (kg)	Esporte preferido
2	Amanda	10	1,28	29	Futebol
3	Ana Clara	10	1,30	33	Futebol
4	André	10	1,39	32	Futebol
5	Caroline	11	1,37	32	Basquetebol
6	Catarina	10	1,35	34	Voleibol
7	César	10	1,37	33	Voleibol
8	Douglas	10	1,38	32	Futebol
9	Francine	11	1,40	35	Voleibol
10	Gabriela	10	1,38	35	Natação
11	Gílson	10	1,38	32	Tênis
12	Giovana	11	1,42	36	Futebol
13	Júlia	10	1,40	34	Handebol
14	Juliane	10	1,30	30	Futebol
15	Lucas	10	1,36	37	Natação
16	Marcela	11	1,39	37	Tênis
17	Mércia	10	1,38	36	Voleibol
18	Pedro	10	1,35	35	Voleibol
19	Sérgio	10	1,45	39	Basquetebol
20	Tiago	11	1,40	38	Handebol
21					

a) Observe que essa planilha também é organizada com letras e números e que a célula D8 está destacada. O que representa o número 32 nessa célula?

_____

b) Que número ocupa a posição C16? O que ele representa?

_____

 **Aprendendo**

Deslocamento

1 Mário traçou em uma malha quadriculada duas retas numéricas: uma horizontal e uma vertical. Algum tempo depois, notou que havia alguns insetos sobre a malha.

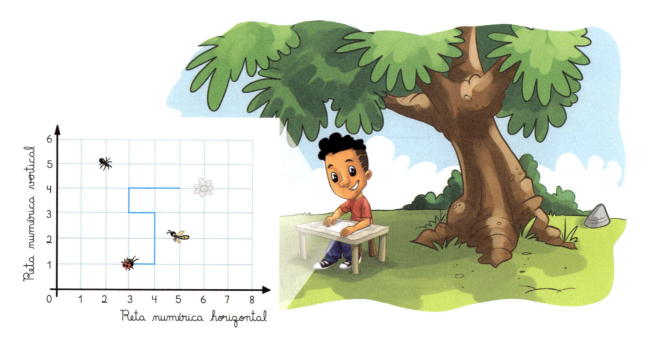

A posição em que cada inseto está nessa malha quadriculada pode ser representada por dois números entre parênteses.

Por exemplo: a formiga está na posição (2, 5) e a abelha ocupa a posição (5, 2). Repare que, na indicação dessas posições, usamos os mesmos números, mas não na mesma ordem. Observe que o primeiro número indica a posição com relação à reta horizontal e o segundo, a posição com relação à reta vertical.
Veja alguns exemplos.

- Considerando que o primeiro número apresenta a posição em relação à reta horizontal e o segundo, a posição em relação à reta vertical, é possível afirmar que a joaninha ocupa a posição (3, 1).

- Mário observou a joaninha se deslocando sobre as linhas da malha quadriculada, passando nas posições (4, 1) – (4, 2) – (4, 3) – (3, 3) – (3, 4) – (4, 4) – (5, 4), como mostra a figura. O traço azul representa o **deslocamento** da joaninha.

- Mário desenhou uma flor na malha quadriculada na posição (6, 4).

- A abelha deslocou-se sobre os fios da malha quadriculada. Ela moveu-se até chegar na flor, mas sem passar em (4, 2). A abelha passou pelas posições (6, 2), (6, 3) e (6, 4), mas existem outros caminhos possíveis.

duzentos e dezenove **219**

Praticando

1 Pinte as posições indicadas na malha quadriculada abaixo, de acordo com a legenda.

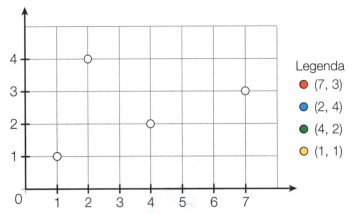

2 A seguir, observe os comandos de um jogo de caça ao tesouro. Veja que Carina fez o trajeto indicado sobre os fios da malha quadriculada abaixo.

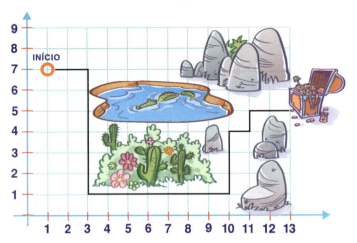

Numere as frases abaixo de acordo com a ordem dos comandos que Carina deve ter seguido para encontrar o tesouro.

| 1º | Siga em frente até a posição (3, 7).

| ☐ | Gire 90° para a esquerda e siga em frente até a posição (11, 5).

| ☐ | Gire 90° para a esquerda e siga em frente até a posição (10, 1).

| ☐ | Gire 90° para a direita e siga em frente até o tesouro.

| ☐ | Gire 90° para a direita e siga em frente até a posição (11, 4).

| ☐ | Gire 90° para a direita e siga em frente até a posição (3, 1).

| ☐ | Gire 90° para a esquerda e siga em frente até a posição (10, 4).

3 Em uma malha quadriculada, trace duas retas numéricas: uma horizontal e uma vertical, que se cruzam no ponto correspondente ao número zero. Em seguida, marque dois pontos e um trajeto entre eles e, depois, faça a descrição desse trajeto. Por fim, entregue apenas a sua descrição a um colega e peça a ele que desenhe em uma malha quadriculada o trajeto que você descreveu.

Agindo e construindo

Desenhando o caminho da tartaruga

Material

✓ Folha de papel quadriculado, da página **A7**, cujos quadrinhos tenham lado medindo 1 centímetro

✓ Lápis coloridos

Tarefa

1. Sobre a malha quadriculada, desenhe duas retas numeradas de zero a dez: uma horizontal e outra vertical, que se cruzam no ponto correspondente ao número zero.

2. Marque o ponto de partida da tartaruga na posição (2, 2).

3. Desenhe o traçado do trajeto da tartaruga sabendo que ela só caminha sobre as linhas da malha quadriculada e conforme a seguinte orientação: "Anda em linha reta, passando por 4 lados de quadrinhos, e dá um giro de 90° para a esquerda".

4. Escolha uma cor diferente da usada na etapa anterior e repita a etapa 3 a partir da posição atual da tartaruga.

5. Repita a etapa 4 duas vezes.

6. Pinte a região da malha limitada pelo caminho da tartaruga e, depois, responda.

- Em qual ponto a tartaruga parou? _____

- A figura que você obteve lembra qual polígono? _____

- Qual é a medida dos ângulos desse polígono? _____

- Quantos centímetros a tartaruga percorreu? _____

- O que aconteceria se o etapa 4 fosse repetido 6 vezes?
_____
_____

duzentos e vinte e um

12 Ampliação e redução de figuras geométricas em malhas quadriculadas

🎓 Aprendendo

1. Lucas desenhou um barco, combinando algumas figuras planas em uma malha quadriculada. Depois, Mário e Ana copiaram o desenho do barco. Veja.

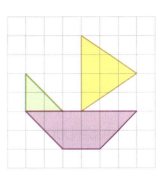

Desenho de Lucas

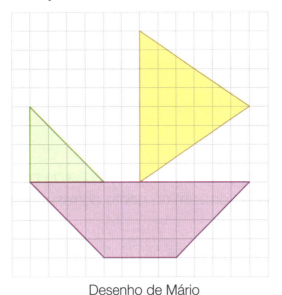

Desenho de Mário

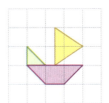

Desenho de Ana

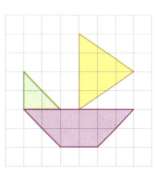
Eu multipliquei por 2 todas as medidas de todos os lados do desenho de Lucas. Fiz uma ampliação do desenho.

Eu dividi por 2 todas as medidas de todos os lados do desenho de Lucas. Fiz uma redução do desenho.

Agora, observe o desenho que Isabela fez.

Eu não reduzi nem ampliei o desenho de Lucas, usei as mesmas medidas.

- O desenho de Ana é uma redução do desenho de Mário? E o desenho de Lucas, é uma ampliação do desenho de Ana? Explique para um colega.

222 duzentos e vinte e dois

 1 Em um papel quadriculado, faça o que Iaci está pedindo.

Amplie a casinha, triplicando todas as medidas.

 2 Desenhe em uma folha de papel quadriculado um bloco cujas arestas tenham a metade da medida das arestas do bloco abaixo.

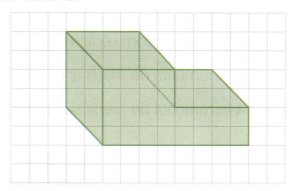

 3 Utilize uma folha de papel quadriculado para fazer uma redução da figura abaixo.

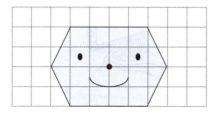

 4 Observe as figuras e, depois, responda às questões.

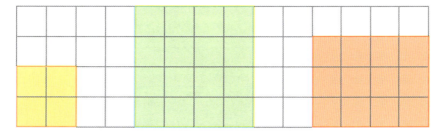

a) A figura amarela é uma redução da figura verde? Explique.

b) A figura laranja é uma ampliação da figura amarela? Explique.

Agindo e construindo

Verificando as medidas de um par de polígonos

Material
- ✓ Computador com *software* de Geometria Dinâmica

Tarefa

Para realizar a tarefa, reúna-se com um colega e ouçam as orientações do professor.

1. Marque o ponto A na posição (1, 1), o ponto B na posição (1, 5) e o ponto C na posição (4, 1).

2. Construa o triângulo com vértices nos pontos A, B e C.

3. Marque o ponto D na posição (9, 1), o ponto E na posição (3, 9) e o ponto F na posição (9, 9).

4. Construa o triângulo com vértices nos pontos D, E e F.

5. Usando a ferramenta de medir ângulo, meça os ângulos dos dois triângulos.

6. Usando a ferramenta de medir segmentos, meça os lados dos dois triângulos.

- Podemos afirmar que o triângulo maior é uma ampliação do triângulo menor? Justifique.

_____
_____
_____
_____

Lendo e descobrindo

Ilusão de ótica

A ilusão de ótica é uma percepção equivocada das formas, cores e medidas de uma figura. Nossa visão é "enganada", pois a imagem força o cérebro a interpretar a figura de forma errada. Veja alguns exemplos criados com figuras geométricas.

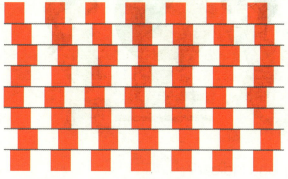

Figura 1

Figura 3

Figura 2

Figura 4

Faça o que se pede.

1. Observe atentamente a figura 1. As linhas horizontais são paralelas? Verifique usando régua e esquadro.

2. As retas verticais na figura 2 são paralelas? Como você pode ter certeza?

3. Na figura 3, qual dos dois círculos centrais tem raio maior: o da imagem da direita ou o da esquerda? Como você pode ter certeza disso?

4. Na figura 4, a imagem da esquerda é uma espiral. Na sua opinião, a imagem da direita também é uma espiral? Por quê?

Investigando a chance

Comparar chances dos possíveis resultados de experimentos

1 Iaci e Bruno estão brincando de girar uma roleta e adivinhar a cor que o ponteiro vai indicar.

a) Quais são as cores que o ponteiro da roleta pode indicar?

_____

b) A chance de o ponteiro indicar a cor laranja é a mesma de indicar a cor verde? Por quê?

_____

_____

2 Será realizado um sorteio para decidir quem, entre os alunos ao lado, será o monitor da classe no próximo mês. Para isso, as seguintes tiras de papel foram colocadas em uma urna para que uma delas seja sorteada.

- Todos têm as mesmas chances de serem sorteados? Por quê?

_____

_____

_____

Tratando a informação

Média aritmética e amplitude

Bruno pesquisou o preço de um mesmo caderno e de uma mesma caixa de lápis de cor em 3 papelarias diferentes. Observe, depois, responda.

O caderno custa R$ 30,00 e a caixa de lápis de cor, R$ 25,00.

O caderno custa R$ 33,00 e a caixa de lápis de cor, R$ 28,00.

O caderno custa R$ 30,00 e a caixa de lápis de cor, R$ 40,00.

a) Qual é a média aritmética dos preços encontrados para o caderno? E dos preços encontrados para a caixa de lápis de cor?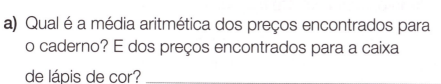

A diferença entre o maior e o menor valor de um conjunto de dados é chamada de **amplitude**.

b) Qual é a diferença entre o maior e o menor preço encontrado para o caderno? E para a caixa de lápis de cor?

c) A média aritmética é mais adequada para representar os preços encontrados de qual produto? Por quê?

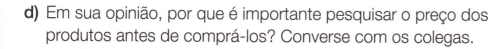

d) Em sua opinião, por que é importante pesquisar o preço dos produtos antes de comprá-los? Converse com os colegas.

Praticando mais

1 Observe as figuras abaixo. Quantos segmentos de reta foram utilizados para fazer cada uma delas?

a)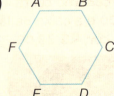

b)

c)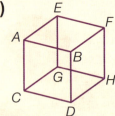

_____   _____   _____

2 Existe um paralelogramo que é, ao mesmo tempo, retângulo e losango.

Desenhe esse paralelogramo e registre aqui o nome dele. _____

3 Desenhe a reta que passa pelos pontos A e E e a reta que passa pelos pontos B e C na figura ao lado.

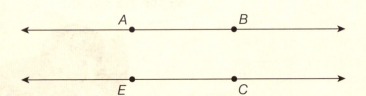

- Agora, responda.

   a) Quais dos pontos representados na figura não estão na reta $\overleftrightarrow{CE}$? _____

   b) As retas $\overleftrightarrow{AB}$ e $\overleftrightarrow{BC}$ têm pontos comuns? Se têm, quais? _____

   c) As retas $\overleftrightarrow{AB}$ e $\overleftrightarrow{CE}$ têm pontos comuns? Se têm, quais? _____

   d) As retas $\overleftrightarrow{EA}$ e $\overleftrightarrow{BC}$ têm pontos comuns? Se têm, quais? _____

4 Use um compasso e trace as circunferências com as medidas de raio indicadas.

a) Raio: 4 cm

b) Raio: 35 mm

5 Com uma régua, meça cada um dos segmentos da figura ao lado.

$\overline{AB}$ = _____ $\overline{CD}$ = _____

$\overline{BC}$ = _____ $\overline{DE}$ = _____

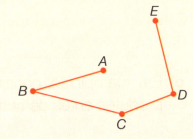

6 Observe o caminho que Cristina fez ao sair de sua casa e ir até a escola de inglês.

 • Descreva o caminho que Cristina fez, indicando os giros que ela precisou fazer. Use os pontos de referência do mapa para ajudar na descrição.

 **Desafio**

Júlia fez um desenho em uma cartolina e o recortou. Em seguida, girou o desenho 90° em torno de seu centro 2 vezes. Veja como ele ficou após cada um dos giros.

Posição inicial — 1º giro — 2º giro

Depois, Júlia girou o desenho do mesmo modo pela terceira vez. Descubra qual das figuras abaixo mostra como ficou o desenho após o 3º giro. _____

Figura A — Figura B — Figura C

duzentos e vinte e nove **229**

UNIDADE 8
Números na forma de fração

Trocando ideias

1. Em quantas partes iguais cada roleta está dividida?
2. Que fração representa a parte vermelha da roleta 1? E a parte vermelha da roleta 2?
3. As duas crianças querem ganhar a massinha de modelar e, para isso, a roleta deve parar na cor amarela. Qual das duas crianças tem maior chance de ganhar? Justifique.

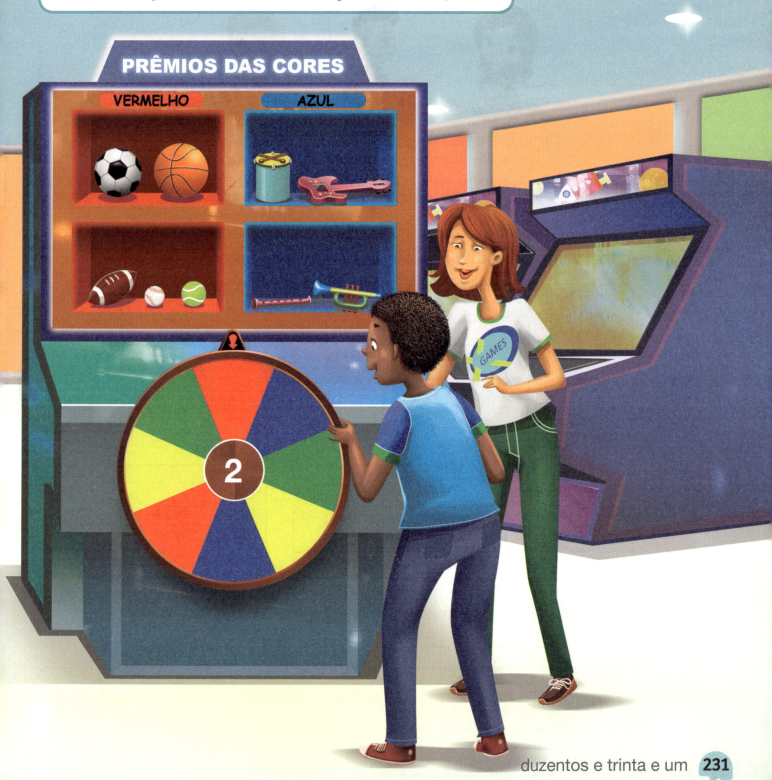

1 Ideia de fração

> **Sugestão de leitura**
> *Como o mundo acorda*, de Ye Shil Kim e Hee Jun Kang. Leia mais informações sobre esse livro na página 380.

Aprendendo

1 Muitas vezes precisamos de um número que possa representar um pedaço, uma parte de algum objeto. Para isso, utilizamos os números na forma de fração.

Observe as divisões que Isabela, Mário e Ana fizeram.

Isabela dividiu o chocolate em 4 partes iguais.

Mário dividiu o canudo em 3 partes iguais.

Ana dividiu o bolo em 8 partes iguais.

Cada um dos pedaços do chocolate, do canudo e do bolo representa uma fração do inteiro.

Veja exemplos de frações que representam a parte colorida de cada figura.

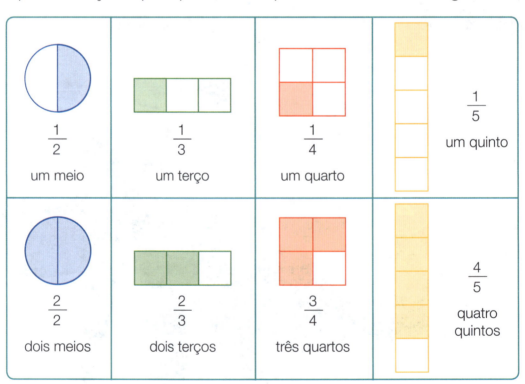

Os números $\frac{1}{2}$, $\frac{1}{3}$, $\frac{1}{4}$, $\frac{1}{5}$, $\frac{2}{2}$, $\frac{2}{3}$, $\frac{3}{4}$ e $\frac{4}{5}$ são frações, pois representam partes de um inteiro.

Termos de uma fração

Observe a fração que representa a parte colorida da figura.

O numerador e o denominador são os **termos de uma fração**.

O **denominador** indica em quantas partes iguais a unidade foi dividida.

O **numerador** indica quantas dessas partes foram consideradas (no caso da ilustração acima, quantas partes foram pintadas).

Praticando

1 Observe a figura ao lado e responda.

a) Em quantas partes foi dividido o inteiro? _____

b) Cada parte representa que fração do inteiro? _____

c) Foram coloridas quantas partes? _____

d) Que fração representa a parte colorida da figura? _____

e) Que fração representa a parte não colorida da figura? _____

f) Que fração representa a unidade (a figura toda)? _____

2 Cada uma das figuras abaixo foi dividida em partes iguais. Escreva a fração que representa a parte colorida de cada uma delas.

a)    d)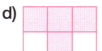

b)   e)

c)   f)

3 Em cada caso, verifique em quantas partes iguais a unidade foi dividida e complete as retas numéricas com as frações correspondentes a cada ponto.

a)

b)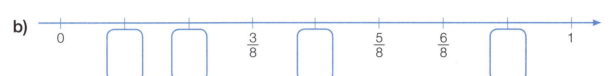

c)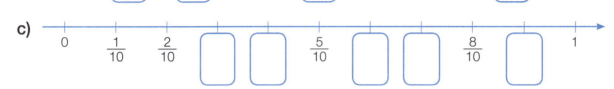

4 Represente com figuras as frações a seguir.

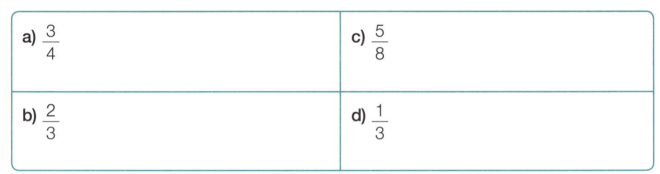

5 Que fração da semana representa 5 dias? _____

6 Escreva uma fração que corresponda a 1 unidade cujo denominador seja 4. _____

7 Mariana caminhou pela calçada da **linha** A até a **linha** C. Depois, caminhou de C para D. Observe e responda.

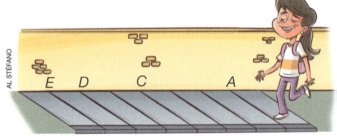

a) Que fração do trecho cinza da calçada Mariana percorreu inicialmente? _____

b) Que fração do trecho cinza da calçada ela caminhou ao todo? _____

8 O sólido A é um cubo formado por cubinhos menores. Que fração do sólido A o sólido B representa? _____

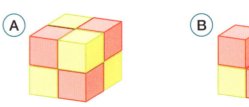

2 Leitura de frações

Aprendendo

Frações com denominador menor que 10

Lemos o numerador seguido da palavra **meio(s)**, **0(s)**, **quarto(s)**, **quinto(s)**, **sexto(s)**, **sétimo(s)**, **oitavo(s)** ou **nono(s)**, dependendo do valor do denominador.

Observe os exemplos abaixo.

- $\dfrac{2}{3}$ → dois terços
- $\dfrac{3}{4}$ → três quartos
- $\dfrac{2}{5}$ → dois quintos
- $\dfrac{1}{6}$ → um sexto
- $\dfrac{7}{8}$ → sete oitavos
- $\dfrac{4}{9}$ → quatro nonos

Frações com denominador 10, 100 ou 1 000

Quando o denominador é 10, 100 ou 1 000, lemos o numerador seguido da palavra **décimo(s)**, **centésimo(s)** ou **milésimo(s)**, respectivamente.

Observe os exemplos.

- $\dfrac{3}{10}$ → três décimos
- $\dfrac{9}{100}$ → nove centésimos
- $\dfrac{1}{1\,000}$ → um milésimo

$\dfrac{53}{100}$ → cinquenta e três centésimos

$\dfrac{36}{1\,000}$ → trinta e seis milésimos

$\dfrac{7}{10}$ → sete décimos

Nos demais casos, lemos o numerador e, em seguida, o denominador acrescido da palavra **avos**. Avos significa "divisão em partes iguais".

Observe os exemplos.

- $\dfrac{4}{13}$ → quatro treze avos
- $\dfrac{7}{11}$ → sete onze avos
- $\dfrac{13}{30}$ → treze trinta avos
- $\dfrac{9}{200}$ → nove duzentos avos

duzentos e trinta e cinco **235**

Praticando

1 Escreva como se leem as frações abaixo.

a) $\dfrac{2}{5}$ ▶ _____

b) $\dfrac{3}{10}$ ▶ _____

c) $\dfrac{2}{19}$ ▶ _____

d) $\dfrac{14}{100}$ ▶ _____

e) $\dfrac{17}{1\,000}$ ▶ _____

f) $\dfrac{6}{90}$ ▶ _____

2 Represente cada número com uma fração.

a) Sete quartos ▶ _____

b) Nove décimos ▶ _____

c) Treze milésimos ▶ _____

d) Dezenove centésimos ▶ _____

e) Nove cinquenta avos ▶ _____

f) Dezessete meios ▶ _____

3 Fração de um grupo de elementos

Aprendendo

Em algumas situações, precisamos determinar a fração de um grupo de elementos. Observe os exemplos.

- No pote, há 4 bolas verdes, 3 bolas vermelhas e 2 bolas azuis. Podemos afirmar que quatro nonos das bolas do pote são verdes.

$\dfrac{4}{9}$ ⟵ número de bolas verdes
⟵ número total de bolas

Note que $\dfrac{3}{9}$ é a fração do total que representa as bolas vermelhas e $\dfrac{2}{9}$ é a fração do total que representa as bolas azuis.

- Considere o grupo a seguir.

Veja o que é possível constatar.

▶ $\frac{4}{12}$ é a fração que representa a quantidade de pessoas do grupo que estão com boné.

▶ $\frac{5}{12}$ é a fração que representa a quantidade de pessoas do grupo que estão com camisa vermelha.

Praticando

1 Sabendo que 1 dia tem 24 horas, que fração do dia representa

a) 9 horas? _____

b) 12 horas? _____

2 Que fração da semana representa 3 dias? _____

3 Iaci dorme 8 horas por dia, estuda 7 horas e durante 9 horas ela brinca, se alimenta e toma banho. Que fração do dia ela passa acordada?

Iaci passa _____ horas do dia acordada.

duzentos e trinta e sete **237**

4 Em um grupo de uma excursão, além do motorista e de um guia turístico, há 18 meninos e 22 meninas. Que fração desse grupo representa as meninas?

A fração que representa as meninas é _____.

5 Das 107 teclas que compõem este teclado de computador, 20 teclas apresentam apenas algarismos e as restantes possuem letras, letras com algarismos e símbolos. Que fração do teclado representa as teclas apenas com algarismos?

A fração que representa as teclas apenas com algarismos é _____.

4 Comparando frações com o inteiro

🎓 Aprendendo

1 Uma *pizza* foi dividida em 6 partes iguais. As crianças estão comendo 4 dessas partes, ou seja, $\frac{4}{6}$ da *pizza*.

A fração $\frac{4}{6}$ representa um número menor que o inteiro.

Observe que o numerador dessa fração é menor que o denominador.

> **Fração própria** é aquela cujo numerador é menor que o denominador, ou seja, ela é menor que o inteiro.

Veja os exemplos.

$\frac{1}{2}$ $\frac{3}{4}$ $\frac{5}{6}$

238 duzentos e trinta e oito

As crianças comeram mais 4 pedaços de *pizza*: 2 que haviam sobrado e mais 2 de outra *pizza*, igual à primeira, que também foi dividida em 6 partes iguais. As crianças comeram, ao todo, 8 partes:

- 6 partes de 1 *pizza* inteira (ou 6 sextos de 1 *pizza*, que indicamos por $\frac{6}{6}$);
- 2 partes de outra *pizza* (ou 2 sextos de 1 *pizza*, que indicamos por $\frac{2}{6}$).

Então, no total, elas comeram 8 sextos de *pizza*, que indicamos por $\frac{8}{6}$. Podemos dizer que a fração $\frac{8}{6}$ representa um número maior que o inteiro. Observe que o numerador dessa fração é maior que o denominador.

> **Fração imprópria** é aquela cujo numerador é maior que o denominador, ou seja, ela é maior que o inteiro.

Veja os exemplos.

-   $\frac{7}{4} = \frac{4}{4} + \frac{3}{4}$
-    $\frac{9}{4} = \frac{4}{4} + \frac{4}{4} + \frac{1}{4}$

Depois, cada criança comeu mais 1 pedaço de *pizza*. Assim, as crianças comeram, ao todo, 12 partes: 1 *pizza* inteira $\left(\frac{6}{6}\right)$ mais 1 *pizza* inteira $\left(\frac{6}{6}\right)$, ou seja, $\frac{12}{6}$ de *pizza*. Podemos dizer que a fração $\frac{12}{6}$ representa um número natural, pois corresponde a 2 *pizzas* inteiras.

Observe que o numerador (12) dessa fração é múltiplo do denominador (6):

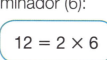

> **Fração aparente** é aquela cujo numerador é múltiplo do denominador.

Veja os exemplos.

- $\frac{4}{4} = 1$
- $\frac{8}{4} = 2$

duzentos e trinta e nove **239**

Observações

1. Todo número natural pode ser representado por uma fração de denominador igual a 1.
   Exemplos.
   - $5 = \dfrac{5}{1}$
   - $8 = \dfrac{8}{1}$
   - $50 = \dfrac{50}{1}$

2. Toda fração de numerador zero representa o número zero.
   Exemplos.
   - $\dfrac{0}{5} = 0$
   - $\dfrac{0}{20} = 0$
   - $\dfrac{0}{112} = 0$

3. Como não existe divisão por zero, o denominador de uma fração não pode ser zero.
   Exemplos.
   - $\dfrac{7}{0}, \dfrac{11}{0}, \dfrac{15}{0}$ não existem.

Praticando

1 Qual é o nome das frações que têm o numerador maior que o denominador?
_____

2 Escreva a fração correspondente às partes pintadas das figuras em cada caso.

a)

b)

c)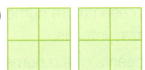

3 Dadas as frações $\dfrac{1}{7}, \dfrac{5}{2}, \dfrac{1}{10}, \dfrac{8}{5}, \dfrac{2}{3}, \dfrac{7}{6}$ e $\dfrac{11}{10}$, escreva as que representam um número:

a) menor que o inteiro; _____

b) maior que o inteiro. _____

4 Determine o inteiro correspondente a cada fração aparente.

a) $\dfrac{6}{1}$ ▶ _____ b) $\dfrac{28}{7}$ ▶ _____ c) $\dfrac{15}{15}$ ▶ _____ d) $\dfrac{12}{3}$ ▶ _____

5 Desenhe figuras para representar cada uma das frações a seguir.

a) $\dfrac{10}{2}$　　　b) $\dfrac{15}{3}$　　　c) $\dfrac{25}{5}$

6 Em cada caso, escreva as frações indicadas na posição mais adequada da reta numérica.

a) $\dfrac{1}{2}$ e $\dfrac{3}{2}$

b) $\dfrac{1}{3}$ e $\dfrac{5}{3}$

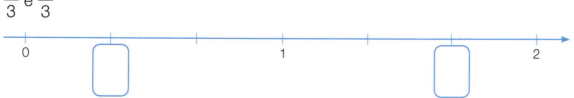

c) $\dfrac{3}{4}$ e $\dfrac{8}{4}$

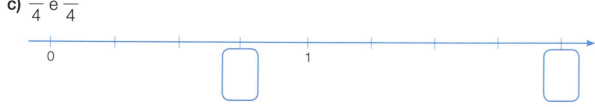

5 Número misto

Aprendendo

1 Ana, Isabela e Iaci compraram juntas 4 chocolates iguais. Veja como as meninas dividiram esses 4 chocolates igualmente entre elas.

Inicialmente, cada uma ficou com 1 chocolate inteiro.

Depois, o quarto chocolate foi dividido em 3 partes iguais, e cada uma delas ficou com uma dessas partes.

Então, cada uma ficou com 1 chocolate inteiro mais $\frac{1}{3}$ do outro chocolate.

Representamos a quantidade de chocolate com que cada menina ficou por:

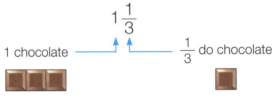

O número $1\frac{1}{3}$ é denominado **número misto** porque é formado por um número natural (1) e uma fração $\left(\frac{1}{3}\right)$. Lemos: um inteiro e um terço.

Praticando

1 Escreva os números mistos que representam a parte colorida das ilustrações a seguir.

a)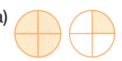

b)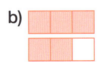

c)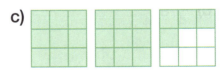

2 Escreva por extenso os seguintes números mistos:

a) $7\frac{3}{4}$ ▶ _____

b) $10\frac{5}{7}$ ▶ _____

3 A receita de torta que Sueli está fazendo indica que é preciso colocar $3\frac{1}{4}$ xícaras de farinha de trigo. Só que ela se enganou e colocou 4 xícaras. Ela colocou farinha de trigo a mais ou a menos? Quanto?

_____

6 Frações equivalentes

Aprendendo

1 Observe.

> **Frações equivalentes**
> Nesta animação, você verá uma situação que envolve uma divisão de chocolate entre amigos.

▶ A parte colorida corresponde a $\frac{1}{2}$ da figura.

▶ A parte colorida corresponde a $\frac{2}{4}$ da figura.

▶ A parte colorida corresponde a $\frac{4}{8}$ da figura.

Note que, nas figuras acima, verificamos que as frações $\frac{1}{2}$, $\frac{2}{4}$ e $\frac{4}{8}$ representam a mesma parte da figura.

Em Matemática, dizemos que as frações $\frac{1}{2}$, $\frac{2}{4}$ e $\frac{4}{8}$ são **equivalentes**. Assim, também podemos escrever:

$$\frac{1}{2} = \frac{2}{4} = \frac{4}{8}$$

> Duas ou mais frações que representam a mesma quantidade são chamadas de **equivalentes**.

Você poderá comprovar essas e outras igualdades utilizando o material da página **A8** no final do livro. Guarde as tiras em um envelope para usá-las quando necessário.

duzentos e quarenta e três

Propriedade fundamental das frações

1 Observe.

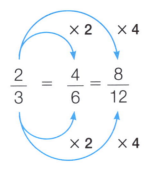

Analisando as tiras da figura abaixo, podemos verificar que $\frac{2}{3}$, $\frac{4}{6}$ e $\frac{8}{12}$ são frações equivalentes. Do mesmo modo, podemos concluir que $\frac{6}{12}$, $\frac{3}{6}$ e $\frac{2}{4}$ são equivalentes.

> Multiplicando ou dividindo os termos de uma fração por um mesmo número natural diferente de zero, obtemos uma fração equivalente à fração dada.

> **Observação**
>
> O conjunto das frações equivalentes a uma dada fração constitui uma **classe de equivalência** (CE).
>
> Exemplos.
>
> - (CE) $\dfrac{1}{2} = \left\{\dfrac{1}{2}, \dfrac{2}{4}, \dfrac{3}{6}, \dfrac{4}{8}\right\}$ ▶,... classe de equivalência da fração $\dfrac{1}{2}$
>
> - (CE) $\dfrac{3}{4} = \left\{\dfrac{3}{4}, \dfrac{6}{8}, \dfrac{9}{12}, \dfrac{12}{16}\right\}$ ▶,... classe de equivalência da fração $\dfrac{3}{4}$
>
> - (CE) $\dfrac{5}{1} = \left\{\dfrac{5}{1}, \dfrac{10}{2}, \dfrac{15}{3}, \dfrac{20}{4}\right\}$ ▶,... classe de equivalência da fração $\dfrac{5}{1}$

Praticando

1 Observe as figuras e responda.

Figura A

Figura B

Figura C

a) Que fração representa a parte colorida na figura A? _____

b) Que fração representa a parte colorida na figura B? _____

c) Que fração representa a parte colorida na figura C? _____

d) As frações dos itens **a**, **b** e **c** são equivalentes? Por quê?

_____

2 Complete a sequência de frações equivalentes a seguir.

$\dfrac{1}{2} = \dfrac{2}{4} = \dfrac{3}{6} = \dfrac{4}{8} = \boxed{} = \boxed{} = \boxed{}$

duzentos e quarenta e cinco **245**

3 Pinte a figura situada à direita de tal modo que ela represente uma fração equivalente à da esquerda. Depois, escreva a fração correspondente.

a)  ▶ $\dfrac{1}{2}$ ▶ _____

b) ▶ $\dfrac{1}{3}$ ▶ _____

Frações equivalentes
Nesta atividade, você terá de resolver alguns exercícios que tratam de equivalência de frações.

4 Observe a cena a seguir.

Júlia: Vou tomar $\dfrac{1}{5}$ de um copo de leite.

André: Eu vou tomar $\dfrac{2}{10}$ de um copo de leite.

Luís: E eu vou tomar $\dfrac{4}{20}$ de um copo de leite.

- Agora, responda: Quem vai tomar mais leite? Por quê?

_____

_____

5 Obtenha frações equivalentes, determinando, em cada ▢, o valor correto.

a) $\dfrac{3}{4} = \dfrac{\Box}{12}$

b) $\dfrac{5}{8} = \dfrac{\Box}{40}$

c) $\dfrac{2}{3} = \dfrac{\Box}{30}$

d) $\dfrac{7}{4} = \dfrac{28}{\Box}$

e) $\dfrac{\Box}{33} = \dfrac{2}{11}$

f) $\dfrac{\Box}{20} = \dfrac{12}{60}$

g) $\dfrac{9}{\Box} = \dfrac{18}{40}$

h) $\dfrac{\Box}{4} = \dfrac{27}{36}$

6 Escreva a fração equivalente a:

a) $\dfrac{2}{3}$ cujo numerador seja 10 ▶ _____

b) $\dfrac{20}{30}$ cujo denominador seja 6 ▶ _____

c) $\dfrac{18}{72}$ cujo numerador seja 1 ▶ _____

d) $\dfrac{2}{5}$ cujo numerador seja 42 ▶ _____

7 Dê a classe de equivalência de cada fração.

a) (CE) $\dfrac{1}{3}$ = { _____ , _____ , _____ , _____ , ... }

b) (CE) $\dfrac{5}{8}$ = { _____ , _____ , _____ , _____ , ... }

c) (CE) $\dfrac{7}{6}$ = { _____ , _____ , _____ , _____ , ... }

 **Dominó de frações equivalentes**
Neste jogo, você terá de escolher as peças corretas para completar os desafios propostos.

8 Dê a fração equivalente a $\dfrac{3}{4}$ cujo numerador seja 33. _____

9 Um corredor foi dividido em três faixas horizontais de mesma largura. Cada faixa está dividida em duas, três e quatro partes iguais, conforme indicado na ilustração a seguir. Observe e, depois, responda.

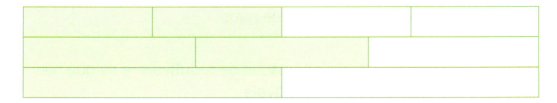

- Qual é a fração correspondente à área verde?

A fração correspondente à área verde é _____.

7 Simplificação de frações

Aprendendo

1 Observe estas figuras.

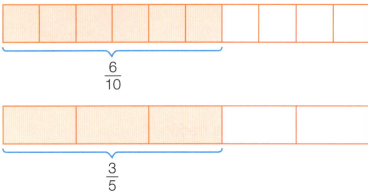

Note que $\dfrac{6}{10} = \dfrac{3}{5}$

Veja.

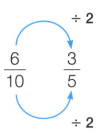

A fração $\dfrac{3}{5}$ é uma fração equivalente a $\dfrac{6}{10}$ com termos mais simples.

Podemos dizer, então, que simplificamos a fração $\dfrac{6}{10}$ e obtivemos a fração $\dfrac{3}{5}$.

> Uma fração pode ser simplificada quando dividimos seus termos por um mesmo número natural diferente de zero.

As frações que podem ser simplificadas são chamadas de **redutíveis**, e as que não podem ser simplificadas são chamadas de **irredutíveis**.

Processos de simplificação

1 Vamos considerar dois casos envolvendo processos de simplificação.

- **Divisões sucessivas:** Dividimos sucessivamente o numerador e o denominador da fração por fatores comuns, até obtermos uma fração irredutível.

Veja o exemplo.

$$\dfrac{60 \div 2}{150 \div 2} = \dfrac{30 \div 3}{75 \div 3} = \dfrac{10 \div 5}{25 \div 5} = \boxed{\dfrac{2}{5}} \longleftarrow \text{fração irredutível}$$

- **Máximo divisor comum:** Dividimos os termos da fração pelo seu mdc.

Veja o exemplo.

$$\frac{60}{150}$$

$$\frac{60 \div 30}{150 \div 30} = \frac{2}{5}$$

Cálculo do mdc (150, 60)

$150 = 2 \times 3 \times 5^2$

$60 = 2^2 \times 3 \times 5$

mdc $(150, 60) = 2 \times 3 \times 5 = 30$

A fração $\frac{2}{5}$ é a forma irredutível ou simplificada da fração $\frac{60}{150}$.

Praticando

1 Simplifique as frações a seguir, até torná-las irredutíveis.

a) $\frac{4}{8}$ ▶ _____

b) $\frac{8}{2}$ ▶ _____

c) $\frac{6}{10}$ ▶ _____

d) $\frac{4}{12}$ ▶ _____

e) $\frac{9}{21}$ ▶ _____

f) $\frac{10}{50}$ ▶ _____

2 Cerque com uma linha as frações irredutíveis.

$\frac{9}{27}$ $\frac{4}{9}$ $\frac{5}{18}$ $\frac{6}{30}$ $\frac{12}{25}$

3 Sessenta dos cem balões coloridos da festa de Ana eram vermelhos. Qual fração irredutível representa a quantidade de balões vermelhos em relação ao total dos balões?

A fração irredutível é _____.

4 Utilizando o mdc, simplifique as frações a seguir.

a) $\dfrac{20}{32} =$ _____

b) $\dfrac{70}{42} =$ _____

c) $\dfrac{72}{126} =$ _____

d) $\dfrac{500}{600} =$ _____

8 Redução de frações a um mesmo denominador

Aprendendo

1 Observe.

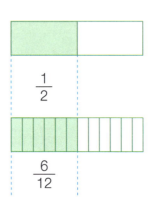
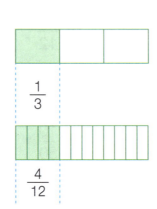
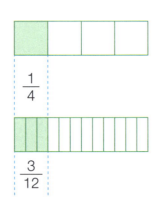

Veja que as frações $\dfrac{1}{2}$, $\dfrac{1}{3}$ e $\dfrac{1}{4}$ têm denominadores diferentes e são equivalentes, respectivamente, a $\dfrac{6}{12}$, $\dfrac{4}{12}$ e $\dfrac{3}{12}$, que possuem denominadores iguais.

Assim, temos:

$\dfrac{1}{2}$ $\dfrac{1}{3}$ $\dfrac{1}{4}$ } frações originais com denominadores diferentes

↓ ↓ ↓

$\dfrac{6}{12}$ $\dfrac{4}{12}$ $\dfrac{3}{12}$ } frações equivalentes às originais com denominadores iguais

Observe a seguir como reduzir frações com denominadores diferentes a um mesmo denominador.

Vamos reduzir ao menor denominador comum as frações $\frac{2}{3}$, $\frac{3}{4}$ e $\frac{1}{6}$.

- Primeiro, determinamos o mmc dos denominadores.

$$\text{mmc }(3, 4, 6) = 12$$

- Depois, dividimos o mmc obtido pelos denominadores das frações. Em seguida, multiplicamos o quociente obtido em cada caso pelo numerador da fração correspondente. Veja.

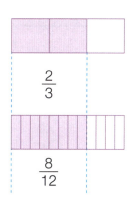

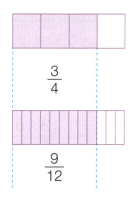

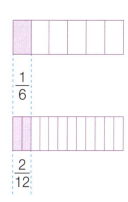

Assim, temos:

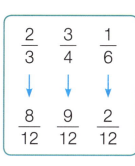

Praticando

Em cada item, reduza as frações ao menor denominador comum.

a) $\frac{2}{3}$, $\frac{1}{4}$

b) $\frac{3}{8}$, $\frac{1}{10}$

c) $\frac{1}{2}$, $\frac{3}{4}$, $\frac{1}{5}$

d) $\frac{5}{6}$, $\frac{7}{8}$, $\frac{3}{10}$

e) 2, $\frac{1}{8}$, $\frac{2}{3}$

f) $\frac{3}{10}$, $\frac{7}{20}$, $\frac{11}{25}$

9 Comparação de frações

Aprendendo

Comparar frações significa estabelecer uma relação de igualdade ou desigualdade entre elas. Vejamos os três casos a seguir.

Denominadores iguais

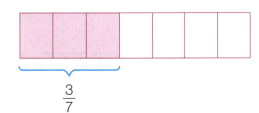

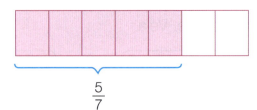

$$\frac{5}{7} > \frac{3}{7}, \text{ pois } 5 > 3$$

> Quando duas frações têm o mesmo denominador, a fração maior é a que tem o maior numerador.

Denominadores diferentes

Vamos colocar em ordem crescente e em ordem decrescente as seguintes frações:

$$\frac{2}{3}, \frac{5}{6}, \frac{3}{5}$$

Reduzindo-as a um denominador comum, obtemos:

mmc (3, 6, 5) = 30

- $\frac{2}{3} = \frac{20}{30}$
- $\frac{5}{6} = \frac{25}{30}$
- $\frac{3}{5} = \frac{18}{30}$

Então, concluímos que:

- $\frac{18}{30} < \frac{20}{30} < \frac{25}{30}$ ou $\frac{3}{5} < \frac{2}{3} < \frac{5}{6}$ ← ordem crescente

- $\frac{25}{30} > \frac{20}{30} > \frac{18}{30}$ ou $\frac{5}{6} > \frac{2}{3} > \frac{3}{5}$ ← ordem decrescente

> Quando duas frações têm denominadores diferentes, devemos reduzi-las a um denominador comum para poder compará-las.

Numeradores iguais

1 Vamos colocar em ordem crescente as frações $\frac{7}{3}, \frac{7}{5}, \frac{7}{9}, \frac{7}{2}$.

$\frac{7}{3}, \frac{7}{5}, \frac{7}{9}, \frac{7}{2}$ ⟶ $\frac{7}{9} < \frac{7}{5} < \frac{7}{3} < \frac{7}{2}$

> Quando várias frações têm o mesmo numerador, a maior fração é a que tem menor denominador.

Praticando

1 Escreva em ordem crescente as frações a seguir, utilizando o sinal <.

a) $\frac{3}{4}, \frac{9}{4}, \frac{2}{4}$

b) $\frac{2}{5}, \frac{7}{5}, \frac{1}{5}$

c) $\frac{9}{8}, \frac{9}{3}, \frac{9}{5}, \frac{9}{10}$

2 Coloque em ordem decrescente, utilizando o sinal >.

a) $\frac{5}{2}, \frac{7}{3}, \frac{3}{1}$

b) $\frac{4}{5}, \frac{7}{10}, \frac{9}{12}$

c) $\frac{1}{4}, \frac{2}{5}, \frac{3}{10}$

3 Em cada reta numérica abaixo foi marcado um ponto colorido.

Que fração corresponde à posição do ponto:

a) vermelho? _____

b) verde? _____

c) roxo? _____

- Agora, escreva as três frações, da menor para a maior, utilizando o sinal < (menor que). _____

4 Analise cada situação a seguir e informe se a criança comeu mais ou menos da metade de um queijo.

a) Luzia comeu $\frac{1}{4}$ de um queijo. _____

b) José comeu $\frac{5}{7}$ de outro queijo. _____

c) César comeu $\frac{2}{6}$ de outro queijo. _____

10 Frações e porcentagem

Aprendendo

1 Mário e Lucas observam a vitrine de uma loja.

Usamos o símbolo **%** (lemos: por cento) junto a um número para indicar uma **porcentagem**.

No anúncio acima, podemos ver que 50% (lemos: cinquenta por cento) dos calçados estão em promoção, isto é, 50 em cada 100 calçados da loja estão em promoção.

50 em cada 100 pode ser representado pela fração $\frac{50}{100}$, que é equivalente a $\frac{1}{2}$.

Então, dizer que 50% dos calçados estão em promoção é o mesmo que dizer que a metade dos calçados está em promoção.

Praticando

1 Escreva a fração com denominador 100 correspondente em cada caso.

a) 64% = _____

b) 31% = _____

c) 3% = _____

d) 95% = _____

e) 49% = _____

f) 53% = _____

g) 20% = _____

h) 80% = _____

2 Bruno e Iaci fizeram anotações para resolver os problemas. Leia-as e, depois, responda.

Problema de Bruno

25% das 60 pessoas que foram à festa eram crianças. Quantas crianças foram à festa?

- 25% é o mesmo que $\frac{25}{100}$.
- $\frac{25}{100}$ é equivalente a $\frac{1}{4}$.
- 25% de 60 é o mesmo que $\frac{1}{4}$ de 60.

Problema de Iaci

10% dos 40 parafusos estão com defeito. Quantos parafusos estão com defeito?

- 10% é o mesmo que $\frac{10}{100}$.
- $\frac{10}{100}$ é equivalente a $\frac{1}{10}$.
- 10% de 40 é o mesmo que $\frac{1}{10}$ de 40.

a) Quantas crianças foram à festa? _____

b) Quantos parafusos estão com defeito? _____

3 Calcule mentalmente e anote o resultado.

a) 2% de 300 reais = _____

b) 5% de 80 pessoas = _____

c) 12% de 600 camisetas = _____

d) 70% de 200 bolas = _____

duzentos e cinquenta e cinco

4 Observe o que Adriana disse sobre a figura que ela desenhou e coloriu. Depois, responda.

a) Por que Adriana disse que coloriu 25% da figura?

_____

_____

b) Que porcentagem de cada figura abaixo está colorida?

Figura A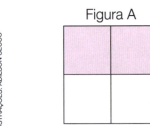

Figura B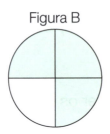

Figura C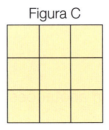

Figura D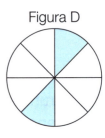

_____   _____   _____   _____

5 Observe como Mário e Isabela calcularam 15% de 500 reais.

Cálculo de Mário

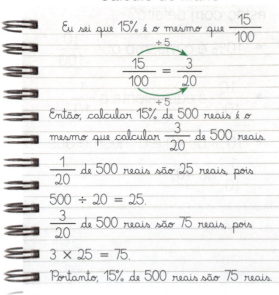

Cálculo de Isabela

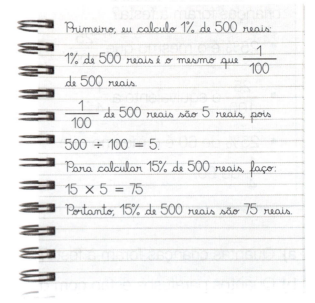

a) Em sua opinião, quem fez o cálculo de modo mais fácil? Por quê?

_____

_____

b) Como você faria esse cálculo? Registre em seu caderno.

11 Frações e probabilidade

Aprendendo

1. Lucas e Iaci criaram um jogo diferente para brincar de par ou ímpar. Eles prepararam as fichas ao lado.

Então, colocaram as fichas dentro de um saco e estabeleceram as regras do jogo.

1º) O jogo é composto de nove partidas.

2º) No início de cada partida, um jogador escolhe par e o outro, ímpar.

3º) Retira-se uma ficha de dentro do saco e verifica-se o número dela: se é par ou ímpar. Pela escolha feita no início da partida, pode-se conferir quem é o vencedor. Depois, colocam-se as fichas novamente dentro do saco para o início de uma nova partida.

4º) O vencedor do jogo será aquele que tiver o maior número de partidas ganhas.

- Quem tem a maior probabilidade de ganhar, quem escolhe par ou quem escolhe ímpar? Por quê?

> Podemos indicar a **probabilidade** por uma fração em que:
> - o numerador é o número de **possibilidades favoráveis**;
> - o denominador é o número **total de possibilidades**.

Veja estes exemplos.

A probabilidade de sair um número par é de 5 em 11, ou seja, $\frac{5}{11}$.

Dizemos que a probabilidade de sair um número ímpar é de 6 em 11, pois, em um total de 11 números, 6 são ímpares. Podemos escrever essa probabilidade assim: $\frac{6}{11}$.

ILUSTRAÇÕES: PAULO BORGES

- Na sua opinião, o que Lucas e Iaci poderiam fazer para tornar o jogo mais justo?

duzentos e cinquenta e sete

Observe outra situação.

Em um recipiente foram colocadas 2 bolas azuis, 3 amarelas, 2 verdes e 3 vermelhas. Mário vai retirar uma bola desse recipiente sem olhar. Qual é a probabilidade de ele retirar uma bola verde?

Veja que no pote há 10 bolas, das quais 2 são verdes; logo, a probabilidade de sair uma bola verde é $\frac{2}{10}$. Essa probabilidade também pode ser indicada em forma de porcentagem. Veja.

$$\frac{2}{10} = \frac{20}{100} = 20\%$$
(× 10)

Portanto, a probabilidade de sair uma bola verde é $\frac{2}{10}$ ou 20%.

- Calcule a probabilidade de Mário retirar uma bola vermelha. _____

Praticando

1 Ana está brincando com um dado. Em cada partida, ela escolhe um número de 1 a 6. Depois, joga o dado e verifica se acertou ou se errou. De acordo com as regras do jogo, responda às perguntas a seguir.

a) Qual é o número de resultados possíveis em cada partida? _____

b) Quantas possibilidades Ana tem de tirar o número escolhido? _____

c) Qual é a probabilidade de Ana acertar? _____

d) Qual seria a probabilidade de acertar se ela pudesse escolher os três números pares? _____

e) E se pudesse escolher os três números ímpares, qual seria a probabilidade de ela acertar? _____

2 Girando o ponteiro do disco ao lado, qual é a probabilidade de a seta:

a) parar no azul? _____

b) parar no amarelo? _____

c) parar no vermelho? _____

- Agora, indique essas probabilidades em porcentagem.

Jogando e aprendendo

Soma dos pontos

Material
- Tabuleiro da página **A9**
- 11 marcadores da página **A9**
- 2 dados

Maneira de brincar

1. Reúna-se com um colega e decidam quem começa o jogo.
2. Cada jogador, na sua vez, lança os dois dados e adiciona os pontos obtidos. Então, coloca o marcador na primeira casa do tabuleiro, ao lado da soma obtida, e anda uma casa cada vez que obtiver a soma novamente.
3. O jogador que chegar primeiro à última casa de uma das somas ganhará o jogo.

Agora, responda.

1. De acordo com os pontos obtidos por Bruno, em que casa ele deverá colocar seu marcador? _____
2. Qual dos números tem a maior probabilidade de ocorrer na soma dos pontos obtidos no lançamento de dois dados?

12. Adição de frações

Aprendendo

Vamos considerar dois casos envolvendo adição de frações.

Frações com o mesmo denominador

$$\frac{1}{5} + \frac{3}{5}$$

$\frac{1}{5}$ + $\frac{3}{5}$ = $\frac{4}{5}$

> Em uma adição de frações com o mesmo denominador, adicionamos os numeradores e conservamos o denominador.

Frações com denominadores diferentes

$$\frac{1}{2} + \frac{1}{3}$$

$\frac{1}{2}$ + $\frac{1}{3}$ = $\frac{1}{2} + \frac{1}{3}$

$\frac{3}{6}$ + $\frac{2}{6}$ = $\frac{5}{6}$

> Em uma adição de frações com denominadores diferentes, devemos, inicialmente, reduzi-las ao mesmo denominador para, em seguida, efetuar a adição.

Veja estes exemplos.

- $\frac{1}{6} + \frac{4}{3} + \frac{5}{12} = \frac{2}{12} + \frac{16}{12} + \frac{5}{12} = \frac{23}{12}$

- $\frac{1}{4} + \frac{2}{5} + \frac{3}{10} = \frac{5}{20} + \frac{8}{20} + \frac{6}{20} = \frac{19}{20}$

Praticando

1 Observe o piso revestido com cerâmica nas cores branca e preta.

a) Que fração do piso tem cor branca? _____

b) Que fração do piso tem cor preta? _____

c) Determine a soma das frações correspondentes às duas cores. _____

2 Efetue as adições a seguir.

a) $\dfrac{3}{7} + \dfrac{2}{7} =$

b) $\dfrac{7}{13} + \dfrac{9}{13} =$

c) $\dfrac{8}{11} + \dfrac{3}{11} =$

d) $\dfrac{7}{8} + \dfrac{3}{8} =$

e) $\dfrac{4}{15} + \dfrac{3}{15} + \dfrac{2}{15} =$

f) $\dfrac{11}{35} + \dfrac{10}{35} + \dfrac{18}{35} =$

3 Calcule o total das adições a seguir.

a) $\dfrac{2}{3} + \dfrac{1}{2} =$

b) $\dfrac{3}{5} + \dfrac{1}{6} =$

c) $\dfrac{5}{12} + \dfrac{3}{8} =$

d) $\dfrac{8}{9} + \dfrac{7}{10} =$

4 Efetue as adições.

a) $\dfrac{4}{15} + \dfrac{1}{12} + \dfrac{5}{6} =$

c) $\dfrac{5}{3} + \dfrac{7}{4} + 2 =$

b) $\dfrac{1}{5} + 3 + \dfrac{5}{8} =$

d) $4 + \dfrac{3}{6} + \dfrac{2}{9} =$

5 Júlio César pintou $\dfrac{3}{8}$ de um painel na segunda-feira e $\dfrac{1}{5}$ na terça-feira. Que fração do painel já foi pintada?

Já foram pintados _____ do painel.

6 Bruno e Mário jogam na mesma equipe de basquete. Em um jogo, Bruno fez $\dfrac{3}{11}$ dos pontos da equipe e Mário fez $\dfrac{1}{11}$ dos pontos da equipe.

a) Que fração dos pontos da equipe os dois fizeram juntos? _____

b) Sabendo que a equipe em que Bruno e Mário jogam marcou 44 pontos, quantos pontos Bruno fez a mais que Mário? _____

7 Nos primeiros 10 minutos de uma prova de canoagem, Álvaro completou $\frac{4}{11}$ da distância a ser percorrida. Passando-se mais 10 minutos, percorreu mais $\frac{2}{5}$ da distância total. Que fração da distância total ele percorreu nos primeiros 20 minutos de prova?

Álvaro percorreu _____ da distância total nos primeiros 20 minutos de prova.

8 Lucas fez $\frac{1}{9}$ de sua tarefa de manhã e $\frac{2}{7}$ à tarde. Que fração da tarefa ele já fez?

Lucas já fez _____ da tarefa.

9 Luís utilizou $\frac{1}{4}$ de um terreno para construir uma casa e $\frac{1}{15}$ para construir uma piscina. Que fração do terreno Luís utilizou para construir a casa e a piscina?

Luís utilizou _____ do terreno.

duzentos e sessenta e três

13 Transformação de frações em números mistos e vice-versa

 Aprendendo

Para transformar uma fração maior que o inteiro em número misto, dividimos o numerador pelo denominador. O quociente indicará a parte inteira do número misto, e o resto será o numerador da parte fracionária que conserva o denominador primitivo.
Veja os exemplos.

- Vamos transformar em número misto a fração imprópria $\frac{16}{5}$.

$$\begin{array}{r|l} 1\ 6 & 5 \\ \hline 1 & 3 \end{array} \qquad \frac{16}{5} = 3\frac{1}{5} \begin{array}{l} \leftarrow \text{resto} \\ \leftarrow \text{o mesmo denominador} \end{array}$$

$\uparrow$ quociente

- Vamos extrair os inteiros de $\frac{25}{7}$.

$$\begin{array}{r|l} 2\ 5 & 7 \\ \hline 4 & 3 \end{array} \qquad \frac{25}{7} = 3\frac{4}{7} \begin{array}{l} \leftarrow \text{resto} \\ \leftarrow \text{o mesmo denominador} \end{array}$$

$\uparrow$ quociente

Também podemos passar da forma mista para a forma de fração, adicionando a parte inteira do número misto à sua parte fracionária.

Observe os exemplos, nos quais fazemos a transformação de um número misto em uma fração imprópria:

- $5\frac{4}{7} = 5 + \frac{4}{7} = \frac{5}{1} + \frac{4}{7} = \frac{35}{7} + \frac{4}{7} = \frac{35+4}{7} = \frac{39}{7}$

- $3\frac{5}{9} = 3 + \frac{5}{9} = \frac{3}{1} + \frac{5}{9} = \frac{27}{9} + \frac{5}{9} = \frac{27+5}{9} = \frac{32}{9}$

> **Observação**
>
> Em uma adição envolvendo número misto, devemos transformá-lo em fração e, depois, continuar os cálculos. Veja.
>
> $$2\frac{1}{4} + \frac{3}{5} = 2 + \frac{1}{4} + \frac{3}{5} = \frac{40}{20} + \frac{5}{20} + \frac{12}{20} = \frac{57}{20}$$

Praticando

1 Transforme os seguintes números mistos em frações maiores que o inteiro.

a) $2\frac{1}{3} =$

b) $3\frac{5}{8} =$

c) $10\frac{3}{7} =$

2 Transforme em números mistos as frações maiores que o inteiro.

a) $\frac{7}{2} =$

b) $\frac{9}{4} =$

c) $\frac{11}{3} =$

d) $\frac{123}{8} =$

3 Represente graficamente as frações maiores que o inteiro.

a) $\frac{9}{7}$

b) $\frac{12}{4}$

c) $\frac{13}{5}$

4 Responda.

a) 18 meses representam que fração do ano? _____

b) 48 horas representam que fração do dia? _____

5 Represente graficamente os números mistos a seguir.

a) $3\frac{1}{2}$

b) $1\frac{2}{5}$

6 Efetue as adições, transformando os números mistos em frações.

a) $2\frac{1}{4} + \frac{5}{6} =$

c) $2\frac{1}{6} + 3\frac{1}{4} =$

b) $2\frac{1}{7} + 5\frac{1}{8} =$

d) $3\frac{7}{15} + \frac{1}{12} =$

14 Subtração de frações

Aprendendo

Vamos considerar dois casos envolvendo subtração de frações.

Frações com o mesmo denominador

$$\frac{3}{5} - \frac{1}{5}$$

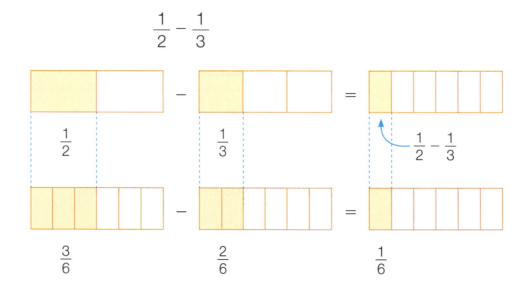

> Em uma subtração de frações com o mesmo denominador, subtraímos os numeradores e conservamos o denominador.

Frações com denominadores diferentes

$$\frac{1}{2} - \frac{1}{3}$$

> Em uma subtração de frações com denominadores diferentes, devemos, inicialmente, reduzi-las ao mesmo denominador para, em seguida, efetuar a subtração.

1 Resolva as subtrações a seguir.

a) $\dfrac{5}{6} - \dfrac{1}{6} = \boxed{}$

b) $\dfrac{10}{25} - \dfrac{3}{25} = \boxed{}$

c) $\dfrac{7}{9} - \dfrac{2}{9} = \boxed{}$

d) $\dfrac{8}{5} - \dfrac{3}{5} = \boxed{}$

e) $\dfrac{13}{17} - \dfrac{11}{17} = \boxed{}$

f) $\dfrac{10}{19} - \dfrac{9}{19} = \boxed{}$

2 Determine o resultado das subtrações.

a) $\dfrac{3}{4} - \dfrac{1}{6} =$

b) $\dfrac{1}{2} - \dfrac{1}{15} =$

c) $\dfrac{7}{8} - \dfrac{4}{9} =$

d) $\dfrac{5}{6} - \dfrac{3}{10} =$

3 Efetue as subtrações a seguir. Lembre-se de transformar os números mistos em frações.

a) $1\dfrac{7}{5} - \dfrac{1}{2} =$

b) $3\dfrac{2}{5} - \dfrac{1}{7} =$

c) $2\dfrac{1}{2} - 1\dfrac{4}{5} =$

d) $3 - 2\dfrac{4}{5} =$

e) $4 - 2\dfrac{7}{8} =$

f) $2\dfrac{1}{5} - 2\dfrac{1}{6} =$

duzentos e sessenta e sete

4 Artur leu $\frac{7}{12}$ de um livro. Que fração representa a parte do livro que Artur ainda não leu?

A fração que representa a parte que ele ainda não leu é _____.

5 Pedro construiu $\frac{7}{11}$ de um muro. Que fração falta construir para completar o muro?

Falta construir _____ para completar o muro.

6 Vítor está distribuindo jornais da escola pelo bairro onde mora. Ele entregou $\frac{1}{6}$ dos jornais pela manhã e $\frac{3}{6}$ dos jornais à tarde.

a) Que fração do total de jornais Vítor entregou?

_____

b) Podemos dizer que Vítor deixou de entregar $\frac{1}{3}$ dos jornais que levou? Por quê?
Converse com os colegas sobre isso.

7 Luís já percorreu $\frac{1}{5}$ de uma distância. Quanto ele ainda tem de percorrer para completar $\frac{2}{3}$ da distância?

Ele ainda tem de percorrer _____ da distância.

15 Multiplicação com frações

Aprendendo

Vamos considerar dois casos envolvendo multiplicação de frações.

Multiplicação de um número natural por um número na forma de fração

$$2 \times \frac{2}{5}$$

Ou seja:

$$\frac{2}{5} + \frac{2}{5} = 2 \times \frac{2}{5} = \frac{2 \times 2}{5} = \frac{4}{5}$$

> Em uma multiplicação de número natural por fração, multiplicamos o número natural pelo numerador e conservamos o denominador.

Multiplicação de dois números na forma de fração

$$\frac{4}{5} \times \frac{1}{2}$$

$$\frac{4}{5} \text{ de } \frac{1}{2} = \frac{4}{5} \times \frac{1}{2}$$

Ou seja:

$$\frac{4}{5} \times \frac{1}{2} = \frac{4 \times 1}{5 \times 2} = \frac{4}{10}$$

> O produto de duas frações é uma fração cujo numerador é o produto dos numeradores e cujo denominador é o produto dos denominadores das frações dadas.

Essa regra também é válida para a multiplicação de três ou mais frações.

Observe a multiplicação de três frações a seguir.

$$\frac{1}{2} \times \frac{3}{4} \times \frac{5}{8} = \frac{1 \times 3 \times 5}{2 \times 4 \times 8} = \frac{15}{64}$$

Cancelamento

O cancelamento é a técnica utilizada para facilitar a determinação de um produto.

Em uma multiplicação de frações, podemos dividir um numerador e um denominador por um mesmo número, sempre que possível. Esses termos são substituídos pelos quocientes das divisões. Observe.

$$\frac{\cancel{21}^{3}}{\cancel{16}_{2}} \times \frac{\cancel{8}^{1}}{\cancel{40}_{4}} \times \frac{\cancel{30}^{3}}{\cancel{14}_{2}} = \frac{3 \times 1 \times 3}{2 \times 4 \times 2} = \frac{9}{16}$$

Lembre!
- 30 e 40 são divisíveis por 10
- 8 e 16 são divisíveis por 8
- 21 e 14 são divisíveis por 7

Observações

1. Nas operações que envolvem fração de fração, substituímos a preposição **de** pelo **sinal de multiplicação**.
   Exemplos.
   - $\frac{1}{2}$ de $\frac{3}{4} = \frac{1}{2} \times \frac{3}{4} = \frac{3}{8}$
   - $\frac{3}{5}$ de $8 = \frac{3}{5} \times 8 = \frac{24}{5}$

2. Para determinar o **inverso** de uma fração, trocamos o numerador e o denominador de posição.
   Exemplos.
   - O inverso de $\frac{2}{5}$ é $\frac{5}{2}$.
   - O inverso de 9 é $\frac{1}{9}$.

   Não existe inverso do número zero.
   O produto de uma fração com sua inversa é sempre igual a 1.
   Observe.

   $$\frac{3}{4} \times \frac{4}{3} = \frac{12}{12} = 1$$

3. Em uma multiplicação que envolve número misto, devemos transformá-lo, inicialmente, em fração imprópria.

   $$2\frac{1}{5} \times \frac{3}{4} = \left(2 + \frac{1}{5}\right) \times \frac{3}{4} = \frac{11}{5} \times \frac{3}{4} = \frac{33}{20}$$

Praticando

1 Transforme as adições em multiplicações e efetue-as.

Exemplo: $\frac{1}{7} + \frac{1}{7} + \frac{1}{7} + \frac{1}{7} = 4 \times \frac{1}{7} = \frac{4}{7}$

a) $\frac{1}{8} + \frac{1}{8} + \frac{1}{8} + \frac{1}{8} + \frac{1}{8} =$

c) $\frac{3}{5} + \frac{3}{5} + \frac{3}{5} + \frac{3}{5} =$

b) $\frac{1}{4} + \frac{1}{4} + \frac{1}{4} =$

d) $\frac{1}{9} + \frac{1}{9} + \frac{1}{9} + \frac{1}{9} + \frac{1}{9} + \frac{1}{9} =$

2 Complete.

a)

A parte pintada de laranja representa _____ da figura.

b)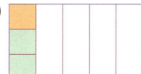

A parte pintada de verde representa _____ de $\frac{1}{5}$ da figura.

c)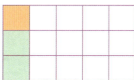

A parte pintada de verde representa _____ da figura.

- Concluímos que $\frac{2}{3}$ de $\frac{1}{5}$ é igual a _____.

3 Determine os produtos, utilizando o cancelamento quando possível.

a) $4 \times \frac{3}{5} =$

c) $3 \times \frac{2}{7} =$

e) $\frac{3}{4} \times 10 =$

b) $10 \times \frac{7}{5} =$

d) $5 \times 4\frac{1}{5} =$

f) $6 \times \frac{5}{2} =$

4 Efetue as multiplicações, simplificando o resultado quando possível.

a) $\dfrac{3}{4} \times \dfrac{7}{9} =$

b) $\dfrac{1}{3} \times \dfrac{9}{8} =$

c) $\dfrac{2}{5} \times 0 \times \dfrac{1}{4} =$

d) $2\dfrac{1}{4} \times \dfrac{3}{7} =$

e) $\dfrac{2}{3} \times \dfrac{10}{4} \times \dfrac{1}{2} =$

f) $8 \times \dfrac{3}{4} \times 1\dfrac{1}{5} =$

5 Calcule, simplificando o resultado quando possível.

a) $\dfrac{3}{5}$ de $25 =$

b) $\dfrac{5}{6}$ de $24 =$

c) $\dfrac{1}{2}$ de $\dfrac{3}{8} =$

d) $\dfrac{7}{10}$ de $\dfrac{5}{14} =$

e) $\dfrac{1}{2}$ de $5\dfrac{1}{6} =$

f) $\dfrac{4}{9}$ de $\dfrac{27}{28} =$

6 Efetue as multiplicações, utilizando o cancelamento.

a) $\dfrac{2}{5} \times \dfrac{5}{9} =$

b) $\dfrac{1}{2} \times \dfrac{8}{9} \times \dfrac{3}{4} =$

c) $\dfrac{10}{49} \times \dfrac{21}{5} =$

d) $\dfrac{36}{50} \times \dfrac{30}{72} \times \dfrac{10}{40} =$

e) $\dfrac{16}{75} \times \dfrac{25}{20} =$

f) $\dfrac{48}{80} \times \dfrac{40}{64} \times \dfrac{16}{12} =$

7 Responda.

a) Qual é o inverso de $\frac{7}{11}$? _____

b) Qual é o inverso do número 8? _____

c) Qual é o produto de uma fração com sua inversa? _____

8 Fernando trabalha em um restaurante.

Ele comprou uma saca de 60 quilogramas de feijão e usou $\frac{3}{20}$ dela para fazer o almoço. Quantos quilogramas de feijão foram usados no almoço? _____

9 Uma piscina está com $\frac{5}{8}$ de água. Para fazer uma reforma, serão retirados $\frac{2}{3}$ dessa água. Que fração corresponde à água que será retirada dessa piscina?

Serão retirados _____ de água dessa piscina.

10 Um caminhão transportava uma carga de 6 500 quilogramas, dos quais $\frac{7}{13}$ foram descarregados. Quantos quilogramas falta descarregar?

Falta descarregar _____ quilogramas.

16 Divisão com frações

Aprendendo

Vamos considerar três casos envolvendo divisão de frações.

Número natural por fração

$$2 \div \frac{1}{4}$$

Essa operação consiste em determinar quantas vezes $\frac{1}{4}$ cabe em 2 unidades. Veja.

Verificamos que $\frac{1}{4}$ cabe 8 vezes em 2 unidades.

Método prático

$$2 \div \frac{1}{4} = 2 \times \frac{4}{1} = 8$$

O inverso de $\frac{1}{4}$.

> Em uma divisão de número natural por fração, multiplicamos o número natural pelo inverso da fração.

Fração por número natural

$$\frac{1}{4} \div 2$$

Essa operação consiste em determinar a metade de $\frac{1}{4}$. Veja.

← Representa $\frac{1}{4}$ da unidade.

← Representa a metade de $\frac{1}{4}$.

Verificamos que a metade de $\frac{1}{4}$ é $\frac{1}{8}$.

Método prático

$$\frac{1}{4} \div 2 = \frac{1}{4} \times \frac{1}{2} = \frac{1}{8}$$

O inverso de 2.

Em uma divisão de fração por número natural, multiplicamos a fração pelo inverso do número natural.

Fração por fração

$$\frac{3}{4} \div \frac{1}{8}$$

Essa operação consiste em determinar quantas vezes $\frac{1}{8}$ cabe em $\frac{3}{4}$.

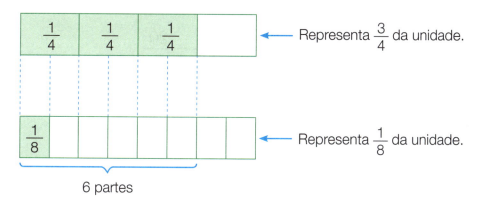

Representa $\frac{3}{4}$ da unidade.

Representa $\frac{1}{8}$ da unidade.

6 partes

Verificamos que $\frac{1}{8}$ cabe 6 vezes em $\frac{3}{4}$ da unidade, logo: $\frac{3}{4} \div \frac{1}{8} = 6$

Método prático

$$\frac{3}{4} \div \frac{1}{8} = \frac{3}{4} \times \frac{8}{1} = \frac{6}{1} = 6$$

O inverso de $\frac{1}{8}$.

Na divisão de uma fração por outra, multiplicamos a primeira pelo inverso da segunda.

Observações

1. Toda divisão de dois números naturais em que o divisor é diferente de zero pode ser escrita sob a forma fracionária.
   Exemplos.

   - $3 \div 4 = \dfrac{3}{4}$
   - $5 \div 8 = \dfrac{5}{8}$
   - $6 \div 7 = \dfrac{6}{7}$

2. Uma expressão como $\dfrac{\frac{2}{7}}{\frac{3}{5}}$, corresponde a $\dfrac{2}{7} \div \dfrac{3}{5}$.

3. As expressões "metade", "terça parte", "quarta parte", ... são muito utilizadas e podem ser representadas por:
   $\dfrac{1}{2}, \dfrac{1}{3}, \dfrac{1}{4}, ...$

4. Em uma divisão envolvendo número misto, devemos transformá-lo, inicialmente, em fração imprópria.
   Exemplo.

   $$5 \div 2\dfrac{1}{4} = 5 \div \left(2 + \dfrac{1}{4}\right) = 5 \div \dfrac{9}{4} = 5 \times \dfrac{4}{9} = \dfrac{20}{9}$$

Praticando

1 Efetue as divisões e simplifique o resultado quando possível.

a) $5 \div \dfrac{1}{2} =$	**c)** $4 \div \dfrac{2}{3} =$
b) $7 \div \dfrac{3}{5} =$	**d)** $40 \div \dfrac{2}{7} =$

2 Represente com uma fração as divisões a seguir.

a) $3 \div 8 = \boxed{}$ **b)** $5 \div 9 = \boxed{}$ **c)** $10 \div 11 = \boxed{}$ **d)** $22 \div 25 = \boxed{}$

3 Efetue cada divisão, simplificando-a quando possível.

a) $\dfrac{1}{3} \div 5 =$	c) $\dfrac{3}{4} \div 6 =$
b) $\dfrac{1}{10} \div 10 =$	d) $\dfrac{5}{6} \div 18 =$

4 Calcule os quocientes, simplificando quando possível.

a) $\dfrac{3}{4} \div \dfrac{3}{2} =$	c) $\dfrac{4}{9} \div \dfrac{16}{81} =$
b) $\dfrac{2}{5} \div \dfrac{1}{6} =$	d) $\dfrac{2}{9} \div 1\dfrac{1}{3} =$

5 Efetue as divisões a seguir, simplificando quando possível.

a) $\dfrac{7}{8} \div \dfrac{3}{4} =$	c) $2\dfrac{1}{2} \div \dfrac{3}{8} =$
b) $5 \div 2\dfrac{3}{16} =$	d) $\dfrac{12}{21} \div 18 =$

17 Expressões numéricas envolvendo frações

Aprendendo

A resolução de expressões é feita seguindo a mesma ordem do cálculo das expressões numéricas com números naturais.

1º) Efetuamos as multiplicações e as divisões na ordem em que aparecem.

2º) Efetuamos as adições e as subtrações na ordem em que aparecem.

Veja os exemplos.

- $\dfrac{2}{3} + \dfrac{1}{2} \times \dfrac{3}{5} = \dfrac{2}{3} + \dfrac{3}{10} = \dfrac{20}{30} + \dfrac{9}{30} = \dfrac{29}{30}$

- $\dfrac{3}{7} - \dfrac{3}{5} \times \dfrac{1}{2} \div 2 = \dfrac{3}{7} - \dfrac{3}{10} \div 2 = \dfrac{3}{7} - \dfrac{3}{10} \times \dfrac{1}{2} =$

  $= \dfrac{3}{7} - \dfrac{3}{20} = \dfrac{60}{140} - \dfrac{21}{140} = \dfrac{39}{140}$

Praticando

Resolva cada uma das expressões numéricas, simplificando o resultado sempre que possível.

a) $\dfrac{2}{5} + \dfrac{3}{4} - \dfrac{1}{2} =$	c) $\dfrac{2}{3} \times \dfrac{3}{4} + \dfrac{1}{5} \times \dfrac{5}{2} =$
b) $\dfrac{5}{6} - \dfrac{1}{4} + \dfrac{2}{5} =$	d) $2\dfrac{1}{9} - \dfrac{2}{3} \div \dfrac{4}{9} =$

18 Problemas envolvendo frações

Aprendendo

 Observe alguns problemas que envolvem frações.

- Um petroleiro descarregou $\dfrac{2}{5}$ de seu volume total no primeiro dia e $\dfrac{1}{3}$ no segundo dia. Que fração representa o volume descarregado nesses dois dias?

$$\dfrac{2}{5} + \dfrac{1}{3} = \dfrac{6}{15} + \dfrac{5}{15} = \dfrac{11}{15}$$

Foram descarregados $\dfrac{11}{15}$ nesses dois dias.

- Paulo precisa encher $\dfrac{8}{9}$ de sua piscina. Considerando que $\dfrac{2}{3}$ da piscina já estão com água, que fração representa o que falta para atingir esses $\dfrac{8}{9}$?

$\dfrac{8}{9} - \dfrac{2}{3} = \dfrac{8}{9} - \dfrac{6}{9} = \dfrac{2}{9}$

Faltam $\dfrac{2}{9}$ para atingir $\dfrac{8}{9}$.

- Uma jarra contém 4 litros de água. Quantos copos de $\frac{1}{5}$ de litro podem ser completamente preenchidos com essa água?

$$4 \div \frac{1}{5} = 4 \times \frac{5}{1} = 20$$

Podem ser preenchidos 20 copos.

- Um lutador de judô ganhou $\frac{4}{5}$ das 30 últimas lutas que disputou. Quantas lutas ele perdeu nessas últimas disputas?

$$\frac{4}{5} \times 30 = \frac{120}{5} = 24$$

Lutas disputadas: 30

Lutas vencidas: 24

$30 - 24 = 6$

Ele perdeu 6 lutas.

Praticando

1 Iaci colou $\frac{1}{9}$ das figurinhas do seu álbum no sábado e $\frac{2}{7}$ no domingo. Que fração das figurinhas foi colada nesse fim de semana?

Foram coladas _____ das figurinhas do álbum.

2 No último mês, Jorge gastou $\frac{1}{5}$ do salário com aluguel, $\frac{1}{3}$ do salário com alimentação e $\frac{1}{9}$ do salário com roupas. Que fração do salário de Jorge representa as despesas com aluguel, alimentação e roupas? _____

3 Oscar tinha um pedaço que equivalia a $\frac{5}{6}$ de um pão. Ele comeu $\frac{3}{4}$ desse pedaço. Quanto restou?

Restou _____ do pedaço de pão.

4 Telma possuía $\frac{4}{5}$ de uma folha de cartolina para fazer um cartaz. Gastou $\frac{3}{8}$ da folha nesse trabalho. Quanto sobrou?

Sobraram _____ da folha de cartolina.

5 Bruno tem uma coleção com 270 miniaturas. Dessa coleção, $\frac{2}{3}$ são carrinhos. Quantos carrinhos há na coleção de Bruno?

Há _____ carrinhos na coleção de Bruno.

6 Queremos dividir 8 quilogramas de manteiga em embalagens de $\frac{1}{4}$ de quilograma. Quantas embalagens obteremos?

Obteremos _____ embalagens de $\frac{1}{4}$ de quilograma.

19 Problemas com fração envolvendo o inteiro

Aprendendo

Na solução de problemas com frações, o inteiro pode ser representado por qualquer fração em que o numerador e o denominador sejam iguais.

Veja o exemplo.

Um garrafão cheio de água pode ser representado por:

$$\frac{2}{2} \text{ ou } \frac{3}{3} \text{ ou } \frac{4}{4} \ldots \text{ ou } \frac{12}{12} \ldots$$

Observe a solução dos problemas a seguir.

- Carlos deseja comprar um bolo que custa 18 reais. Responda.

  a) Quanto custa $\frac{1}{3}$ desse bolo?

  $\frac{3}{3}$ → 18 $\frac{1}{3}$ → 18 ÷ 3 = 6

  A fração que corresponde a $\frac{1}{3}$ do bolo custa 6 reais.

  b) Quanto custam $\frac{5}{6}$ desse bolo?

  $\frac{6}{6}$ → 18 $\frac{1}{6}$ → 18 ÷ 6 = 3 $\frac{5}{6}$ → 5 × 3 = 15

  A fração que corresponde a $\frac{5}{6}$ do bolo custa 15 reais.

duzentos e oitenta e um

- O furão Fófis já percorreu $\frac{3}{4}$ de uma trilha, correspondendo a um trecho de 12 metros. Qual é a extensão total dessa trilha?

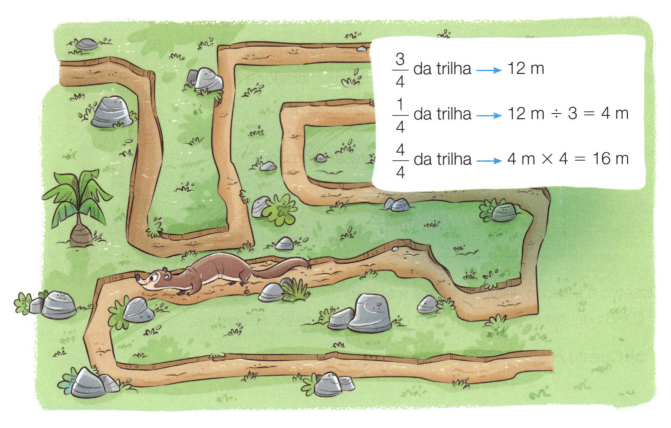

$\frac{3}{4}$ da trilha ⟶ 12 m

$\frac{1}{4}$ da trilha ⟶ 12 m ÷ 3 = 4 m

$\frac{4}{4}$ da trilha ⟶ 4 m × 4 = 16 m

A extensão total dessa trilha é 16 metros.

Praticando

1 Um garoto percorreu de bicicleta $\frac{3}{5}$ de uma estrada que tem 60 quilômetros. Quantos quilômetros dessa estrada o garoto percorreu?

O garoto percorreu _____ quilômetros dessa estrada.

2 De uma rua de 2400 metros de comprimento, foram asfaltados $\frac{3}{8}$. Quantos metros dessa rua já foram asfaltados?

Já foram asfaltados _____ metros dessa rua.

3 Regina comprou $\frac{2}{7}$ de um terreno por 22000 reais. Quanto custa o terreno todo?

O terreno todo custa _____ reais.

Tratando a informação
Organizar e interpretar dados em gráficos de setores

1 A gerente de uma loja de roupas fez um levantamento do número de peças vendidas na primeira semana de setembro de 2019. Os dados foram organizados na tabela abaixo.

Peças vendidas na primeira semana				
Peça	Blusas	Bermudas	Calças	Saias
Número	60	30	12	18

Dados obtidos pela gerente da loja de roupas, em 9 set. 2019.

Com base nos dados da tabela, a gerente construiu um gráfico de setores. Observe e faça o que se pede.

a) Complete o gráfico, inserindo o título, a fonte e as informações da legenda.

b) Quantas peças de roupa foram vendidas ao todo? _____

c) Que item representa 50% das vendas dessa semana? _____

d) Qual porcentagem do total das vendas representa a venda de bermudas? _____

e) Elabore uma pergunta sobre o gráfico e peça a um colega que a responda.

2 Em uma cidade foram plantadas 600 mudas de árvores de quatro espécies. Veja no gráfico abaixo a distribuição das espécies de mudas plantadas. Depois, responda.

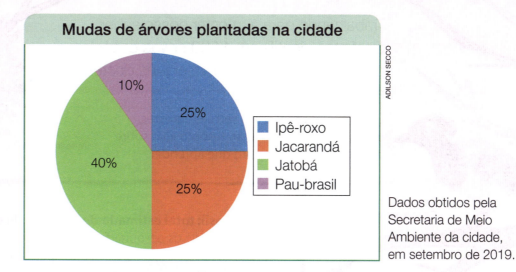

a) Qual é a espécie de muda de árvore mais plantada? E a menos plantada?

_____

b) Quantas mudas de cada uma das árvores foram plantadas?

c) Quantas mudas de jacarandá foram plantadas a mais que de pau-brasil?

3 A Secretaria de Turismo de duas cidades fez um levantamento dos meios de transporte mais usados para viajar pelos seus habitantes em 2019. Os dados desses levantamentos foram organizados nos gráficos de setores abaixo. Observe e faça o que se pede.

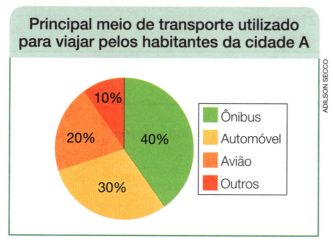

Dados obtidos pela Secretaria de Turismo da cidade A, em 2019.

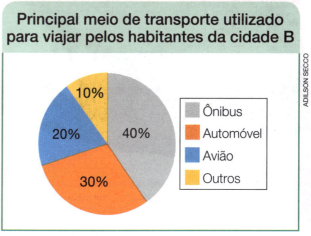

Dados obtidos pela Secretaria de Turismo da cidade B, em 2019.

- Podemos dizer que, em ambos os gráficos, o índice 40% representa o mesmo número de habitantes? E 30%? E 20%? E 10%? Escreva um pequeno texto em seu caderno para justificar sua resposta.

Lendo e descobrindo
Tesouros da natureza

Trabalhando para aumentar nosso saber, cientistas identificam 1 500 novas espécies por ano no Brasil. Observe alguns destes animais descobertos recentemente.

Das florestas úmidas aos sertões agrestes, o Brasil guarda um imenso tesouro vivo sobre o qual ainda temos muito que aprender.

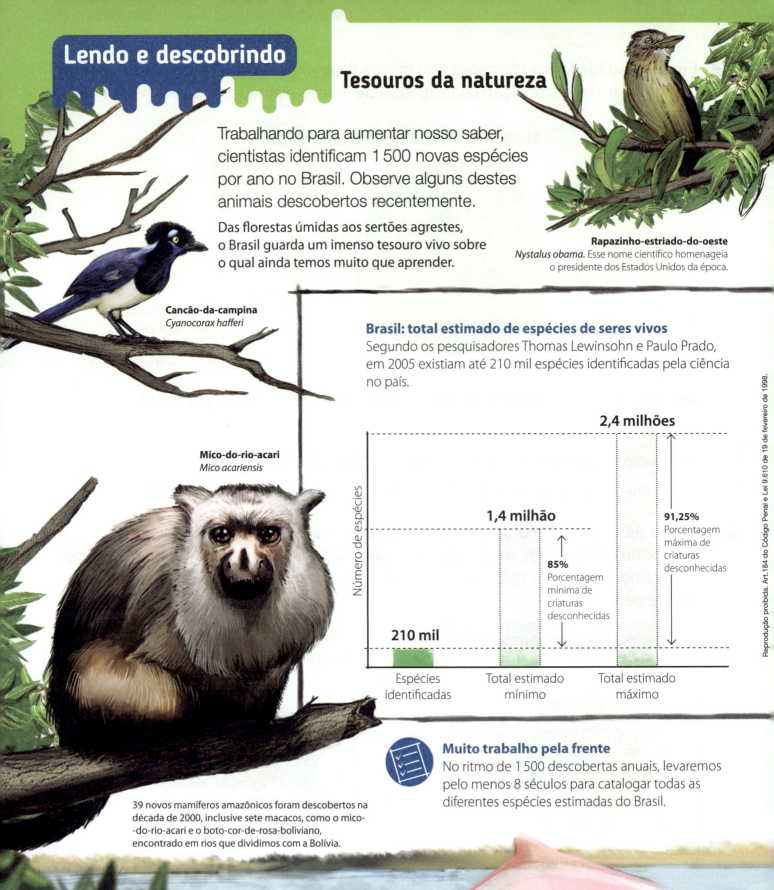

Rapazinho-estriado-do-oeste
Nystalus obama. Esse nome científico homenageia o presidente dos Estados Unidos da época.

Cancão-da-campina
Cyanocorax hafferi

Mico-do-rio-acari
Mico acariensis

Brasil: total estimado de espécies de seres vivos
Segundo os pesquisadores Thomas Lewinsohn e Paulo Prado, em 2005 existiam até 210 mil espécies identificadas pela ciência no país.

- 210 mil — Espécies identificadas
- 1,4 milhão — Total estimado mínimo (85% Porcentagem mínima de criaturas desconhecidas)
- 2,4 milhões — Total estimado máximo (91,25% Porcentagem máxima de criaturas desconhecidas)

Muito trabalho pela frente
No ritmo de 1 500 descobertas anuais, levaremos pelo menos 8 séculos para catalogar todas as diferentes espécies estimadas do Brasil.

39 novos mamíferos amazônicos foram descobertos na década de 2000, inclusive sete macacos, como o mico-do-rio-acari e o boto-cor-de-rosa-boliviano, encontrado em rios que dividimos com a Bolívia.

Boto-cor-de-rosa-boliviano
Inia geoffrensis boliviensis

A Amazônia é, assim como Mata Atlântica, o bioma mais estudado e continua a dar sinais de riqueza. As aves destas páginas, por exemplo, são algumas das 15 espécies de aves cuja descoberta na Amazônia foi anunciada em 2013.

Arapaçu-do-bico-torto
Campylorhamphus gyldenstolpei

Legenda:
- Amazônia
- Mata Atlântica
- Cerrado
- Caatinga
- Campos sulinos
- Pantanal
- Costeiros

Fonte: FERREIRA, Graça Maria Lemos. *Atlas geográfico*: espaço mundial. 6. ed. São Paulo: Moderna, 2016.

Os biomas menos estudados (a caatinga, o pantanal, os pampas, o litoral e as águas doces e salgadas) certamente guardam grandes surpresas. Na caatinga, por exemplo, um bioma que só existe no Brasil, evoluíram plantas e animais com capacidades únicas como a *Phyllomedusa nordestina*, encontrada em 2006 na Bahia, que produz uma substância que mata microrganismos como o protozoário da Leishmaniose.

Fonte: THOMPSON, C. *Amazônia Viva*. Brasília: WWF Brasil, 2010, disponível em: <assets.wwfbr.panda.org/downloads/amazonia_viva_web.pdf>. Acessos em: 27 jul. 2019.

Porco-espinho-do-baturité
Coendou baturitensis
Mamífero que vive nas árvores e só foi descrito pela ciência em 2013; é um velho conhecido dos cearenses da Serra do Baturité. Para sorte do bicho, lá se diz que caçá-lo dá azar.

Os mais desconhecidos
Menos de 1% dos vírus e bactérias do país já foi identificado.

O grupo mais conhecido
70% dos vertebrados brasileiros já teriam sido descobertos.

Perereca
Phyllomedusa nordestina

Responda.

1. Em relação ao total estimado máximo de espécies de seres vivos, quanto representam, em porcentagem, as espécies identificadas no Brasil em 2005? _____

2. Que fração corresponde ao grupo dos vertebrados brasileiros que já teriam sido descobertos? E dos que ainda não teriam sido descobertos? _____

Praticando mais

1 Escreva a fração correspondente a:

a) 5 dias de uma semana ▶ _____

b) 20 anos de um século ▶ _____

c) 5 anos de uma década ▶ _____

d) 5 meses de um ano ▶ _____

2 Quantos minutos tem a quinta parte de uma hora?

_____

3 Observe as frações e faça o que se pede.

$\dfrac{20}{20}$ $\dfrac{9}{3}$ $\dfrac{10}{5}$ $\dfrac{30}{10}$ $\dfrac{10}{10}$ $\dfrac{21}{7}$ $\dfrac{30}{15}$ $\dfrac{14}{7}$ $\dfrac{5}{5}$

- Verifique o número natural que as frações representam e pinte os quadrinhos de acordo com a seguinte legenda:

 1   2   3

4 Observe a reta numérica. Depois, faça o que se pede.

- Escreva o número misto correspondente aos pontos A, B e C dessa reta numérica.

A: _____   B: _____   C: _____

5 Aline comprou um quebra-cabeça por R$ 140,00. Vendeu-o com lucro de 30%.

a) De quantos reais foi o lucro de Aline?

_____

b) Por quanto ela vendeu o quebra-cabeça?

_____

6 Neste quadro, temos todos os resultados possíveis para a adição dos pontos obtidos no lançamento de dois dados. Complete os espaços em branco e responda.

a) Como podemos ter a soma 10, lançando dois dados?

_____

_____

b) Quais são as somas menos prováveis de ser obtidas?

_____

_____

	1	2	3	4	5	6
1	2	3	4	5	6	
2	3	4	5	6	7	8
3	4		6	7	8	9
4	5	6	7		9	10
5		7	8	9	10	11
6	7	8		10		12

7 Observe a posição das motos neste jogo: lançamos dois dados e fazemos com que a moto cujo número coincide com a soma dos pontos obtidos nos dados avance uma casa.

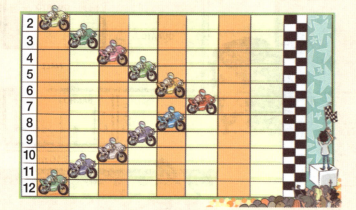

a) Você acha aceitável que as motos 6, 7 e 8 estejam mais à frente? Justifique sua resposta.

_____

_____

b) Qual fração representa a probabilidade de, em um lançamento de dados, a moto 7 andar uma casa?

_____

_____

Desafio

Em uma receita de cocada são utilizadas $3\frac{1}{2}$ xícaras de açúcar.

Ao dobrar a receita, são utilizadas quantas xícaras de açúcar?

_____

UNIDADE 9
Números na forma decimal

Trocando ideias

1. Qual é a maior das medidas que aparecem na planta baixa do imóvel? E a menor?
2. Quais são as medidas da lavanderia desse imóvel?

1 Frações decimais e os números na forma decimal

Aprendendo

Todas as frações que têm como denominador 10, 100, 1 000 etc. são chamadas de **frações decimais**.

Veja os exemplos.

$\dfrac{7}{10}, \dfrac{5}{100}, \dfrac{13}{1\,000}$

Já aprendemos que:

- se o denominador é 10, lemos **décimos**;
- se o denominador é 100, lemos **centésimos**;
- se o denominador é 1 000, lemos **milésimos**.

Sugestão de leitura

Frações e números decimais, de Luiz Márcio Pereira Imenes, José Jakubovic e Marcelo Cestari Lellis. Leia mais informações sobre esse livro na página 380.

Veja, então, como fazemos a leitura das frações consideradas.

- $\dfrac{7}{10}$ ⟶ sete décimos
- $\dfrac{5}{100}$ ⟶ cinco centésimos
- $\dfrac{13}{1\,000}$ ⟶ treze milésimos

Toda fração decimal pode ser representada por um **número na forma decimal**.

Observe.

Fração decimal	Número na forma decimal
$\dfrac{1}{10}$	0,1
$\dfrac{3}{10}$	0,3
$\dfrac{17}{10}$	1,7
$\dfrac{197}{10}$	19,7

Fração decimal	Número na forma decimal
$\dfrac{1}{100}$	0,01
$\dfrac{3}{100}$	0,03
$\dfrac{17}{100}$	0,17
$\dfrac{197}{100}$	1,97

Fração decimal	Número na forma decimal
$\dfrac{1}{1\,000}$	0,001
$\dfrac{3}{1\,000}$	0,003
$\dfrac{17}{1\,000}$	0,017
$\dfrac{197}{1\,000}$	0,197

Leitura de números escritos na forma decimal

No sistema de numeração decimal, cada algarismo da parte inteira ou da parte decimal ocupa uma **posição** ou **ordem** com as seguintes denominações:

Na representação dos números na forma decimal, verificamos que a **vírgula** separa a **parte inteira** da **parte decimal**. Como exemplo, vamos observar o que significa cada algarismo do número abaixo.

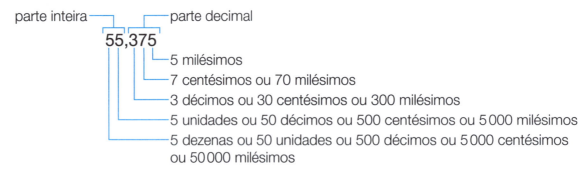

Lemos a **parte inteira**, seguida da **parte decimal**, acompanhada das palavras:

- **décimos**, quando houver uma casa decimal;
- **centésimos**, quando houver duas casas decimais;
- **milésimos**, quando houver três casas decimais.

Veja alguns exemplos.

Número na forma decimal	Leitura
1,50	um inteiro e cinco décimos
2,34	dois inteiros e trinta e quatro centésimos
15,129	quinze inteiros e cento e vinte e nove milésimos
7,08	sete inteiros e oito centésimos

Quando a **parte inteira** é **zero**, lemos apenas a parte decimal.

Veja os exemplos.

Número na forma decimal	Leitura
0,3	três décimos
0,68	sessenta e oito centésimos
0,197	cento e noventa e sete milésimos
0,023	vinte e três milésimos

2 Décimos, centésimos e milésimos

Aprendendo

Décimos

Lucas dividiu uma folha de cartolina em dez partes iguais e pintou uma delas. Cada parte é um décimo da folha. Veja.

A fração $\dfrac{1}{10}$ também pode ser representada por 0,1 (**um décimo**) e equivale à **unidade decimal de 1ª ordem**.

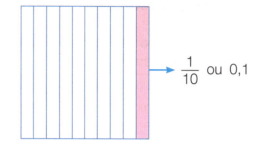

$\dfrac{1}{10}$ ou 0,1

Centésimos

A figura ao lado foi dividida em cem partes iguais. Cada parte é um centésimo da folha.

A fração $\dfrac{1}{100}$ também pode ser representada por 0,01 (**um centésimo**) e equivale à **unidade decimal de 2ª ordem**.

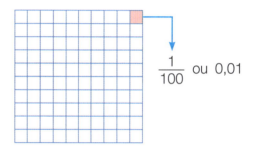

$\dfrac{1}{100}$ ou 0,01

Milésimos

O cubo ao lado foi dividido em mil partes iguais. Cada parte é um milésimo do cubo.

A fração $\dfrac{1}{1\,000}$ também pode ser representada por 0,001 (**um milésimo**) e equivale à **unidade decimal de 3ª ordem**.

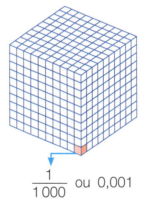

$\dfrac{1}{1\,000}$ ou 0,001

Praticando

1 Complete o quadro.

Número na forma decimal	Leitura
0,8	
	treze centésimos
	oito inteiros e quinhentos e quarenta e oito milésimos

duzentos e noventa e três

2 Observe o quadro e complete-o.

	Sete décimos	Treze centésimos	Trinta e três milésimos	Cento e sete centésimos	Oitenta e um milésimos
Fração decimal	$\frac{7}{10}$				
Número na forma decimal	0,7				

3 Escreva por extenso os seguintes números na forma decimal.

a) 0,89 ▶ _____

b) 0,017 ▶ _____

c) 0,548 ▶ _____

d) 54,12 ▶ _____

e) 769,2 ▶ _____

f) 8,019 ▶ _____

4 Represente com algarismos os números na forma decimal.

a) Cinco inteiros e seis décimos ▶ _____

b) Trinta e cinco milésimos ▶ _____

c) Trinta inteiros e onze centésimos ▶ _____

d) Cinquenta inteiros e oito décimos ▶ _____

e) Vinte e seis inteiros e quatro milésimos ▶ _____

5 Dê a representação fracionária e a decimal da parte pintada das figuras.

a)

b)

c)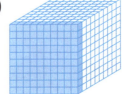

☐── = 0,3   ☐── = _____ $\frac{100}{1\,000}$ = _____

6 Responda.

a) Trinta décimos correspondem a quantas unidades? _____

b) Quanto falta para 0,3 formar 1 inteiro? _____

7 Clarice pegou 2 pedaços de papel de mesmo tamanho, dividiu cada um deles em 10 partes iguais e pintou 14 partes. Observe.

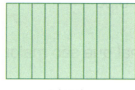
1 inteiro

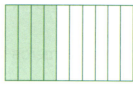
4 décimos

- Agora, responda.

    a) Que fração representa cada uma das partes em que cada pedaço de papel foi dividido? _____

    b) Que fração representa a parte pintada de verde? _____

    c) Que fração representa os 2 pedaços de papel juntos? _____

    d) A parte pintada de verde é maior ou menor que 1 inteiro? _____

 8 Observe a figura ao lado. Depois, pinte:

a) de ✱ $\frac{2}{10}$ ou 0,2 da figura;

b) de ✱ $\frac{3}{10}$ ou 0,3 da figura;

c) de ✱ o restante.

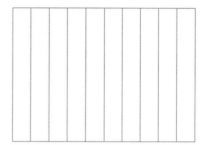

- Agora, responda: que número representa a parte amarela? _____

9 Observe a régua e represente com números na forma decimal os pontos indicados nas pontas das setas.

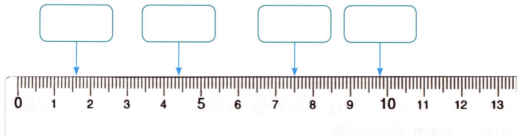

10 Cerque com uma linha os números na forma decimal que são menores que 1 inteiro.

a) 0,7   b) 1,3   c) 1,0   d) 0,6   e) 2,3

duzentos e noventa e cinco **295**

11 Cerque com uma linha os números na forma decimal que representam mais que a metade de 1 unidade.

a) 0,42   b) 0,81   c) 0,50   d) 0,56

12 Pinte o quadro com os números na forma decimal que são maiores que 1 unidade.

| 0,76 | 2,35 | 1,08 | 0,98 |

13 Veja os décimos em outra situação. Depois, faça o que se pede.

$$1 \text{ mm} = \frac{1}{10} \text{ cm} \quad \text{ou} \quad 1 \text{ mm} = 0{,}1 \text{ cm}$$

- Agora, reescreva as frases abaixo, substituindo cada medida em milímetro pela correspondente em centímetro.

   a) Uma formiga tem 3 mm de comprimento.

   _____

   b) O livro de Márcia tem 5 mm de espessura e o de Tiago, 24 mm.

   _____

14 Letícia foi a uma loja comprar 45 cm de fita rosa. A vendedora disse que poderia vender, no mínimo, 1 metro dessa fita.

a) Escreva 45 cm utilizando a unidade de medida metro. _____

b) Se Letícia comprar 1 metro de fita, qual será o comprimento do pedaço de fita que vai sobrar? Escreva essa medida em centímetro e em metro. _____

15 Escreva cada uma das quantias em real usando um número na forma decimal.

a)
_____

b)
_____

16 Em uma calculadora, digite as teclas indicadas em cada item e registre o número que aparece no visor. Depois, escreva como se lê cada um dos resultados.

a) 3 ÷ 1 0 = ☐

_____

b) 8 ÷ 1 0 0 = ☐

_____

c) 4 5 ÷ 1 0 0 0 = ☐

_____

d) 7 ÷ 1 0 = ☐

_____

e) 3 ÷ 1 0 0 = ☐

_____

Resolvendo problemas

Isabela ordenou as fichas abaixo e obteve um número na forma decimal. Que número pode ter sido esse?

, 7 0 1 0

_____
_____

3 Transformações

🎓 Aprendendo

Transformação de números na forma decimal em frações decimais

▶ Veja como transformamos números na forma decimal em frações decimais.

- No numerador, escrevemos o número sem a vírgula.
- No denominador, escrevemos a unidade seguida de tantos zeros quantas forem as casas decimais.

Veja alguns exemplos.

- $0,7 = \dfrac{7}{10}$ — uma casa decimal, um zero

- $0,37 = \dfrac{37}{100}$ — duas casas decimais, dois zeros

- $4,16 = \dfrac{416}{100}$ — duas casas decimais, dois zeros

- $0,015 = \dfrac{15}{1\,000}$ — três casas decimais, três zeros

Transformação de frações decimais em números na forma decimal

▶ Para transformar uma fração decimal em número na forma decimal, basta tomar o numerador com o número de casas decimais igual à quantidade de zeros do denominador.

Veja os exemplos.

- $\dfrac{17}{10} = 1,7$ — um zero, uma casa decimal

- $\dfrac{79}{100} = 0,79$ — dois zeros, duas casas decimais

- $\dfrac{73}{1\,000} = 0,073$ — três zeros, três casas decimais

- $\dfrac{5\,760}{1\,000} = 5,760$ — três zeros, três casas decimais

Praticando

1 Represente com frações decimais os seguintes números na forma decimal.

a) 0,37 = _____

b) 15,8 = _____

c) 0,013 = _____

d) 1,9 = _____

e) 18,54 = _____

f) 3,6 = _____

g) 0,007 = _____

h) 0,1 = _____

i) 25,123 = _____

2 Represente com números na forma decimal as frações decimais abaixo.

a) $\dfrac{7}{10}$ = _____

b) $\dfrac{5}{100}$ = _____

c) $\dfrac{13}{1\,000}$ = _____

d) $\dfrac{317}{100}$ = _____

e) $\dfrac{76}{100}$ = _____

f) $\dfrac{12}{10}$ = _____

g) $\dfrac{276}{1\,000}$ = _____

h) $\dfrac{119}{10}$ = _____

i) $\dfrac{2\,007}{1\,000}$ = _____

3 Que fração irredutível representa o número 0,02?

A fração irredutível que representa esse número é _____.

4 Escreva os números correspondentes aos pontos coloridos, observando como exemplo o ponto verde.

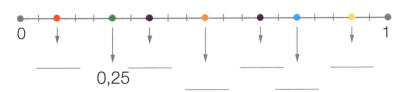

5 Represente o número sete inteiros e sete centésimos na forma decimal.

_____

6 Escreva os números mistos a seguir como um número na forma decimal.

Exemplo: $3\frac{7}{10} = 3,7$

a) $1\frac{5}{10} =$ _____

b) $8\frac{9}{10} =$ _____

7 Escreva o número na forma decimal que representa a parte colorida de cada uma das figuras. Depois, complete as frases.

 _____

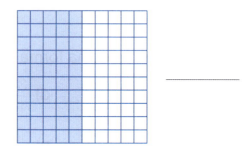 _____

a) Cada um desses números na forma decimal representa a _____ da unidade.

b) $0,5 + 0,5 =$ _____

c) $0,50 + 0,50 =$ _____

8 Represente na forma decimal as frações decimais a seguir.

a) $\frac{45}{100} =$ _____

b) $\frac{69}{100} =$ _____

c) $\frac{78}{100} =$ _____

d) $\frac{126}{100} =$ _____

e) $\frac{345}{100} =$ _____

f) $\frac{789}{100} =$ _____

9 Calcule mentalmente e registre os resultados.

Exemplo: $0,20 + 0,20 = 0,40$

a) $0,40 + 0,40 =$ _____

b) $10 + 0,65 =$ _____

c) $0,30 + 0,30 =$ _____

d) $2 + 0,24 =$ _____

e) $0,12 + 0,12 =$ _____

f) $0,32 + 0,32 =$ _____

g) $40 + 0,75 =$ _____

h) $5 + 0,05 =$ _____

i) $0,87 + 70 =$ _____

j) $5 + 0,32 =$ _____

10 Transforme em número na forma decimal a fração $13\frac{5}{100}$. _____

11 O litro e o mililitro são unidades de medida de capacidade. Sabendo que o mililitro é a milésima parte do litro, expresse em litro as medidas abaixo.

> Exemplo:
> 200 mL = $\frac{200}{1\,000}$ L = 0,200 L

a) 350 mL = _____

b) 500 mL = _____

c) 780 mL = _____

d) 1 300 mL = _____

12 Podemos verificar na embalagem ou na bula de um medicamento a massa das substâncias que o compõem. Essa massa normalmente é expressa em miligrama. Considerando que o miligrama é a milésima parte do grama, expresse em grama as medidas a seguir.

> Exemplo:
> 200 mg = $\frac{200}{1\,000}$ g = 0,200 g

a) 100 mg = _____

b) 12 mg = _____

c) 5 mg = _____

d) 1 030 mg = _____

4 Comparação de números escritos na forma decimal

Números na forma decimal equivalentes

Aprendendo

As figuras a seguir foram divididas em 10 e 100 partes, sendo coloridas 6 e 60 dessas partes, respectivamente.

Observe.

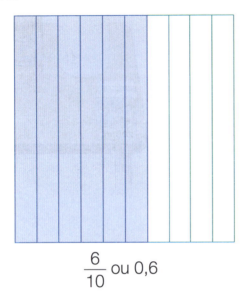

$\frac{6}{10}$ ou 0,6

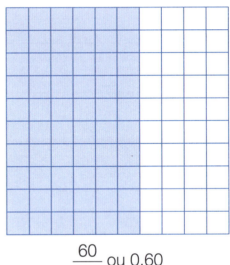

$\frac{60}{100}$ ou 0,60

Verificamos que 0,6 representa o mesmo que 0,60, ou seja, esses números são **equivalentes**.

> **Números equivalentes** são números que representam a mesma quantidade.

Veja alguns exemplos.

- 0,6 = 0,60 = 0,600 = 0,6000
- 3,5 = 3,50 = 3,500 = 3,5000
- 11 = 11,0 = 11,00 = 11,000
- 17,3 = 17,30 = 17,300 = 17,3000

Daí, podemos concluir que:

> Quando acrescentamos ou suprimimos um ou mais zeros à direita da parte decimal de um número, esse número não se altera.

Desigualdades de números na forma decimal

Aprendendo

Comparar dois números na forma decimal significa estabelecer uma relação de **igualdade** ou **desigualdade** entre eles.

Vamos considerar dois casos.

1º caso: As partes inteiras são diferentes

> O número maior é aquele que tem a maior parte inteira.

Veja os exemplos.

- 4,8 > 3,37, pois 4 > 3
- 10,7 > 9,643, pois 10 > 9

2º caso: As partes inteiras são iguais

> O número maior é aquele que tem a maior parte decimal.

Neste processo, devemos igualar inicialmente a quantidade de casas decimais dos números comparados, acrescentando zeros.

Veja os exemplos.

- 0,6 > 0,584

  Igualando as casas decimais:

  0,600 > 0,584, pois 600 > 584

- 5,62 > 5,567

  Igualando as casas decimais:

  5,620 > 5,567, pois 620 > 567

Praticando

1 Complete com os sinais = ou ≠.

a) 3,6 ☐ 0,36

b) 1,5 ☐ 0,015

c) 17 ☐ 17,00

d) 0,54 ☐ 0,540

e) 0,8 ☐ 8,0

f) 20,5 ☐ 2,05

g) 0,90 ☐ 0,900

h) 0,73 ☐ 7,30

i) 0,26 ☐ 0,260

2 Retire o(s) zero(s) que não altera(m) o valor dos decimais.

a) 3,700 = _____

b) 1,090 = _____

c) 0,0700 = _____

d) 17,000 = _____

e) 9,00 = _____

f) 1,060 = _____

3 Utilizando zero(s), iguale a quantidade de casas decimais dos pares de números a seguir.

a) 2,7 e 3,95 ▶ _____ e _____

b) 1,05 e 7,573 ▶ _____ e _____

c) 3 e 2,64 ▶ _____ e _____

d) 0,9 e 8,007 ▶ _____ e _____

4 Em uma calculadora, digite as teclas indicadas em cada caso e registre o número que aparece no visor.

| 0 | . | 7 | = | ☐ |

| 0 | . | 7 | 0 | = | ☐ |

| 0 | . | 7 | 0 | 0 | = | ☐ |

5 Escreva em ordem crescente os números na forma decimal abaixo.

a) 0,65; 0,7; 0,06 ▶ _____

b) 3,1416; 3,2; 3,143 ▶ _____

6 Escreva em ordem decrescente os números na forma decimal a seguir.

a) 0,35; 0,305; 0,31 ▶ _____

b) 5,64; 5,46; 5,51 ▶ _____

7 Rui tem 1,73 m de altura, e Rute tem 1,67 m. Qual dos dois é mais alto?

O mais alto dos dois é _____.

5 Adição de números na forma decimal

Aprendendo

Observe estas 4 peças de um painel. Cada peça é formada de 40 ladrilhos com 4 cores.

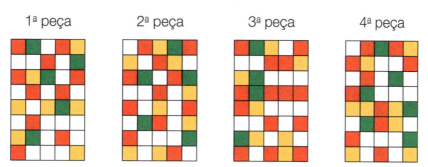

O quadro abaixo mostra a quantidade de ladrilhos de cada cor e a fração que ela representa da peça correspondente.

Peça / Cor	1ª	2ª	3ª	4ª	Total	Fração de uma peça
🟥	10	11	14	10	45	$\frac{45}{40} = \frac{40}{40} + \frac{5}{40} = 1 + 0{,}125 = 1{,}125$
🟩	5	5	4	6	20	$\frac{20}{40} = \frac{1}{2} = 0{,}5$
🟨	7	8	7	8	30	$\frac{30}{40} = 0{,}75$
⬜	18	16	15	16	65	$\frac{65}{40} = \frac{40}{40} + \frac{25}{40} = 1 + 0{,}625 = 1{,}625$

- A que fração de uma peça as cores vermelha, verde e amarela, juntas, correspondem?

Para responder a essa pergunta, podemos adicionar os números na forma decimal 1,125; 0,5 e 0,75.

Transformando em frações decimais, temos:

$$\frac{1\,125}{1\,000} + \frac{5}{10} + \frac{75}{100} = \frac{1\,125}{1\,000} + \frac{500}{1\,000} + \frac{750}{1\,000} = \frac{2\,375}{1\,000} = 2{,}375$$

Também podemos adicionar números na forma decimal, usando o algoritmo da adição. Para isso, devemos:

1º) colocar vírgula debaixo de vírgula;

2º) completar as ordens vazias com zeros;

3º) efetuar a operação indicada, mantendo, na soma, a vírgula alinhada com as demais.

```
    ¹
    1, 1 2 5
    0, 5 0 0
  + 0, 7 5 0
  ─────────
    2, 3 7 5
```

Outros exemplos:

- 15,06 + 0,008 + 1,2

$$\begin{array}{r}15,060\\0,008\\+1,200\\\hline 16,268\end{array}$$

- 27 + 3,53 + 0,1

$$\begin{array}{r}\overset{1}{2}7,00\\3,53\\+0,10\\\hline 30,63\end{array}$$

Praticando

1 Arme e efetue as adições de números na forma decimal a seguir.

a) 3,5 + 6,4 = ____	c) 10,6 + 1,07 = ____	e) 7 + 3,6 + 1,25 = ____
b) 0,07 + 1,6 = ____	d) 2,005 + 10,42 = ____	f) 0,3 + 0,06 + 1,123 = ____

2 Arme e efetue cada adição de números na forma decimal.

a) 7,42 + 8 + 0,7 = ____	c) 5,7 + 53 + 1,054 = ____
b) 0,543 + 2,356 = ____	d) 4,078 + 0,009 + 22,31 = ____

trezentos e seis

3 Denise comeu 0,35 de uma torta de morango no almoço e 0,28 no jantar. Que porção da torta Denise já comeu?

Denise já comeu _____ da torta de morango.

4 Murilo pesa 80,6 kg e seu filho Flávio, 30,8 kg. Qual é a massa dos dois juntos?

A massa dos dois juntos é _____ kg.

5 Jonas fez uma caminhada pelo calçadão, saindo do posto A, passando pelo posto B e chegando ao posto C. Observe o quadro e calcule a distância total que separa o posto A do posto C.

Trecho	Distância
A → B	3,48 km
B → C	2,95 km

A distância total do posto A para o posto C é _____.

6 Observe as figuras e responda às perguntas a seguir.

a) Qual é o total das massas registradas nas duas balanças? _____

b) Essa massa total é maior ou menor que 1 quilograma? _____

7 Arme e efetue estas adições.

a) 3,97 + 22,5 = _____

b) 56,74 + 2,386 = _____

c) 8,95 + 4,05 = _____

8 Calcule.

a) 0,178 + 3,54 + 6 = _____

b) 14,650 + 3 + 5,375 = _____

9 Calcule o valor total gasto na compra destes dois brinquedos.

R$ 95,86

R$ 118,67

Nessa compra, foram gastos R$ _____.

10 Identifique o padrão de cada sequência numérica e complete-a.

a) 0,32, 0,34, 0,36, _____, _____, _____, _____

b) 1,87, 1,90, 1,93, _____, _____, _____, _____

c) 3,0, 2,5, 2,0, _____, _____, _____, _____

11 Observe como Beatriz e Bianca fizeram esta operação.

11,54 + 2,5

Beatriz

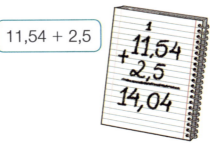

Bianca

- Quem fez a operação corretamente? Qual foi o erro da outra menina?

6 Subtração de números na forma decimal

Aprendendo

Iaci pintou de verde alguns quadradinhos do painel.

Os quadradinhos verdes representam $\dfrac{22}{80}$ ou 0,275 do painel.

Que número na forma decimal corresponde à parte não colorida do painel?

Para responder a essa pergunta, devemos subtrair 0,275 de 1.

Trabalhando com frações decimais, temos:

$$1 - \dfrac{275}{1\,000} = \dfrac{1\,000}{1\,000} - \dfrac{275}{1\,000} = \dfrac{725}{1\,000} = 0{,}725$$

Também podemos subtrair números na forma decimal, usando o algoritmo da subtração. Para isso, devemos:

1º) colocar vírgula debaixo de vírgula;

2º) completar as ordens vazias com zeros;

3º) efetuar a operação indicada, mantendo, na diferença, a vírgula alinhada com as demais.

Observe.

```
  1,0 0 0
 -0,2 7 5
  ───────
  0,7 2 5
```

Veja outros exemplos.

- 3 − 0,07

```
     2 9 10
     3̸,0̸ 0̸
    -0,0 7
    ──────
     2,9 3
```

3 − 0,07 = 2,93

- 17,54 − 16,539

```
         3 10
   1 7,5 4̸ 0̸
  -1 6,5 3 9
   ─────────
   1,0 0 1
```

17,54 − 16,539 = 1,001

trezentos e nove **309**

Praticando

1 Arme e efetue as subtrações a seguir.

a) 0,57 − 0,39 = _____

c) 0,64 − 0,438 = _____

b) 5 − 4,46 = _____

d) 10,72 − 0,056 = _____

2 Arme e efetue as subtrações de números na forma decimal.

a) 6,435 − 3,9 = _____

c) 100 − 98,76 = _____

b) 9,6 − 7,44 = _____

d) 8,73 − 6 = _____

3 Quanto devemos adicionar a 0,876 para obter 2 unidades?

Devemos adicionar _____.

4 Determine a diferença, em grau Celsius (°C), entre as temperaturas registradas nos termômetros.

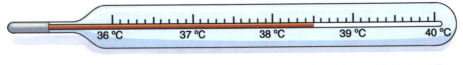

5 A Universidade do Colorado, nos Estados Unidos, realizou um estudo sobre o controle dos batimentos cardíacos, com o qual chegaram a uma fórmula para encontrar a frequência cardíaca (F) máxima segura para atividades físicas, de acordo com a idade.

$$F = 208 - \left(\frac{7}{10} \times \text{idade}\right)$$

- De acordo com essa fórmula, calcule e complete os espaços a seguir.

    a) Um homem saudável com 70 anos de idade pode exercitar-se a uma frequência máxima de _____ batimentos cardíacos por minuto.

    b) Um jovem saudável com 20 anos de idade pode exercitar-se a uma frequência máxima de _____ batimentos cardíacos por minuto.

    c) Calcule as frequências cardíacas máximas que estão faltando e complete o gráfico.

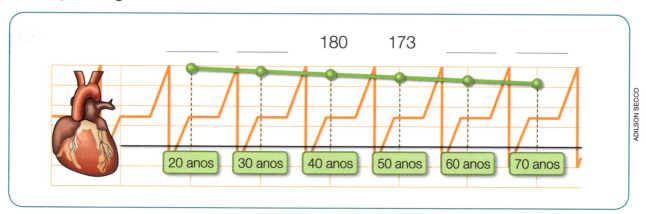

Resolvendo problemas

Joaquim foi à quitanda e comprou os produtos mostrados ao lado.
Ele pagou com uma cédula de R$ 10,00 e recebeu algumas moedas de troco.
Desenhe as moedas que ele recebeu.

R$ 1,15   R$ 2,35   R$ 2,20   R$ 2,50

7 Multiplicação com números na forma decimal

Aprendendo

1 Considere a multiplicação dos seguintes números na forma decimal:

$$3,24 \text{ e } 2,6$$

Transformando esses números em frações decimais, temos:

$$\frac{324}{100} \times \frac{26}{10} = \frac{8424}{1000} = 8,424$$

Também podemos multiplicar números na forma decimal, usando o algoritmo da multiplicação. Para isso, devemos:

1º) multiplicar os dois números na forma decimal como se fossem números naturais;

2º) colocar a vírgula no resultado, de modo que o número de casas decimais do produto seja igual à soma do número de casas decimais dos fatores.

Observe.

```
         1 2
      3, 2 4   ← duas casas decimais
   ×     2, 6  ← uma casa decimal
      1 1
      1 9 4 4
   + 6 4 8
   ─────────
      8, 4 2 4 ← três casas decimais
```

Outros exemplos:

- 5,72 × 1,23

```
           1
           2
        5, 7 2   ← duas casas decimais
     ×  1, 2 3   ← duas casas decimais
        ─────
       ¹1 7 1 6
      ¹1 1 4 4
     + 5 7 2
     ─────────
       7, 0 3 5 6 ← quatro casas decimais
```

5,72 × 1,23 = 7,0356

- 0,056 × 45

```
          2
          3
       0, 0 5 6  ← três casas decimais
    ×        4 5
       ─────
         ¹2 8 0
     + 2 2 4
     ─────────
       2, 5 2 0 ← três casas decimais
```

0,056 × 45 = 2,520

Multiplicação por 10, 100 ou 1 000

1 Uma empresa de gestão logística cobra R$ 5,80 mensais por palete para armazená-lo.

Qual é o custo para armazenar 10 paletes? E 100 paletes? E 1 000 paletes?

Veja os cálculos feitos por Iaci.

Paletes, geralmente usados para transportar e empilhar materiais.

```
5,80 × 10 = 58
       5 , 8 0
  ×        1 0
  ─────────────
     5 8 , 0 0
Total: R$ 58,00
```

```
5,80 × 100 =
= 5,80 × 10 × 10 =
= 58 × 10 = 580
       5 , 8 0
  ×      1 0 0
  ─────────────
   5 8 0 , 0 0
Total: R$ 580,00
```

```
5,80 × 1 000 =
= 5,80 × 100 × 10 =
= 580 × 10 = 5 800
       5 , 8 0
  ×    1 0 0 0
  ─────────────
 5 8 0 0 , 0 0
Total: R$ 5 800,00
```

Que interessante! Na multiplicação por 10, desloca-se a vírgula uma casa para a direita. Na multiplicação por 100, desloca-se a vírgula duas casas para a direita. E na multiplicação por 1 000, desloca-se a vírgula três casas para a direita.

Praticando

1 Arme e efetue as multiplicações a seguir, calculando os produtos.

a) 0,4 × 1,2 = _____

b) 1,5 × 4,6 = _____

c) 8 × 2,25 = _____

d) 0,05 × 0,013 = _____

e) 56 × 1,36 = _____

f) 2,5 × 15,04 = _____

2 Calcule o resultado de cada multiplicação.

a) $0,8 \times 600 =$ _____

c) $3,4 \times 1,06 =$ _____

e) $2,5 \times 2,25 =$ _____

b) $0,26 \times 1\,200 =$ _____

d) $4,4 \times 0,35 =$ _____

f) $0,85 \times 98,3 =$ _____

3 Calcule mentalmente e registre cada um dos produtos abaixo.

a) $3,76 \times 10 =$ _____

b) $4,579 \times 100 =$ _____

c) $1,314 \times 1\,000 =$ _____

d) $8,3 \times 100 =$ _____

e) $0,07 \times 1\,000 =$ _____

f) $11,6 \times 10 =$ _____

g) $0,37 \times 100 =$ _____

h) $8,73 \times 10 =$ _____

i) $1,562 \times 100 =$ _____

j) $8,4 \times 1\,000 =$ _____

k) $4,35 \times 10 =$ _____

l) $88,79 \times 1\,000 =$ _____

4 Observe a imagem e responda às questões.

A
10 moedas de R$ 0,01

B
100 moedas de R$ 0,01

C
200 moedas de R$ 0,01

a) Quantos reais há no saco de moedas A? _____

b) Quantos reais há no saco de moedas B? _____

c) Quantos reais há no saco de moedas C? _____

d) Quantos reais, no total, há nos sacos A, B e C? _____

5 Um grupo de ciclistas deu 6 voltas em uma pista de 1,25 quilômetro de comprimento. Qual foi a distância total percorrida por esses ciclistas?

A distância total percorrida foi _____ quilômetros.

6 Um grande parque temático na cidade de Orlando, nos Estados Unidos, investiu 265 milhões de dólares em sua ampliação. Qual foi o valor, em real, desse investimento, considerando que, na época, 1 dólar equivalia a 2,85 reais?

O valor do investimento foi de _____ milhões de reais.

7 Observe o preço dos produtos e complete o quadro.

 R$ 12,50    R$ 2,40    R$ 8,70

Produto	Quantidade	Preço unitário	Preço total
Caderno	2		
Caneta	6		
Lápis de cor	5		

- Agora, calcule o valor total dos produtos do quadro. _____

Resolvendo problemas

Selma estava vendendo rifas na festa de final de ano de sua escola para arrecadar fundos para um asilo. Cada talão da rifa contém 10 bilhetes numerados e cada bilhete custa R$ 2,40. Quantos reais Selma arrecadou com a venda de seus talões?

8 Divisão envolvendo números na forma decimal

Aprendendo

1. Andreia comprou três cadernos de mesmo preço, pagando, ao todo, a quantia de R$ 28,53. Quantos reais custa cada caderno?

Observe o cálculo com o algoritmo da divisão.

Dividimos 28 unidades por 3 e obtemos 9 unidades, sobrando 1 unidade, que é o mesmo que 10 décimos.

```
  D  U , d  c
  2  8 , 5  3  | 3
- 2  7            9
  ─────          U
     1
```

Em seguida, dividimos 15 décimos por 3. Obtemos 5 décimos e não sobra resto.

```
  D  U , d  c
  2  8 , 5  3  | 3
- 2  7            9 , 5
  ─────          U , d
     1  5
  -  1  5
     ─────
         0
```

Então, dividimos 3 centésimos por 3. Obtemos 1 centésimo e resto zero.

```
  D  U , d  c
  2  8 , 5  3  | 3
- 2  7            9 , 5  1
  ─────          U , d  c
     1  5
  -  1  5
     ─────
         0  3
       -    3
         ─────
            0
```

Logo, cada caderno custa R$ 9,51.

De forma prática, podemos dividir números na forma decimal, usando o algoritmo da divisão. Para isso, devemos:

1º) igualar as casas decimais do dividendo e do divisor;

2º) efetuar a divisão dos números naturais obtidos, **desprezando** as vírgulas.

Observe a divisão de números na forma decimal a seguir.

$$0,6 \div 0,02$$

Igualando as casas decimais:

$$0,60 \div 0,02$$

Efetuando a divisão:

```
6 0 | 2
0 0   3 0
```

Note que $30 \times 0,02 = 0,60$

Veja mais exemplos.

- $176 \div 3,2$

    Igualando as casas decimais:

    $176,0 \div 3,2$

    $176,0 \div 3,2 = 55$

    Efetuando a divisão:

    ```
    1 7 6 0 | 3 2
      1 6 0   5 5
            0
    ```

- $74 \div 0,37$

    Igualando as casas decimais:

    $74,00 \div 0,37$

    $74,00 \div 0,37 = 200$

    Efetuando a divisão:

    ```
    7 4 0 0 | 3 7
    0 0 0     2 0 0
    ```

- $6 \div 0,012$

    Igualando as casas decimais:

    $6,000 \div 0,012$

    $6,000 \div 0,012 = 500$

    Efetuando a divisão:

    ```
    6 0 0 0 | 1 2
    0 0 0     5 0 0
    ```

- $0,28 \div 0,007$

    Igualando as casas decimais:

    $0,280 \div 0,007$

    $0,280 \div 0,007 = 40$

    Efetuando a divisão:

    ```
    2 8 0 | 7
    0 0     4 0
    ```

Agora, observe estes exemplos.

- $0,36 \div 0,15$

    Os dois números têm a mesma quantidade de casas decimais; então, desprezamos as vírgulas e começamos a divisão.

    ```
    3 6 | 1 5
      6   2
    ```

    Para continuar essa divisão, devemos acrescentar um zero ao resto, uma vírgula ao quociente e dividir o novo dividendo.

    ```
    3 6   | 1 5            3 6   | 1 5
      6 0   2,               6 0   2, 4
                                0
    ```

    Quando acrescentamos um zero ao resto, as 6 unidades são transformadas em 60 décimos.

    Portanto: $0,36 \div 0,15 = 2,4$

- $5 \div 8$

    Como o dividendo é menor que o divisor, colocamos um zero e uma vírgula no quociente (zero inteiro) e acrescentamos um zero ao dividendo. Agora, é só dividir 50 décimos por 8:

    ```
    5 0 | 8                5 0 | 8
          0,                 2   0, 6
    ```

    5 inteiros correspondem a 50 décimos.

    Encontramos 6 décimos no quociente, e sobram 2 décimos. Acrescentamos outro zero ao dividendo e continuamos a divisão.

    ```
    5 0   | 8              5 0   | 8
      2 0   0, 6             2 0   0, 6 2
                                4
    ```

    2 décimos correspondem a 20 centésimos.

    Encontramos 2 centésimos no quociente, e sobram 4 centésimos. Acrescentamos novamente um zero ao dividendo e concluímos a divisão.

    ```
    5 0     | 8            5 0     | 8
      2 0     0, 6 2         2 0     0, 6 2 5
        4 0                    4 0
                                 0
    ```

    4 centésimos correspondem a 40 milésimos.

Portanto: $5 \div 8 = 0,625$

- 6,54 ÷ 1,5

    Igualando as casas decimais:

    6,54 ÷ 1,5**0**

    Efetuando a divisão:

    ```
    6 5 4 | 1 5 0
    5 4     4
    ```

Prosseguimos acrescentando um zero ao resto e colocando uma vírgula no quociente.

```
6 5 4   | 1 5 0
5 4 0     4,
```

Quando acrescentamos um zero ao resto, as 54 unidades são transformadas em 540 décimos.

```
6 5 4   | 1 5 0
5 4 0     4, 3
    9 0
```

Sobram 90 décimos.

Já colocada a vírgula, podemos acrescentar mais um zero ao resto para concluir a divisão.

```
6 5 4   | 1 5 0          6 5 4   | 1 5 0
5 4 0     4, 3           5 4 0     4, 3 6
    9 0 0                    9 0 0
                                 0
```

Quando acrescentamos um zero ao resto, os 90 décimos são transformados em 900 centésimos.

Portanto: 6,54 ÷ 1,5 = 4,36

Divisão por 10, 100 ou 1 000

Para dividir um número decimal por 10, 100 ou 1 000, basta deslocar a vírgula **para a esquerda** uma, duas ou três casas decimais, respectivamente.

Exemplos:

32,4 ÷ 10 = 3,24

A vírgula desloca-se uma casa para a esquerda.

526,8 ÷ 100 = 5,268

A vírgula desloca-se duas casas para a esquerda.

4572 ÷ 1000 = 4,572

A vírgula desloca-se três casas para a esquerda.

Nesse último exemplo, verificamos que, se o número for inteiro, subentende-se a existência da vírgula após o último algarismo.

Praticando

1 Arme e calcule o resultado das divisões.

a) $17 \div 2 =$ _____	c) $8 \div 5 =$ _____	e) $4 \div 5 =$ _____
b) $1 \div 4 =$ _____	d) $3 \div 8 =$ _____	f) $30 \div 12 =$ _____

2 Arme e efetue as divisões exatas a seguir.

a) $0,4 \div 5 =$ _____	c) $10 \div 0,02 =$ _____	e) $6,8 \div 4 =$ _____
b) $0,65 \div 0,05 =$ _____	d) $9,6 \div 80 =$ _____	f) $0,54 \div 0,9 =$ _____

3 Ernesto quer dividir 55 quilogramas de feijão em 2 sacos com quantidades iguais. Quantos quilogramas devem ser colocados em cada saco?

Devem ser colocados _____ kg em cada saco.

4 Um pedaço de barbante de 14 metros de comprimento foi dividido em 4 partes iguais. Qual é o tamanho de cada uma dessas partes?

O tamanho de cada uma das partes é _____ metros.

5 Isabela dividiu uma corda de 6 metros em 8 partes iguais. Quanto mede, em centímetro, cada uma dessas partes?

Cada parte mede _____ centímetros.

6 A quantia de R$ 41,20 foi dividida igualmente entre 5 pessoas. Quanto recebeu cada uma delas?

Cada uma delas recebeu _____.

7 Rosane comprou uma televisão de LED por R$ 1 299,00. Ela vai pagá-la em 5 prestações iguais. Qual será o valor de cada prestação?

O valor de cada prestação será _____.

8 Usando uma calculadora, efetue as seguintes operações:

a) 35,8 ÷ 4 = _____

b) 56,48 ÷ 5 = _____

9 Com 16 litros de suco de tomate, quantos copos de 0,25 L podem ser cheios?

Podem ser cheios _____ copos.

> **Algumas operações com números na forma decimal**
> Nesta atividade, você verá uma situação que envolve operações com números decimais e terá de resolver alguns exercícios.

10 Apenas deslocando a vírgula, determine o resultado das divisões abaixo.

a) 16,5 ÷ 10 = _____

b) 315,7 ÷ 100 = _____

c) 48,36 ÷ 10 = _____

d) 1 387,6 ÷ 1 000 = _____

e) 175 ÷ 100 = _____

f) 18,37 ÷ 1 000 = _____

g) 145,101 ÷ 100 = _____

h) 7,2 ÷ 10 = _____

i) 1 200 ÷ 100 = _____

j) 68,4 ÷ 1 000 = _____

11 Encontre o valor das expressões numéricas a seguir.

a) 6,8 + (0,25 × 8) ÷ 0,2 =

b) 6 + [8 ÷ (0,6 − 0,1)] − 1,4 =

Resolvendo problemas

Pepeu e 3 amigos ficaram durante 1 hora em uma lanchonete e gastaram R$ 36,40. Ao pagar a conta, eles dividiram igualmente a despesa e, depois, caminharam 2,5 km em um parque. Quantos reais cada um pagou?

Cada um pagou? _____.

9 Números na forma decimal e porcentagem

 Aprendendo

 Sugestão de leitura

Aventura decimal, de Luzia Faraco Ramos. Leia mais informações sobre esse livro na página 381.

1. Em janeiro de 2019, o salário mínimo era R$ 998,00. Quanto é, em real, 10% desse valor?

    Para responder à questão, podemos calcular 1% do salário mínimo e, depois, multiplicar essa quantia por 10.

    1% do salário mínimo é uma das 100 partes desse salário dividido igualmente. Observe o que Lucas fez.

Logo, 10% de R$ 998,00 são R$ 99,80.

 Praticando

1. Represente os números seguintes nas formas fracionária e decimal.

    a) 20% ▶ _____

    b) 6% ▶ _____

    c) 3% ▶ _____

    d) 81% ▶ _____

    e) 65% ▶ _____

    f) 94% ▶ _____

2 Veja como Iaci calculou 70% de 40 usando uma calculadora.

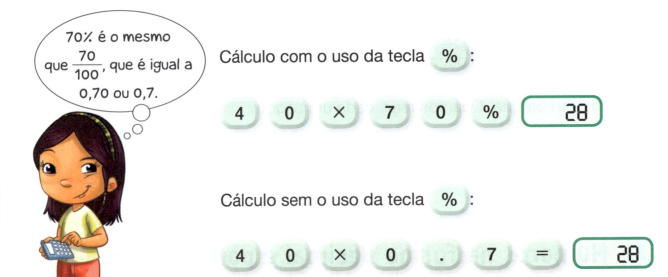

- Agora, usando uma calculadora, calcule:

   a) 20% de 150 _____   c) 56% de 10 _____

   b) 9% de 300 _____   d) 42% de 100 _____

3 Na classe de Tatiana, foi feita uma pesquisa para descobrir os esportes preferidos dos alunos. Todos os alunos deram sua opinião, escolhendo apenas um esporte. O resultado da pesquisa está representado no gráfico abaixo.

Dados obtidos pela professora da classe de Tatiana, em março de 2019.

a) Quantos alunos há na classe de Tatiana? _____

b) Qual é o esporte preferido pela maioria dos alunos da classe de Tatiana? _____

c) Que porcentagem dos alunos prefere voleibol? E futebol? _____

Jogando e aprendendo

Encontrando o decimal

Material

- ✓ Tabuleiro da página **A10**
- ✓ 20 marcadores, sendo 10 de uma cor e 10 de outra
- ✓ 2 dados

Maneira de brincar

1. Reúna-se a um colega e decidam quem vai começar. Distribuam 10 marcadores de uma cor para um jogador e 10 marcadores para o outro. O primeiro a jogar lança os dois dados.

2. Com os números que aparecerem nos dados lançados, o jogador monta um número na forma decimal, sabendo que o número maior será a parte inteira e o número menor será a parte decimal. Por exemplo, se sair 2 e 5 nos dados, ele monta 5,2. Em seguida, escolhe a representação no tabuleiro que seja equivalente aos números que tirou e coloca um dos seus marcadores na casa com essa representação. O outro jogador repete o procedimento.

3. Se o jogador formar um número que já tenha sua equivalência marcada ou se tirar dois números iguais nos dados, ele passa a vez.

4. Ganha quem conseguir colocar mais marcadores no tabuleiro.

Agora, responda.

1. Quais números é preciso tirar nos dados para conseguir marcar a fração $\frac{27}{5}$?

2. Para ganhar o jogo, Isabela precisa marcar a casa $16 \div 5$. Quais números ela precisa tirar nos dados para vencer?

Tratando a informação — Gráfico de linha

Observe o gráfico de linha a seguir, que relaciona o horário com a temperatura registrada na cidade Iluminada em um determinado dia.

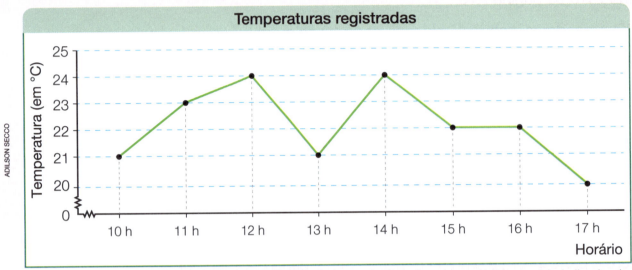

Dados obtidos pela estação meteorológica da cidade Iluminada.

1 Agora, faça o que se pede.

a) Complete a tabela de acordo com os dados do gráfico acima.

Temperatura na cidade Iluminada	
Horário	Temperatura (em °C)
10 h	
	24
	21
14 h	
	22
16 h	

b) Qual foi a temperatura às 13 h? _____

c) Em que período de tempo registrado no gráfico é possível observar que a temperatura não variou? _____

d) Qual foi a maior temperatura registrada nesse dia das 10 h às 17 h?

E a menor? _____

Lendo e descobrindo

A diversidade da população brasileira

Na formação da população do Brasil, participaram diversos povos: indígenas, portugueses, africanos, espanhóis, alemães, italianos, árabes e japoneses. Por isso, em nosso país, essa mistura de diversas etnias contribuiu para a diversidade cultural.

Observe nos gráficos abaixo como a população do Brasil estava distribuída, segundo a cor ou raça, em 2014 e 2015, de acordo com pesquisas realizadas pelo Instituto Brasileiro de Geografia e Estatística (IBGE) com base na autodeclaração, em que as pessoas declaram qual é a sua cor ou raça de acordo com as seguintes opções: branca, preta, amarela, parda e indígena.

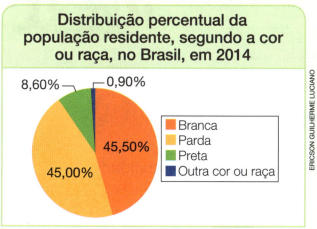

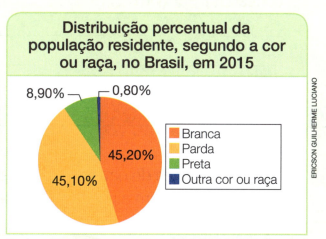

Dados disponíveis em: <https://biblioteca.ibge.gov.br/visualizacao/livros/liv94935.pdf>. Acesso em: 29 jul. 2019.

Dados disponíveis em: <https://biblioteca.ibge.gov.br/visualizacao/livros/liv98887.pdf>. Acesso em: 29 jul. 2019.

Analisando os gráficos acima, podemos concluir que não houve alteração significativa na distribuição da população, segundo cor ou raça, entre os anos de 2014 e 2015.

Agora, faça o que se pede.

1. Segundo os dados da Pesquisa Nacional por Amostra de Domicílios (PNAD), em 2014, a população do Brasil estava estimada em 203,2 milhões de pessoas. Determine, usando uma calculadora, quantas dessas pessoas tinham se declarado pardas naquele ano. _____

2. De acordo com os dados apresentados nos gráficos, qual foi a variação percentual, de 2014 para 2015, da população que se declarou branca? _____

3. Reúna-se a três colegas e façam uma pesquisa sobre as contribuições de africanos, asiáticos, indígenas e europeus para a formação cultural do Brasil.

Investigando a chance — Probabilidade

Sugestão de leitura

Vamos adivinhar?, de Cha Mi-Jeong e Choi Yu-Mi. Leia mais informações sobre esse livro na página 381.

1 Ana e Mário estão brincando de sortear bolinhas coloridas. Observe a ilustração e responda.

a) Que cor de bola tem maior chance de ser sorteada? Por quê? _____

b) Que cores de bola têm chances iguais de ser sorteadas? Por quê? _____

c) Que cor de bola tem menor chance de ser sorteada? Por quê? _____

A medida da chance de um evento ocorrer é chamada de **probabilidade**. Veja como Ana e Mário calcularam a probabilidade de a bola sorteada ser vermelha.

A probabilidade de a bola sorteada ser vermelha é de 5 em 10 ou $\frac{5}{10}$ ou 0,5.

O número 5 corresponde ao número de bolas vermelhas que há na caixa e o número 10, ao número total de bolas que há na caixa.

d) Agora, responda às questões a seguir.

- Qual é a probabilidade de a bola sorteada ser da cor verde?

- Qual é a probabilidade de a bola sorteada ser da cor amarela?

- Qual é a probabilidade de a bola sorteada ser da cor azul?

2 Lucas lançou uma moeda "honesta".

a) Quais são os possíveis resultados que Lucas pode obter? _____

b) Qual é a probabilidade de Lucas obter cara no lançamento da moeda?

_____

3 No interior do globo abaixo, há 8 bolinhas numeradas de 1 a 8. Após o globo ser girado, uma bolinha será sorteada. Reúna-se com um colega e respondam.

a) Qual é a probabilidade de a bolinha sorteada ser a de número 5? _____

b) Qual é a probabilidade de o número da bolinha sorteada ser par? _____

c) Qual é a probabilidade de o número da bolinha sorteada ser maior que 5? _____

4 Represente por uma fração a probabilidade de se obter a letra D após girar cada uma das roletas abaixo.

a)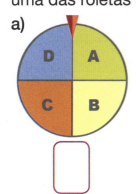

b)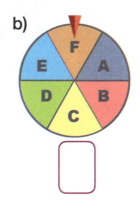

c)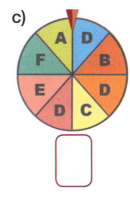

5 Leia as afirmações a seguir e marque com **X** a verdadeira.

☐ A probabilidade de obter a face 2 ao lançar um dado "honesto" cujas faces estão numeradas de 1 a 6 é de 1 em 2.

☐ A probabilidade de sair coroa ao lançar uma moeda "honesta" é de $\frac{1}{4}$.

☐ A probabilidade de ser sorteada uma bola verde de uma urna que contém 8 bolas vermelhas e 2 verdes é de 0,20.

Praticando mais

1 Observe a ilustração e responda às questões.

a) Se Carolina pagar a compra com uma cédula de R$ 50,00 e 2 cédulas de R$ 20,00, quanto ela receberá de troco? _____

b) E se ela pagar com uma cédula de R$ 100,00, quanto receberá de troco? _____

2 A miniatura de um submarino foi construída na escala $\frac{1}{100}$; isso significa que todas as suas medidas foram obtidas pela divisão das medidas originais por 100. A miniatura tem 0,95 m de medida de comprimento. Calcule a medida real do comprimento do submarino. _____

Modelo de submarino, St. Petersburg, 2013.

3 Calcule mentalmente o quociente de cada divisão.

a) 10,876 ÷ 10 = _____

b) 320,7 ÷ 100 = _____

c) 2,89 ÷ 1 000 = _____

d) 3 ÷ 1 000 = _____

e) 513 ÷ 100 = _____

f) 35,16 ÷ 100 = _____

4 Observe o preço da geladeira e responda.

a) Qual é o valor, em real, desse desconto?

_____

b) Pagando à vista, qual é o preço, em real, dessa geladeira? _____

5 Jaqueline treina corrida todos os dias. Ela corre 5,78 quilômetros por dia. Quantos quilômetros ela terá corrido em 1 semana? E em 8 semanas?

_____

6 Ligue as operações à localização de seus resultados na reta numérica.

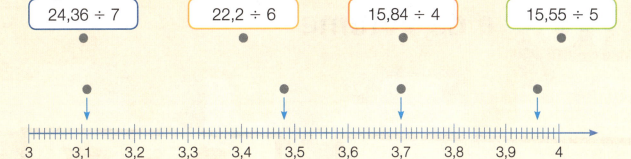

7 Observe o diálogo entre Alessandra e Carlos e, depois, responda às questões.

a) Quantos reais Carlos pode dar de desconto para Alessandra? _____

b) Qual será o preço do caderno após o desconto? _____

8 Se comprar 100 L de água mineral, Hélio vai gastar R$ 140,00.

Quanto ele vai gastar se comprar 125 L de água mineral? _____

9 Aline vai comprar um rádio em 5 parcelas de mesmo valor. Qual será o valor de cada parcela?

_____

Desafio

A massa de uma lata de biscoitos cheia é 1,83 kg e vazia é 0,78 kg. Se a massa de cada biscoito é 35 g, quantos biscoitos há dentro da lata?

_____

trezentos e trinta e um **331**

UNIDADE 10
Medidas de superfície e de volume

Trocando ideias

1. Qual é a figura geométrica que a maioria dos aquários dessa cena lembra?
2. Qual dos aquários com preço ocupa o maior espaço?
3. Faça uma estimativa das dimensões, em centímetro, do aquário que tem o peixe cor-de-rosa.

1 O metro quadrado

Aprendendo

Área é a medida de uma superfície. A unidade padrão de medida de superfície é o **metro quadrado**, ou seja, o metro quadrado também é a unidade padrão de área.

O **metro quadrado** corresponde à área de um quadrado com 1 metro de lado. O símbolo do metro quadrado é **m²**.

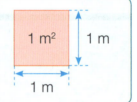

Múltiplos e submúltiplos do metro quadrado

Para expressar medidas de grandes superfícies, utilizamos os **múltiplos** do metro quadrado. Para pequenas superfícies, usamos os **submúltiplos**.

Quadro de unidades						
Múltiplos			Unidade padrão	Submúltiplos		
quilômetro quadrado	hectômetro quadrado	decâmetro quadrado	metro quadrado	decímetro quadrado	centímetro quadrado	milímetro quadrado
km²	hm²	dam²	m²	dm²	cm²	mm²
1 000 000 m²	10 000 m²	100 m²	1 m²	0,01 m²	0,0001 m²	0,000001 m²

O quilômetro quadrado (km²) é um dos múltiplos do metro quadrado mais utilizado. Dos submúltiplos, o centímetro quadrado (cm²) é o mais comum.

Praticando

1 Complete as igualdades a seguir.

a) 1 dam² = _____ m²

b) 1 dm² = _____ m²

c) 1 cm² = _____ m²

d) 1 km² = _____ m²

e) 1 hm² = _____ m²

f) 1 mm² = _____ m²

2 Determine a área da figura lilás e a da figura verde abaixo, usando como unidade um quadrado que tem 1 cm de lado.

A área desse quadrado de 1 cm de lado é igual a **1 centímetro quadrado (cm²)**.

> **Sugestão de leitura**
>
> *A princesa está chegando!*, de Yu Yeong-So e Park So-Hyeon. Leia mais informações sobre esse livro na página 381.

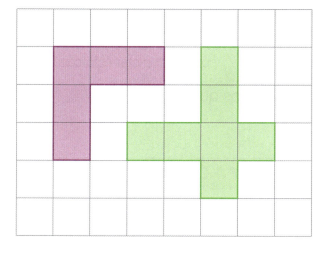

Figura	Área
⌐	_____ cm²
✚	_____ cm²

3 Utilize os símbolos **cm²**, **m²** e **km²** para completar corretamente os espaços a seguir.

a) A área de um terreno é de 2 000 _____.

b) A área de uma folha de papel é de 600 _____.

c) A região Nordeste tem uma área de 1 554 292 _____.

d) Uma sala de aula tem uma área de aproximadamente 48 _____.

2 Leitura das medidas de superfície

Aprendendo

1) Podemos utilizar o quadro de unidades para fazer a leitura das medidas de superfície de modo semelhante à leitura das medidas lineares. Porém, devemos colocar dois algarismos em cada casa do quadro de unidades. Quando a última casa à direita ficar com apenas um algarismo, devemos completá-la com um zero.

Veja alguns exemplos.

- Leitura da medida **9,86 m²**:

km²	hm²	dam²	m²	dm²	cm²	mm²
			9,	86		

Lemos: 9 metros quadrados e 86 decímetros quadrados.

- Leitura da medida **86,5 dm²**:

km²	hm²	dam²	m²	dm²	cm²	mm²
				86,	50	

Acrescentamos um zero para completar esta casa.

Lemos: 86 decímetros quadrados e 50 centímetros quadrados.

- Leitura da medida **0,756 dam²**:

km²	hm²	dam²	m²	dm²	cm²	mm²
		0,	75	60		

Acrescentamos um zero para completar esta casa.

Lemos: 7 560 decímetros quadrados.

- Leitura da medida **8 086 mm²**:

km²	hm²	dam²	m²	dm²	cm²	mm²
					80	86

Lemos: 8 086 milímetros quadrados.

1 Escreva por extenso as medidas e preencha o quadro de unidades.

a) 9,12 m² ▶ _____

km²	hm²	dam²	m²	dm²	cm²	mm²

b) 20,5 dam² ▶ _____

km²	hm²	dam²	m²	dm²	cm²	mm²

c) 0,8 hm² ▶ _____

km²	hm²	dam²	m²	dm²	cm²	mm²

d) 0,013 km² ▶ _____

km²	hm²	dam²	m²	dm²	cm²	mm²

e) 2 050 mm² ▶ _____

km²	hm²	dam²	m²	dm²	cm²	mm²

2 Observe o exemplo e dê a representação simplificada das medidas.

Representação por extenso	Representação simplificada
Sete metros quadrados e seis decímetros quadrados	7,06 m²
Oitenta e seis centímetros quadrados e cinco milímetros quadrados	
Vinte e dois hectômetros quadrados e cento e três metros quadrados	
Trinta decímetros quadrados e dois mil quatrocentos e oitenta milímetros quadrados	

trezentos e trinta e sete

3 Transformação de unidades de medida de superfície

Aprendendo

Para transformar unidades de medida de superfície no sistema métrico decimal, devemos lembrar que:

> Cada unidade de medida de superfície é 100 vezes maior que a unidade imediatamente inferior.

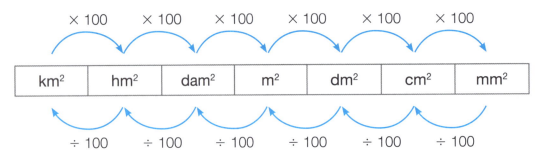

Observe os exemplos.

- Transformação de **36,5438 dam²** em **m²**:

km²	hm²	dam²	m²	dm²	cm²	mm²

Para transformar dam² em m² (uma posição à direita), devemos multiplicar por 100.

Ou seja:
$$\begin{cases} 36{,}5438 \times 100 = 3\,654{,}38 \\ 36{,}5438 \text{ dam}^2 = 3\,654{,}38 \text{ m}^2 \end{cases}$$

- Transformação de **854,2 cm²** em **m²**:

km²	hm²	dam²	m²	dm²	cm²	mm²

Para transformar cm² em m² (duas posições à esquerda), devemos dividir por 10 000 (100 × 100).

Ou seja:
$$\begin{cases} 854{,}2 \div 10\,000 = 0{,}08542 \\ 854{,}2 \text{ cm}^2 = 0{,}08542 \text{ m}^2 \end{cases}$$

- Transformação de **3,16 m²** em **mm²**:

| km² | hm² | dam² | m² | dm² | cm² | mm² |

Para transformar m² em mm² (três posições à direita), devemos multiplicar por 1 000 000 (100 × 100 × 100).

Ou seja: $\begin{cases} 3{,}16 \times 1\,000\,000 = 3\,160\,000 \\ 3{,}16 \text{ m}^2 = 3\,160\,000 \text{ mm}^2 \end{cases}$

Praticando

1 Complete.

a) Para transformar 300 mm² em cm², devo _____ por 100.

Vou obter _____ cm².

b) Para transformar 125,3 hm² em m², devo _____ por 10 000.

Vou obter _____ m².

c) Para transformar 5,2 dam² em km², devo _____ por 10 000.

Vou obter _____ km².

2 Com o auxílio do quadro de unidades, efetue as transformações abaixo.

a) 3,7 m² = _____ dm²

b) 16,5 dm² = _____ mm²

c) 80 m² = _____ cm²

d) 15,8 cm² = _____ mm²

e) 1,456 hm² = _____ m²

f) 0,007 km² = _____ m²

g) 14 mm² = _____ m²

h) 70,5 dam² = _____ hm²

km²	hm²	dam²	m²	dm²	cm²	mm²

3 Expresse, em metro quadrado, as medidas de superfície a seguir.

a) $\frac{1}{2}$ dam² = _____ m²

b) $\frac{8}{5}$ cm² = _____ m²

c) $\frac{1}{4}$ dam² = _____ m²

d) $\frac{3}{4}$ km² = _____ m²

4 Represente, em metro quadrado, o resultado das expressões.

a) 78,4 dam² + 6 480 dm² = _____

b) 0,37 hm² − $\frac{1}{8}$ dam² = _____

4 Área do quadrado

Aprendendo

1 Tomando um quadrado de 1 cm de lado como unidade de medida de superfície, observamos que:

A área do quadrado de lados que medem 3 cm é igual a 9 cm², ou seja: 3 cm × 3 cm. Observe a figura ao lado.

Assim, para um quadrado qualquer de lado (ℓ), temos:

$A_\blacksquare = \ell \times \ell = \ell^2$

A área do quadrado é igual ao produto da medida de dois de seus lados.

Praticando

1 Determine a área das seguintes figuras, em centímetro quadrado.

a)

5 cm

5 cm

Medida do lado = 5 cm

Área = _____ cm × _____ cm

Área = _____ cm²

b)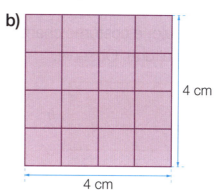

4 cm

4 cm

Medida do lado = 4 cm

Área = _____ cm × _____ cm

Área = _____ cm²

2 Calcule a área dos quadrados a seguir.

a)
8 m
8 m   8 m
8 m

b)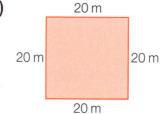
20 m
20 m   20 m
20 m

3 Determine o perímetro (em cm) e a área (em cm²) das figuras nas cores verde, lilás e laranja. Indique as respostas de acordo com as cores das figuras.

1 cm

1 cm

Figura	Perímetro (em cm)	Área (em cm²)

5 Área do retângulo

📖 Aprendendo

1 Em um retângulo, é costume chamar um dos lados de comprimento (ou base) e o outro de largura (ou altura). Observe.

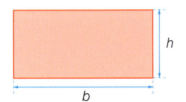

Indicamos por:

$b \longrightarrow$ medida do comprimento ou da base

$h \longrightarrow$ medida da largura ou da altura

Tomando um quadrado de 1 cm de lado como unidade de medida de superfície, notamos que:

A área do retângulo de lados que medem 2 cm e 4 cm é igual a 8 cm², ou seja: 4 cm × 2 cm.
Veja a figura ao lado.

Assim, para um retângulo qualquer de base (*b*) e altura (*h*), temos:

$A_{\blacksquare} = b \times h$

A área do retângulo é igual ao produto da medida de sua base pela medida de sua altura.

❓ Curiosidade

Altura

A indicação da altura pela letra *h* vem da língua francesa, na qual altura é *hauteur*.

342 trezentos e quarenta e dois

Praticando

1 Determine a área das seguintes figuras, em centímetro quadrado.

a)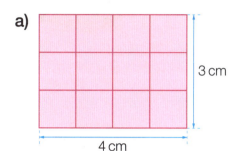

b)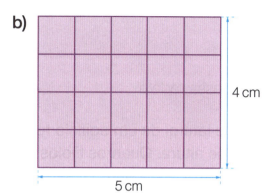

Comprimento = 4 cm

Largura = 3 cm

Área = _____ cm × _____ cm

Área = _____ cm²

Comprimento = 5 cm

Largura = 4 cm

Área = _____ cm × _____ cm

Área = _____ cm²

2 Qual é a área de um retângulo que tem 1,8 m de comprimento e 0,5 m de largura?

 Perímetro e área
Nesta atividade, além de resolver alguns exercícios, você verá situações que envolvem cálculos de perímetro e área.

A área do retângulo é _____ m².

3 Ao lado, temos a representação de uma tela do francês Claude Monet, pertencente ao Museu Hermitage de São Petersburgo, na Rússia. Suas dimensões são 82 cm por 100 cm.

Qual é a área, em centímetro quadrado, da representação dessa tela?

Tela *Jeanne-Marguerite Lecadre no jardim em Sainte-Adresse*, de Claude Monet, um dos pintores mais importantes do Impressionismo.

A área da representação dessa tela é _____ cm².

4 Uma rede de tênis tem 13 m de comprimento e 92 cm de altura. Qual é a área dessa rede, em centímetro quadrado?

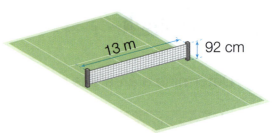

A área dessa rede é _____ cm².

5 A parede lateral de um edifício tem 20 m de base e 60 m de altura. Quantos tijolos foram necessários para construir essa parede, sabendo que em cada metro quadrado são utilizados 25 tijolos?

Foram necessários _____ tijolos.

6 Um campo de futebol tem 90 m de comprimento e 42 m de largura. Qual é a área desse campo, em metro quadrado?

Esse campo tem _____ m² de área.

7 Observe a planta baixa de uma residência e responda.

a) Qual é a área total da residência?
_____

b) Qual é a área do quarto 1? E a do quarto 2?
_____

c) Quantos metros quadrados de lajota serão necessários para revestir o piso dos dois quartos? _____

6 Área do paralelogramo

Aprendendo

Considere o paralelogramo de base (b) e altura (h) a seguir.

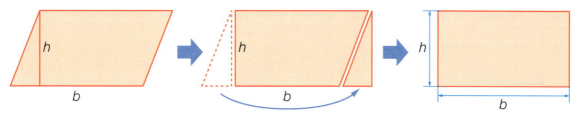

Observe que a área do paralelogramo de base (b) e altura (h) é igual à área do retângulo de base (b) e altura (h).

$$A_{\square} = b \times h$$

> A área do paralelogramo é igual ao produto da medida de sua base pela medida de sua altura.

Praticando

1 Calcule a área das figuras a seguir.

a)
14 cm × 10 cm

b)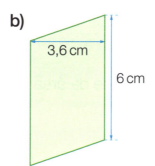
3,6 cm ; 6 cm

c)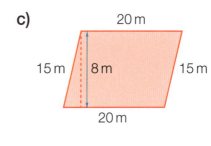
20 m ; 15 m ; 8 m ; 15 m ; 20 m

_____   _____   _____

2 Determine a área da figura ao lado.

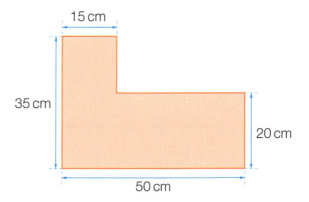

_____ cm²

3 Um paralelogramo tem 42 cm de base, e sua altura corresponde a $\frac{2}{3}$ da base. Qual é a área desse paralelogramo?

A área desse paralelogramo é _____ cm².

7 Área do triângulo

Aprendendo

1 Vamos calcular a área do triângulo de base (*b*) e altura (*h*).

Observe que dois triângulos iguais formam um paralelogramo de base (*b*) e altura (*h*).

Veja que a área do triângulo é igual à metade da área do paralelogramo.

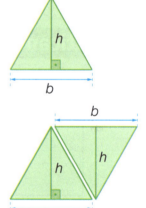

$$A_\triangle = \frac{b \times h}{2}$$

A área do triângulo é igual à metade do produto da medida de sua base pela medida de sua altura.

Praticando

1 Determine a área dos triângulos abaixo.

a)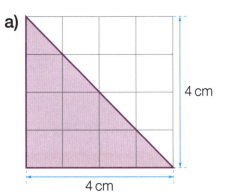

b)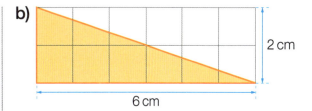

Medida do lado = 4 cm

Área = $\dfrac{\underline{\quad} \text{ cm} \times \underline{\quad} \text{ cm}}{2}$

Área = _____ cm²

Comprimento = 6 cm

Largura = 2 cm

Área = $\dfrac{\underline{\quad} \text{ cm} \times \underline{\quad} \text{ cm}}{2}$

Área = _____ cm²

2 Calcule a área de cada triângulo.

a)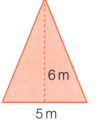

Área = _____ m²

b)

Área = _____ m²

3 Um triângulo tem 80 cm de base, e sua altura é o dobro da base. Qual é a área desse triângulo?

A área desse triângulo é _____ cm².

4 Uma igreja possui um vitral triangular cuja base tem 4 m, e a altura, 70 cm. Calcule sua área em centímetro quadrado.

Esse vitral da igreja tem _____ cm² de área.

8 Área do trapézio

Aprendendo

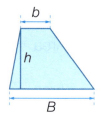

• Vamos calcular a área do trapézio ao lado.
Considere: base maior = B, base menor = b e altura = h.

Observe que dois trapézios iguais formam um paralelogramo.

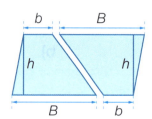

Note que a área do trapézio é igual à metade da área do paralelogramo de base (B + b) e altura (h).

$$A_\blacksquare = \frac{(B + b) \times h}{2}$$

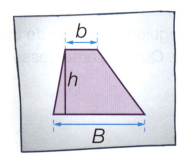

A área do trapézio é igual à metade do produto da soma das medidas das bases (maior e menor) pela medida da altura.

Praticando

1 Calcule a área dos trapézios a seguir.

a)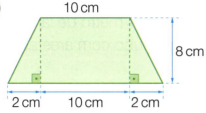

Área = _____ cm²

b)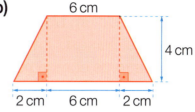

Área = _____ cm²

2 Calcule a área de um trapézio cujas bases têm, respectivamente, 30 cm e 18 cm, e a altura é 10 cm.

A área desse trapézio é _____ cm².

3 Determine a área de cada uma destas figuras.

a)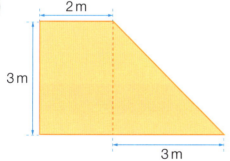

Área = _____ m²

b)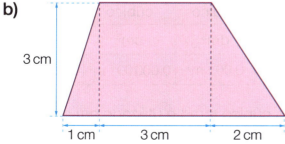

Área = _____ cm²

9 O metro cúbico

Aprendendo

1) Mário está observando um bloco com 1 metro de comprimento, 1 metro de largura e 1 metro de altura, ou seja, um bloco que tem a forma de um cubo com arestas que medem 1 metro de comprimento.

Este bloco de concreto tem volume igual a **1 metro cúbico**.

Esta é uma unidade de medida de volume. Ela pode ser usada, por exemplo, para medir o espaço ocupado por blocos de concreto em construções ou por caixas-d'água de residências e prédios.

> O volume de um objeto é a medida do espaço que ele ocupa.

> O **metro cúbico** é a unidade padrão de medida de volume.
> O símbolo de metro cúbico é **m³**.

Múltiplos e submúltiplos do metro cúbico

Quadro de unidades						
Múltiplos			Unidade padrão	Submúltiplos		
quilômetro cúbico	hectômetro cúbico	decâmetro cúbico	metro cúbico	decímetro cúbico	centímetro cúbico	milímetro cúbico
km³	hm³	dam³	m³	dm³	cm³	mm³
1 000 000 000 m³	1 000 000 m³	1 000 m³	1 m³	0,001 m³	0,000 001 m³	0,000 000 001 m³

Dos submúltiplos do metro cúbico, o centímetro cúbico (cm³) é utilizado em algumas embalagens de produtos alimentícios.

Praticando

1 Que dimensões devem ser consideradas quando queremos determinar o volume de uma caixa cuja forma lembra um cubo?

_____

2 Escreva os símbolos das unidades abaixo.

a) Quilômetro cúbico ▶ _____

b) Hectômetro cúbico ▶ _____

c) Decâmetro cúbico ▶ _____

d) Decímetro cúbico ▶ _____

e) Centímetro cúbico ▶ _____

f) Milímetro cúbico ▶ _____

3 Complete as igualdades a seguir.

a) $1\ dam^3$ = _____ m^3

b) $1\ dm^3$ = _____ m^3

c) $1\ hm^3$ = _____ m^3

d) $1\ km^3$ = _____ m^3

4 Qual é o volume de um cubo que tem 1 centímetro de aresta? _____

5 Considerando o  uma unidade de medida correspondente a $1\ cm^3$, determine o volume de cada figura.

a)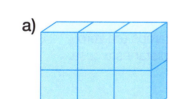

Volume = _____ cm^3

c)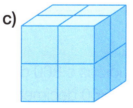

Volume = _____ cm^3

b)

Volume = _____ cm^3

d)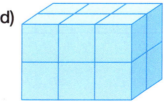

Volume = _____ cm^3

6 Determine o volume das figuras a seguir, tomando por unidade de medida um cubo que tem 1 cm de aresta.

a)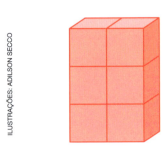
Volume = _____ cm³

b)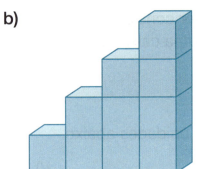
Volume = _____ cm³

c)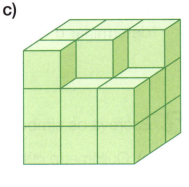
Volume = _____ cm³

10 Leitura das medidas de volume

📌 Para ler as medidas de volume, devemos colocar três algarismos em cada casa do quadro de unidades. Quando a última casa à direita ficar incompleta, devemos acrescentar zero(s).

Veja os exemplos.

• Leitura da medida **95,86 m³**:

km³	hm³	dam³	m³	dm³	cm³	mm³
			95,	860		

Acrescentamos um zero para completar esta casa.

Lemos: 95 metros cúbicos e 860 decímetros cúbicos ou 95 860 decímetros cúbicos.

• Leitura da medida **5,2 dm³**:

km³	hm³	dam³	m³	dm³	cm³	mm³
				5,	200	

Acrescentamos dois zeros para completar esta casa.

Lemos: 5 decímetros cúbicos e 200 centímetros cúbicos ou 5 200 centímetros cúbicos.

1 Com o auxílio do quadro de unidades, escreva as medidas por extenso.

a) 6,25 m³ ▶ _____

km³	hm³	dam³	m³	dm³	cm³	mm³

b) 17,4 dm³ ▶ _____

km³	hm³	dam³	m³	dm³	cm³	mm³

c) 0,08 dam³ ▶ _____

km³	hm³	dam³	m³	dm³	cm³	mm³

d) 350 km³ ▶ _____

km³	hm³	dam³	m³	dm³	cm³	mm³

e) 0,0654 hm³ ▶ _____

km³	hm³	dam³	m³	dm³	cm³	mm³

2 Observe o exemplo e dê a representação simplificada das medidas.

> **Exemplo:**
> Oito centímetros cúbicos e quatro milímetros cúbicos ▶ 8,004 cm³

a) Dezoito metros cúbicos e três decímetros cúbicos ▶ _____

b) Dois decâmetros cúbicos e catorze decímetros cúbicos ▶ _____

c) Oitenta e sete milímetros cúbicos ▶ _____

11 Transformação de unidades de medida de volume

Aprendendo

Para transformar unidades de medida de volume no sistema métrico decimal, devemos lembrar que:

> Cada unidade de medida de volume é 1 000 vezes maior que a unidade imediatamente inferior.

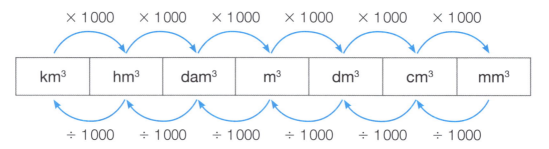

Veja os exemplos.

- Transformação de **42,5 cm³** em **mm³**:

km³	hm³	dam³	m³	dm³	cm³	mm³

Para transformar cm³ em mm³ (uma posição à direita), devemos multiplicar por 1 000.

Ou seja:
$$\begin{cases} 42{,}5 \times 1\,000 = 42\,500 \\ 42{,}5 \text{ cm}^3 = 42\,500 \text{ mm}^3 \end{cases}$$

- Transformação de **2 378,4 cm³** em **m³**:

km³	hm³	dam³	m³	dm³	cm³	mm³

Para transformar cm³ em m³ (duas posições à esquerda), devemos dividir por 1 000 000 (1 000 × 1 000).

Ou seja:
$$\begin{cases} 2\,378{,}4 \div 1\,000\,000 = 0{,}0023784 \\ 2\,378{,}4 \text{ cm}^3 = 0{,}0023784 \text{ m}^3 \end{cases}$$

1 Efetue as transformações com o auxílio do quadro de unidades.

a) 5,6 m³ = _____ dm³

b) 8,56 dm³ = _____ mm³

c) 95 dam³ = _____ m³

d) 0,07 m³ = _____ cm³

e) 1,389 km³ = _____ dam³

f) 19,4 dm³ = _____ m³

g) 5,6 m³ = _____ dam³

h) 1 500 m³ = _____ hm³

km³	hm³	dam³	m³	dm³	cm³	mm³

2 Expresse, em metro cúbico, as medidas de volume a seguir.

a) $\dfrac{3}{4}$ dam³ = _____ m³

b) $\dfrac{9}{5}$ dm³ = _____ m³

c) $\dfrac{1}{8}$ hm³ = _____ m³

d) $\dfrac{1}{2}$ km³ = _____ m³

3 Represente, em metro cúbico, o resultado das expressões.

a) 1,6 hm³ + 154 dam³ = _____

b) $\dfrac{3}{5}$ dm³ − 500 cm³ = _____

c) 0,0065 dam³ + 20 dm³ = _____

d) $\dfrac{14}{5}$ hm³ + 0,3 km³ = _____

12 Volume do cubo e do paralelepípedo

Aprendendo

Cubo

- O dado lembra a forma de um cubo.

Tomando um cubo de 1 cm de aresta como unidade de medida de volume, podemos verificar o volume do cubo a seguir. Observe.

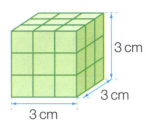

volume do cubo = 3 cm × 3 cm × 3 cm = 27 cm³

Para um cubo qualquer de aresta de medida a, temos:

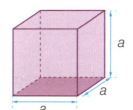

$$V = a \times a \times a = a^3$$

Paralelepípedo

- A caixa de presente ao lado lembra a forma de um paralelepípedo.

Tomando um cubo de 1 cm de aresta como unidade de medida de volume, podemos verificar o volume do paralelepípedo abaixo.

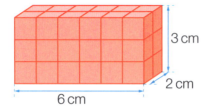

volume do paralelepípedo = 6 cm × 2 cm × 3 cm = = 36 cm³

Para um paralelepípedo qualquer de comprimento c, largura ℓ e altura h, temos:

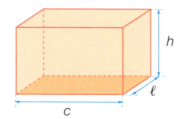

$$V = c \times \ell \times h$$

Praticando

1 Calcule o volume do cubo e dos paralelepípedos a seguir.

a)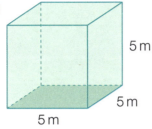

V = _____ × _____ × _____

V = _____ m³

c)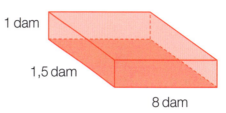

V = _____ × _____ × _____

V = _____ dam³

b)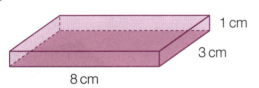

V = _____ × _____ × _____

V = _____ cm³

d)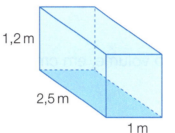

V = _____ × _____ × _____

V = _____ m³

2 Determine o volume de um cubo cuja aresta mede 10 cm.

O volume desse cubo é _____ cm³.

3 Uma caixa-d'água de forma cúbica tem 0,5 m de aresta. Qual é o seu volume, em metro cúbico?

O seu volume é _____ m³.

4 Determine o volume de um cubo cuja aresta mede:

a) 6 cm

O volume do cubo é _____ cm³.

b) 20 cm

O volume do cubo é _____ cm³.

5 Determine o volume, em cm³, da lata de tinta ao lado.

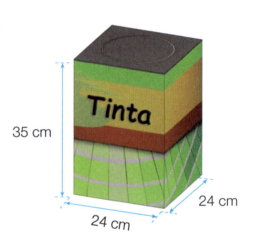

O volume da lata é _____ cm³.

6 Qual é o volume de água que cabe em uma piscina de 10 m de comprimento, 6 m de largura e 1,5 m de profundidade?

O volume de água que cabe nessa piscina é _____ .

Tratando a informação

Fazendo uma pesquisa

1 De acordo com a característica dos dados de uma pesquisa, precisamos escolher o gráfico mais adequado para representá-los. Com o auxílio de uma planilha eletrônica instalada em um computador, construa o gráfico mais adequado aos dados de cada uma das tabelas abaixo. Depois, verifique os gráficos construídos por seus colegas e justifique sua escolha.

Número de habitantes da cidade de Minaçu – GO em 2010			
Gênero	Zona		Total
	Urbana	Rural	
Masculino	13 304	2 533	15 837
Feminino	13 250	2 067	15 317
Total	26 554	4 600	31 154

Dados obtidos em: <https://cidades.ibge.gov.br/brasil/go/minacu/panorama>. Acesso em: 29 jul. 2019.

Número de turistas que entraram no Brasil de 2013 a 2018	
Ano	Número de turistas
2013	5 813 342
2014	6 429 852
2015	6 305 838
2016	6 578 074
2017	6 588 770
2018	6 621 376

Dados obtidos em: <http://www.dadosefatos.turismo.gov.br/2016-02-04-11-53-05.html>. Acesso em: 29 jul. 2019.

Percentual de escolas de educação básica por localização no Brasil em 2016		
Localização	Zona rural	Zona urbana
Porcentagem de escolas	33,9%	66,1%

Dados obtidos em: <http://download.inep.gov.br/educacao_basica/censo_escolar/notas_estatisticas/2017/notas_estatisticas_censo_escolar_da_educacao_basica_2016.pdf>. Acesso em: 29 jul. 2019.

2 Reúna-se com três colegas e realizem uma pesquisa estatística referente a um tema do interesse de vocês. Coletem os dados de que necessitam entrevistando familiares e amigos. Organizem os dados coletados em tabelas e depois, usando uma planilha eletrônica, construam os gráficos que vocês julgarem mais adequados para apresentar esses dados.

Praticando mais

1 No prédio da figura ao lado existem 9 janelas quadradas com 1,4 m de lado cada uma. Quantos metros quadrados de vidro foram usados nessas janelas?

Foram usados _____ m² de vidro.

2 Um tabuleiro de xadrez é feito sobre uma superfície quadrada com 1 600 cm² de área. Qual é a medida do lado de cada quadradinho?

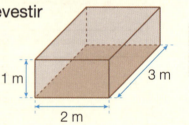

O lado de cada quadradinho mede _____ cm.

3 Quantos metros quadrados de papel são necessários para revestir todas as faces da caixa representada pela figura ao lado?

São necessários _____ m² de papel.

4 O hidrômetro é um instrumento utilizado para medir o consumo de água. A unidade de medida usada pelo hidrômetro é o metro cúbico. Observe a marcação do hidrômetro de uma casa em dois momentos.

1º de julho de 2019

1º de outubro de 2019

- Agora, responda: qual foi o consumo de água, em metro cúbico, nessa residência no período analisado? _____

5 Janice fez uma colagem sobre uma malha quadriculada. Qual é, em centímetro quadrado, o valor aproximado da área da malha que não está coberta pela colagem? _____

6 Para revestir um piso de 72 m², foram utilizadas peças cerâmicas de 0,5 m².

a) Quantas peças foram necessárias para revestir todo o piso?
_____

b) Quanto foi gasto no revestimento, se cada metro quadrado desse piso custou R$ 30,00? _____

 **Desafio**

Um caminhão-baú de 4 m de comprimento, 2,8 m de largura e 3 m de altura está carregando caixotes de refrigerante de 24 000 cm³ de volume. Sabendo que cada caixote contém duas dúzias de garrafas, quantas garrafas o caminhão está transportando?

O caminhão está transportando _____ garrafas.

Trocando ideias

1. Qual é a capacidade de água da piscininha?
2. Qual porção o cliente comprou: isca de peixe ou camarão? Na sua opinião, é mais vantajoso comprar qual porção por 15 reais?

1 O quilograma e o grama

🎓 Aprendendo

1 A balança é o instrumento mais usado para medir a massa de um corpo.

Sobre a balança, há 1 kg de vegetais.

A massa dessa criança é 48 quilogramas.

Observe as balanças abaixo.

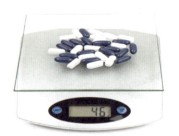
Balança digital de precisão

Balança digital comercial

Balança antropométrica

> O **quilograma** é a unidade padrão de medida de massa.
> O símbolo do quilograma é **kg**.

Observações

1. Apesar de o quilograma ser a unidade padrão de massa, o **grama** é uma unidade bastante utilizada. Seu símbolo é **g**.
2. Se dividirmos um quilograma em 1 000 partes iguais, cada parte corresponderá a 1 grama.
3. O substantivo *grama*, significando unidade de massa, deve ser empregado no masculino. Observe o exemplo a seguir.

200 g ⟶ lemos: duzentos gramas.

Múltiplos e submúltiplos do grama

> 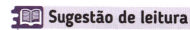 **Sugestão de leitura**
> *Serafina sem rotina*, de Cristina Porto. Leia mais informações sobre esse livro na página 381.

- Veja no quadro a seguir algumas das unidades usadas para expressar a medida de massa de um corpo.

Quadro de unidades							
Múltiplos			Unidade de referência	Submúltiplos		
quilograma	hectograma	decagrama	grama	decigrama	centigrama	miligrama
kg	hg	dag	g	dg	cg	mg
1 000 g	100 g	10 g	1 g	0,1 g	0,01 g	0,001 g

O múltiplo do grama mais utilizado é o quilograma, e seu submúltiplo mais comum é o **miligrama**, cujo símbolo é **mg**. O miligrama pode ser observado principalmente nas embalagens de remédios e de alguns alimentos.

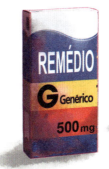

Um grama corresponde a mil miligramas.

$$1\ g = 1\ 000\ mg$$

Para expressar medidas de grandes massas, como as cargas de caminhões, de navios, de aviões etc., utilizamos uma unidade especial, a **tonelada** (**t**).

Uma tonelada corresponde a mil quilogramas.

$$1\ t = 1\ 000\ kg$$

Caminhão em balança.

Observação

Conheça duas outras unidades de medida de massa.
- Arroba: É uma unidade de medida de massa equivalente a 15 kg.
- Quilate: É a unidade de massa usada para expressar a massa de metais e de pedras preciosas. Um quilate equivale a 0,2 g.

Praticando

1 Complete as igualdades a seguir.

a) 1 kg = _____ g

b) 1 g = _____ mg

c) 1 dag = _____ g

d) 1 cg = _____ g

e) 1 mg = _____ g

f) 1 t = _____ kg

2 Utilizando os símbolos **mg**, **g**, **kg** e **t**, complete as frases a seguir com a unidade de medida de massa mais adequada.

a) Comprei 12 _____ de arroz.

b) Um comprimido tem 300 _____ .

c) O caminhão está carregado com 20 _____ de terra.

d) Há 250 _____ de queijo em cada embalagem.

3 Na casa de Melissa, são consumidos 600 g de verduras, frutas e legumes por dia. Quantos quilogramas são consumidos em cinco dias?

Na casa de Melissa, são consumidos _____ quilogramas de verduras, frutas e legumes em cinco dias.

4 Quantos sacos de 250 g podem ser enchidos com 2 kg de açúcar?

Podem ser enchidos _____ sacos com açúcar.

5 Mauro colheu laranjas suficientes para encher 200 caixas com 14,2 kg de laranja em cada uma. Quantos quilogramas de laranja Mauro colheu?

Mauro colheu _____ kg de laranja.

6 Foram colocados 36 comprimidos de 150 mg cada um em um frasco de plástico de massa igual a 10 g. Qual é a massa total, em miligrama, desse produto (vidro e comprimidos)?

A massa total desse produto é _____ mg.

7 Um caminhão betoneira transporta 2,45 t de cimento por viagem. Quantos quilogramas transportará em 6 viagens?

Caminhão betoneira.

Transportará _____ kg.

2 Leitura das medidas de massa

Aprendendo

A leitura das medidas de massa segue o mesmo procedimento aplicado às medidas de comprimento. Observe os exemplos.

- Leitura da medida **65,137 hg**:

kg	hg	dag	g	dg	cg	mg
6	5,	1	3	7		

Lemos: 65 hectogramas e 137 decigramas.

- Leitura da medida **0,028 g**:

kg	hg	dag	g	dg	cg	mg
			0,	0	2	8

Lemos: 28 miligramas.

Praticando

1 Escreva as medidas de massa a seguir por extenso.

a) 7,2 kg ▶ _____

b) 52,15 g ▶ _____

c) 300 cg ▶ _____

d) 0,09 hg ▶ _____

e) 1,314 dag ▶ _____

f) 6,3 kg ▶ _____

g) 8,9 kg ▶ _____

h) 12,65 kg ▶ _____

2 Dê a representação simplificada das medidas abaixo.

a) Treze gramas e nove miligramas ▶ _____

b) Dez hectogramas e sete gramas ▶ _____

c) Quinze decigramas e três miligramas ▶ _____

d) Cento e trinta e oito quilogramas e três decagramas ▶ _____

e) Quarenta e sete hectogramas e vinte e três gramas ▶ _____

f) Dezenove decagramas e nove gramas ▶ _____

g) Oitocentos e noventa miligramas ▶ _____

3 Escreva como se leem as massas das frutas registradas nas balanças.

a)

b)

3. Transformação de unidades de medida de massa

Aprendendo

Para transformar unidades de medida de massa no sistema métrico decimal, devemos lembrar que:

> Cada unidade de massa é 10 vezes maior que a unidade imediatamente inferior.

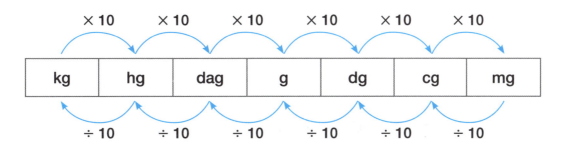

Observe os exemplos.

- Transformação de **3,56 kg** em **dag**:

kg	hg	dag	g	dg	cg	mg

Para transformar kg em dag (duas posições à direita), devemos multiplicar o valor da massa por 100 (10 × 10).

Ou seja: $\begin{cases} 3{,}56 \times 100 = 356 \\ 3{,}56 \text{ kg} = 356 \text{ dag} \end{cases}$

- Transformação de **754 mg** em **g**:

kg	hg	dag	g	dg	cg	mg

Para transformar mg em g (três posições à esquerda), devemos dividir o valor da massa por 1 000 (10 × 10 × 10).

Ou seja: $\begin{cases} 754 \div 1\,000 = 0{,}754 \\ 754 \text{ mg} = 0{,}754 \text{ g} \end{cases}$

Curiosidade

Peso bruto e peso líquido

- Peso bruto é a massa do produto com a da embalagem.
- Peso líquido é somente a massa do produto, sem contar a massa da embalagem.

Praticando

1 Efetue as transformações de medidas de massa.

a) 3,38 g = _____ mg

b) 70,9 hg = _____ g

c) 0,871 dag = _____ mg

d) 700 dg = _____ hg

2 Transforme em quilograma cada uma das medidas de massa.

a) $\frac{11}{2}$ hg = _____ kg

b) 0,07 g = _____ kg

c) 50 t = _____ kg

d) $\frac{1}{8}$ hg = _____ kg

e) 0,75 t = _____ kg

f) $\frac{1}{5}$ t = _____ kg

3 Complete as igualdades.

a) 6 kg = _____ g

b) 3,5 kg = _____ g

c) 7 000 g = _____ kg

d) 10 kg = _____ g

e) 6,8 kg = _____ g

f) 9 500 g = _____ kg

g) 3 g = _____ mg

h) 1,5 g = _____ mg

i) 6 400 mg = _____ g

j) 7 g = _____ mg

k) 2,4 g = _____ mg

l) 9 680 mg = _____ g

4 Observe a imagem ao lado e responda.

- Qual é o peso bruto dessa bandeja de iogurte?

O peso bruto dessa bandeja é _____.

4 O litro

Aprendendo

1 Quando enchemos completamente um recipiente com algum líquido, como água, observamos que esse líquido adquire a forma do recipiente, ocupando todo o espaço no seu interior. A quantidade de líquido é, portanto, igual à capacidade do recipiente.

> O volume interno de um recipiente corresponde à **capacidade** dele.

Para medir o maior volume de um líquido ou gás que um recipiente pode conter, basta determinar o volume do interior desse recipiente.

O volume do líquido é igual ao volume do interior da jarra.

O volume do gás é igual ao volume do interior do balão.

Para expressar a quantidade de líquido que cabe em um recipiente, como a quantidade de água que cabe em um aquário ou a quantidade de combustível que cabe no tanque de combustível, utilizamos unidades de medida de capacidade.

Aquário: 80 L

Tanque de combustível: 400 L

> O **litro** é a unidade padrão para medidas de capacidade.
> O símbolo do litro é ℓ ou **L**.

O litro é a capacidade, ou seja, o volume interno de um cubo que tem **1 dm** de aresta.

$$1 \text{ L} = 1 \text{ dm}^3$$

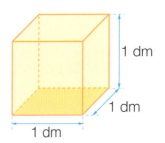

Múltiplos e submúltiplos do litro

Observe no quadro a seguir as unidades que são utilizadas para expressar a medida de capacidade de um recipiente no sistema métrico decimal.

Quadro de unidades						
Múltiplos			Unidade padrão	Submúltiplos		
quilolitro	hectolitro	decalitro	litro	decilitro	centilitro	mililitro
kL	hL	daL	L	dL	cL	mL
1 000 L	100 L	10 L	1 L	0,1 L	0,01 L	0,001 L

Os múltiplos do litro são pouco usados; dos submúltiplos, o mais utilizado é o **mililitro (mL)**. Veja nos exemplos abaixo.

Nessa garrafa, há 330 mL de água mineral.

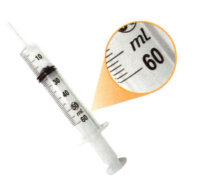

A capacidade máxima da seringa é 60 mL.

Esse frasco contém 250 mL de *shampoo*.

Observação

Neste livro, vamos usar preferencialmente o símbolo L para indicar litro.

Praticando

1 O que você entende por capacidade?

_____

_____

2 Dê os símbolos das unidades de capacidade.

a) Quilolitro ▶ _____

b) Hectolitro ▶ _____

c) Decalitro ▶ _____

d) Decilitro ▶ _____

e) Centilitro ▶ _____

f) Mililitro ▶ _____

3 Complete as igualdades.

a) 1 L = _____ mL

b) 1 kL = _____ L

c) 1 L = _____ dm³

d) 1 dL = _____ L

e) 1 L = _____ cL

f) 1 daL = _____ L

4 Utilizando os símbolos L e mL, complete as frases com a unidade de capacidade mais adequada.

a) O volume da caixa-d'água é 5 000 _____.

b) A capacidade de um copo é 200 _____.

c) Ele comprou uma seringa de injeção de 15 _____.

d) O tanque de um automóvel tem capacidade para 60 _____.

5 Qual é a capacidade, em litro, de um tanque que tem 800 dm³ de volume?

A capacidade do tanque é _____ litros.

6 Daniel é dono de uma mercearia. Ele fez um gráfico para analisar seu estoque de garrafas de suco. Observe o gráfico e responda às questões.

Dados obtidos por Daniel, em nov. 2019.

a) Qual é a quantidade de garrafas de 1 litro? _____

b) Há mais garrafas de 2 litros ou de 1 litro e meio? Quantas a mais?

_____

c) Quantos litros de suco Daniel tem em seu estoque? _____

5 Leitura das medidas de capacidade

Aprendendo

A leitura das medidas de capacidade segue o mesmo procedimento aplicado às medidas de comprimento.

Observe os exemplos.

- Leitura da medida **6,452 daL**:

kL	hL	daL	L	dL	cL	mL
		6,	4	5	2	

Lemos: 6 decalitros e 452 centilitros.

- Leitura da medida **0,018 L**:

kL	hL	daL	L	dL	cL	mL
			0,	0	1	8

Lemos: 18 mililitros.

Praticando

1 Escreva por extenso as medidas de capacidade a seguir.

a) 3,6 L ▶ _____

b) 17,54 kL ▶ _____

c) 500 mL ▶ _____

d) 0,06 hL ▶ _____

2 Dê a representação simplificada destas medidas.

a) Sete litros e oito centilitros ▶ _____

b) Vinte e dois decalitros e dezenove centilitros ▶ _____

c) Quinze quilolitros e treze litros ▶ _____

d) Cinco litros e quatro decilitros ▶ _____

6 Transformação de unidades de medida de capacidade

Aprendendo

Para transformar unidades de medida de capacidade no sistema métrico decimal, devemos lembrar que:

> Cada unidade de medida de capacidade é 10 vezes maior que a unidade imediatamente inferior.

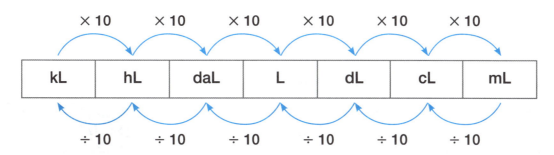

Observe os exemplos.

- Transformação de **8,45 L** em **mL**:

kL	hL	daL	**L**	dL	cL	**mL**

Para transformar L em mL (três posições à direita), devemos multiplicar por 1 000 (10 × 10 × 10).

Ou seja:
$$\begin{cases} 8{,}45 \times 1\,000 = 8\,450 \\ 8{,}45\ L = 8\,450\ mL \end{cases}$$

Medidas
Nesta atividade, você verá algumas situações que envolvem medidas e terá de resolver alguns exercícios.

- Transformação de **64 cL** em **L**:

kL	hL	daL	**L**	dL	**cL**	mL

Para transformar cL em L (duas posições à esquerda), devemos dividir por 100 (10 × 10).

Ou seja:
$$\begin{cases} 64 \div 100 = 0{,}64 \\ 64\ cL = 0{,}64\ L \end{cases}$$

trezentos e setenta e cinco

Praticando

1 Efetue as seguintes transformações de medidas de capacidade.

a) 2,45 L = _____ mL

b) 30,6 daL = _____ L

c) 56 kL = _____ L

d) 0,17 hL = _____ dL

e) 600 mL = _____ L

f) 0,015 cL = _____ L

g) 4,25 dL = _____ mL

h) 20,2 dL = _____ cL

2 Determine, em litro, o resultado das expressões abaixo.

a) $\dfrac{13}{5}$ cL + 0,3 dL = _____

b) 0,04 kL + 600 cm³ = _____

3 Em uma residência, uma torneira aberta despeja, em média, 25 L por hora. Se essa torneira ficar aberta por uma semana, quantos litros de água, em média, ela despejará?

Essa torneira, se ficar aberta, despejará, em média, _____ L de água em uma semana.

4 Lina misturou 50 mL de desinfetante em certa quantidade de água pura. Ela obteve 1 litro da mistura. Quantos mililitros de água pura há nessa mistura?

Nessa mistura, há _____ mL de água pura.

5 Transforme em litro cada uma das medidas de volume.

a) 6 dm³ = _____ L

b) $\dfrac{7}{5}$ dm³ = _____ L

c) 2 m³ = _____ L

d) 50 cm³ = _____ L

e) $\dfrac{4}{5}$ m³ = _____ L

f) 5 000 cm³ = _____ mL

Educação financeira

Cartão de débito e cartão de crédito

Hoje em dia, grandes lojas de departamentos, bancos e entidades financeiras emitem diversos tipos de cartões aos seus clientes. São cartões de plástico nos quais constam dados como o nome do cliente, o número do cartão e a data de validade. Além desses dados, os cartões modernos possuem um *chip*, que é responsável pela transmissão de dados. Por medidas de segurança, o dono do cartão deve ter uma senha eletrônica para utilizá-lo.

Cartões de débito

O cartão de débito permite acessar os caixas eletrônicos para realizar saques, depósitos, transferências, pagamentos de contas, consultas, entre outras funções. Além disso, o cartão de débito permite a realização de pagamentos de compras e serviços em locais credenciados, debitando imediatamente o dinheiro da conta-corrente do dono do cartão.

Cartões de crédito

O cartão de crédito é um meio de pagamento que permite ao cliente pagar compras ou serviços até o limite de crédito previamente definido no contrato do uso do cartão. Ao fazer uma compra e pagar com o cartão de crédito, o dono do cartão assume que pagará o valor daquela compra na data do vencimento da fatura, que receberá mensalmente pelo correio ou por meio eletrônico. Alguns estabelecimentos permitem que se faça o parcelamento do valor da conta em algumas faturas, podendo ou não gerar um acréscimo no valor da conta.

Alguns cartões são denominados múltiplos. Eles possuem tanto a função débito quanto a crédito, devendo o proprietário do cartão, no momento de sua utilização, informar a forma de pagamento desejada.

Os cartões devem ser usados com muita responsabilidade e segurança para evitar dívidas e fraudes.

Fonte de pesquisa: <https://www.bcb.gov.br/pre/pef/port/folder_serie_i_tipos_de_cartao.pdf>. Acesso em: 30 jul. 2019.

Refletindo

a) Qual é a principal diferença entre um cartão de crédito e um cartão de débito?

b) Se você fizesse uma compra hoje, gostaria de pagar com cartão de crédito ou de débito? Por quê?

Praticando mais

1 De acordo com a Organização das Nações Unidas (ONU), cada pessoa necessita de 110 litros de água por dia para atender suas necessidades de consumo e higiene. No entanto, no Brasil, estima-se que o consumo por pessoa chegue a mais de 200 litros por dia. Augusto mediu o consumo em sua residência durante um dia e chegou aos dados apresentados no gráfico ao lado.

Dados obtidos por Augusto, em 15 de novembro de 2019.

- Observe o gráfico e responda.

a) Qual foi o consumo total de água na residência de Augusto nesse dia?

_____

b) Podemos dizer que o consumo de água registrado no banheiro e na cozinha corresponde a mais da metade do consumo total de água registrado por Augusto nesse dia?

_____

2 Uma torneira com defeito está desperdiçando 3 litros de água por hora. Quantos litros de água essa torneira desperdiça por semana?

Em uma semana essa torneira desperdiça _____ litros de água.

3 Marina precisa tomar 1,5 L de água para fazer um exame médico. Ela já tomou 2 copos com 150 mL de água. Quantos mililitros de água Marina ainda terá de beber?

Marina ainda terá de beber _____ mL de água.

4 Uma lavadora de alta pressão libera 660 litros de água por hora. Quantos litros são liberados em:

a) meia hora? _____
b) dez minutos? _____
c) cinco horas? _____

5 Uma lata de tinta tem capacidade de 500 mL, o que corresponde a meio litro. Eduarda vai usar 2 litros de tinta. De quantas latas de tinta como essa Eduarda vai precisar? _____

6 Um vaso cheio de terra tem 1 050 g de massa. Vazio, a massa do vaso é 0,520 kg. Quantos gramas de terra há nesse vaso?

Nesse vaso há _____ g de terra.

7 Em uma cooperativa, cada quilograma de garrafas PET é vendido por R$ 1,10. Até ontem, a cooperativa tinha 550 kg desse material.

a) Quantos quilogramas de garrafas PET faltam para completar 1 tonelada? _____

b) Quantos reais essa cooperativa vai receber pela venda dos 550 kg de garrafas PET?

A cooperativa vai receber _____ por 550 kg de garrafas PET.

Desafio

Cinco amigos estão no térreo, aguardando o elevador que os levará ao 10º andar. Eles têm as seguintes massas: 98 kg, 60 kg, 65 kg, 74 kg e 89 kg. A carga máxima permitida para cada viagem no elevador é de 200 kg. Escreva uma solução para transportar os cinco amigos no menor número possível de viagens.

Sugestões de leitura

Queimem os livros de Matemática

Oscar Guelli, Ática. (Coleção Contando histórias de Matemática)

Esse livro conta a história de um imperador chinês, chamado Ti, que queria ser a pessoa mais inteligente do mundo e ordenou que queimassem todos os livros de Matemática. Quando outro imperador recebe um quadrado mágico de presente, Ti impõe que lhe deem um também, mas não consegue resolvê-lo.

Se você fosse um triângulo

Marcie Aboff, Gaivota. (Coleção Matemática divertida)

O triângulo pode ser encontrado em diversas situações de nosso cotidiano. Com ilustrações divertidas, o conceito de triângulo e os diferentes tipos de triângulo são apresentados de maneira simples e lúdica.

Como o mundo acorda

Ye Shil Kim e Hee Jun Kang, Callis. (Coleção Tan Tan)

Esse livro apresenta as frações por meio de ilustrações dos cafés da manhã de diversos países do mundo. Um pedaço de bolo e uma fatia de pão simbolizam não só uma fração, mas também a alegria de compartilhar comidas deliciosas.

Frações e números decimais

Luiz Márcio Pereira Imenes, José Jakubovic e Marcelo Cestari Lellis, Atual. (Coleção Pra que serve Matemática?)

Nesse livro, os autores tentam mostrar aplicações de números na forma de fração e na forma decimal que estão presentes em nosso dia a dia, mas que muitas vezes passam despercebidos. O livro aborda situações irreverentes, propõe alguns problemas e conta de maneira breve como a vírgula começou a ser usada nos números decimais.

Aventura decimal

Luzia Faraco Ramos, Ática. (Coleção A descoberta da Matemática)

Paulo descobre a Terra do Povo Pequeno, onde ele precisará usar seus conhecimentos em números decimais para se livrar dos perigos.

Vamos adivinhar?

Cha Mi-Jeong e Choi Yu-Mi, Callis. (Coleção Tan Tan)

Nesse livro, o leitor aprende noções de porcentagem e de probabilidade por meio de situações do cotidiano. Clara, a personagem da história, reflete sobre sua rotina, tentando antecipar o que pode acontecer a cada momento, e usa o pensamento lógico para fazer boas escolhas.

A princesa está chegando!

Yu Yeong-So e Park So-Hyeon, Callis. (Coleção Tan Tan)

O livro apresenta um método simples e inteligente de comparação de áreas. A história trata da preparação de um aposento especial para uma princesa, o qual deveria ser montado com a maior cama, o maior espelho, a maior mesa e o maior tapete do povoado.

Serafina sem rotina

Cristina Porto, Ática. (Coleção Serafina)

Serafina é uma menina que adora inventar novidades. Prepara comidas, cria brincadeiras com números e faz dobraduras interessantes. Tudo para sair da rotina e divertir o leitor. As brincadeiras de Serafina, além de engraçadas, ensinam a fazer um delicioso pão, contam a história desse alimento e trazem muitas outras coisas para você se divertir.

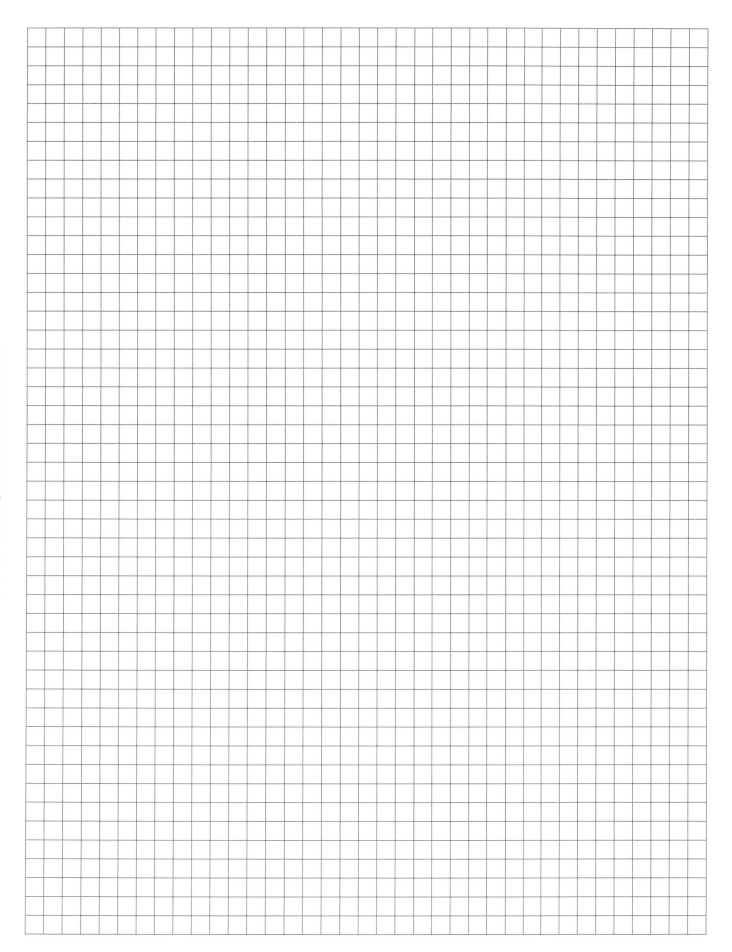

Material para a seção Agindo e construindo da página 60 — A1

Este suplemento é parte integrante da obra *Matemática*, de Ênio Silveira e Cláudio Marques. Não pode ser vendido separadamente. Editora Moderna.

Material para a seção Agindo e construindo da página 60 — A2

Material para a seção Agindo e construindo da página 60 — A3

Material para a seção Agindo e construindo da página 60 — A4

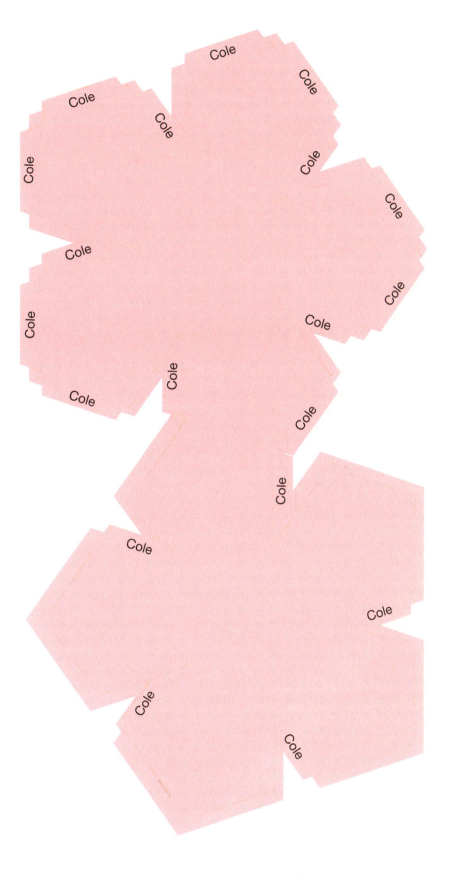

Material para a seção Jogando e aprendendo da página 60

A5

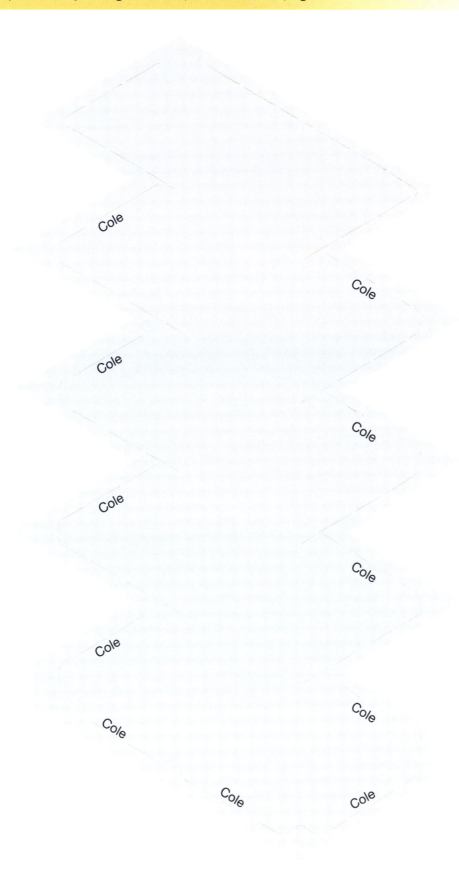

Material para a seção Jogando e aprendendo da página 135

A6

Material para a seção Agindo e construindo da página 221

A7

Este suplemento é parte integrante da obra *Matemática*, de Ênio Silveira e Cláudio Marques. Não pode ser vendido separadamente. Editora Moderna.

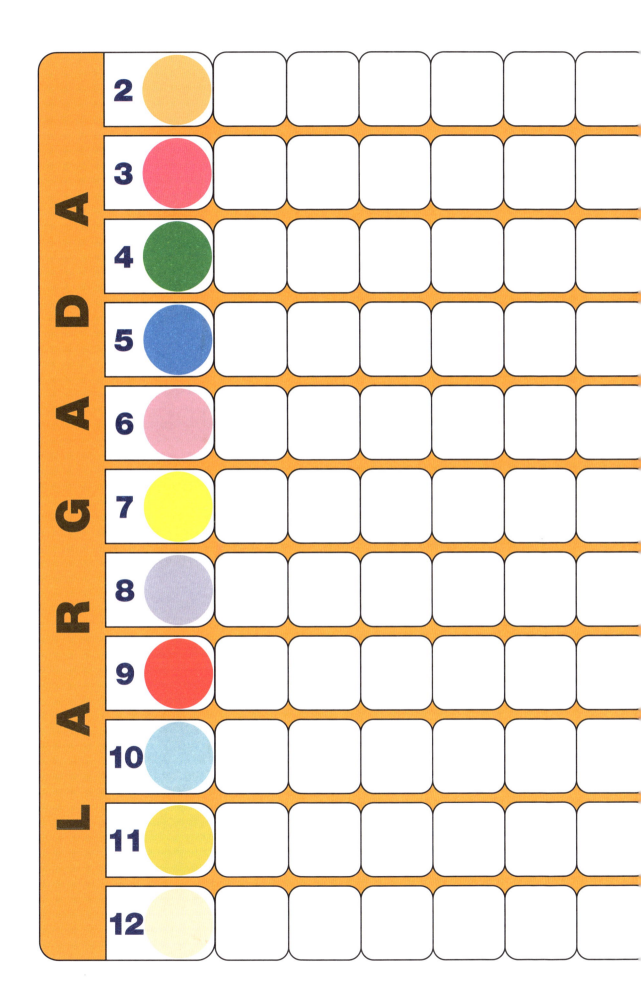

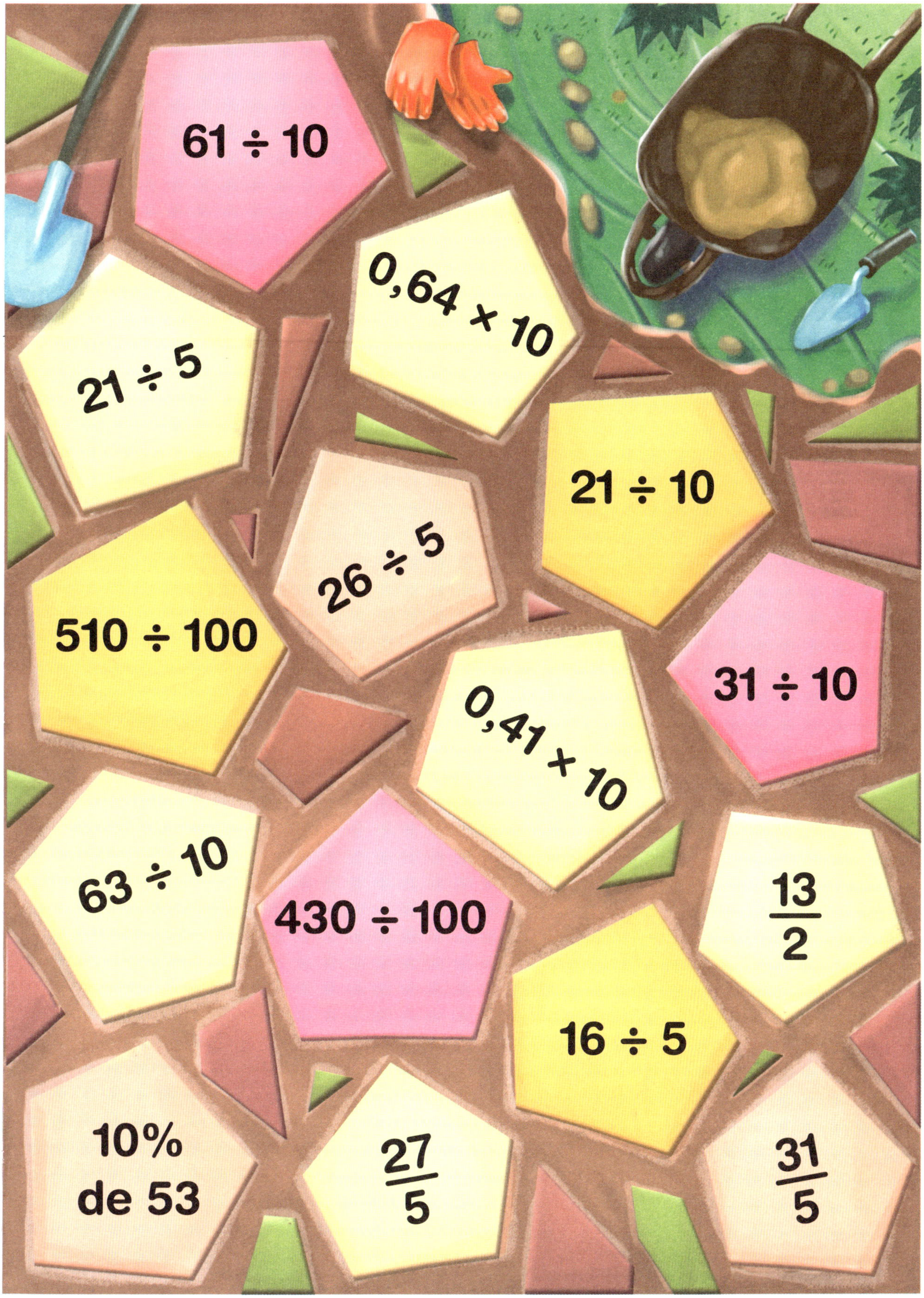

Material para a seção Jogando e aprendendo da página 325

A10

- 61 ÷ 10
- 0,64 × 10
- 21 ÷ 5
- 21 ÷ 10
- 26 ÷ 5
- 510 ÷ 100
- 31 ÷ 10
- 0,41 × 10
- 63 ÷ 10
- 430 ÷ 100
- $\dfrac{13}{2}$
- 16 ÷ 5
- 10% de 53
- $\dfrac{27}{5}$
- $\dfrac{31}{5}$